French in Action

Pierre J. Capretz
Yale University

with

Thomas Abbate
Wellesley College

Béatrice Abetti
Yale University

Frank Abetti
Wellesley College

French in Action

A Beginning Course in Language and Culture

The Capretz Method

WORKBOOK Part 2

YALE UNIVERSITY PRESS New Haven and London

Published with assistance from the foundation established in memory of Henry Weldon Barnes of the Class of 1882, Yale College.

Major funding for *French in Action* was provided by the Annenberg/CPB Project. Additional funding was provided by the Andrew W. Mellon Foundation, the Florence J. Gould Foundation, Inc., the Ministries of External Relations and of Culture and Communication of the French government, the Jesse B. Cox Charitable Trust, and the National Endowment for the Humanities. *French in Action* is a coproduction of Yale University and the WGBH Educational Foundation, in association with Wellesley College.

Set in Gill and Galliard type by Rainsford Type. Printed in the United States of America by Murray Printing Company, Westford, Massachusetts.

International standard book number: 0–300–03938–7

10 9 8 7 6 5 4 3

Acknowledgment is made to the following for permission to reproduce the cartoons listed below:

Jean Bellus, for the cartoon on page 71, from his book *Une Famille bien française* (copyright © 1966).

Albert Dubout, for the cartoon on page 82, from his book *200 Dessins* (copyright © 1974).

Claude Raynaud, for the cartoons on pages 12, 32, 50, 71, 82, 105, 159, 170, 180, 181, 283, 303, 333, 344, 356, 367, 415, 444, 453, and 473.

Editions Albert René, for the cartoon on page 50, from Uderzo, *Astérix le Gaulois* (copyright © 1961).

Jean-Jacques Sempé, for the cartoons on pages 159 and 415, from, respectively, *Marcellin Caillou* (copyright © 1969), *La Grande Panique* (copyright © 1966), *Tout se complique* (copyright © 1963).

Contents

Leçon 27

Assimilation du texte

☊ 27.1 Mise en oeuvre

Ecoutez le texte et la mise en oeuvre dans l'enregistrement sonore. Répétez et répondez suivant les indications.

☊ 27.2 Compréhension auditive

Phase 1: Regardez les images et répétez les énoncés que vous entendez.

Phase 2: Regardez les images et écrivez la lettre de chaque énoncé sous l'image qui lui correspond le mieux.

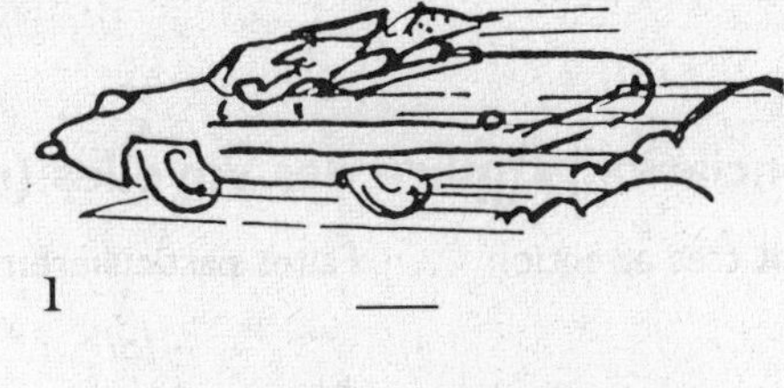

1 ___

3 ___

4 ___

5 ___

CHARTRES, C'EST ENCORE LOIN ?

6 ___

2 ___

7 ___

8 ___

☊ 27.3 Production orale

Ecoutez les dialogues suivants. Dans chaque dialogue vous allez jouer le rôle d'un des personnages. Vous allez entendre chaque dialogue en entier une fois. Puis vous allez jouer le rôle du personnage indiqué.

1. (Une vieille dame et Mireille) Vous êtes Mireille.
2. (Une vieille dame et Mireille) Vous êtes Mireille.
3. (Une vieille dame et Mireille) Vous êtes Mireille.
4. (Mireille et Robert) Vous êtes Robert.
5. (Mireille et Robert) Vous êtes Robert.
6. (Mireille et Robert) Vous êtes Robert.
7. (Mireille et Robert) Vous êtes Robert.
8. (Robert et Mireille) Vous êtes Mireille.
9. (Robert et Mireille) Vous êtes Mireille.
10. (Robert et Mireille) Vous êtes Mireille.

Préparation à la communication

☊ 27.4 Activation orale: Prononciation; timbre des voyelles (révision)

Répétez les expressions suivantes en faisant très attention au timbre des voyelles soulignées. Evitez:

- de trop accentuer ces voyelles (rappelez-vous qu'il n'y a—en français—qu'un très léger accent tonique à la fin du groupe rythmique)
- de les diphtonguer
- d'anticiper la consonne suivante.

Faites particulièrement attention aux voyelles /ɔ/ et /o/.

/o/	/ɔ/
C'est un f*au*x numéro.	Le téléphone sonne.
le métro, l'*au*to, la moto	*Porte* d'Orléans
A l'hôpital!	C'est commode.
A propos!	
C'est un b*eau* chât*eau*!	

27.5 Observation: Erreurs; *se tromper de*

	se	tromper	de	*nom*
Non, Mme Courtois, ce n'est pas ici. Vous	**vous êtes**	**trompé**	**de**	porte.
Non, ce n'est pas l'Armée du Salut. Vous	**vous êtes**	**trompée**	**de**	numéro.

☊ 27.6 Activation orale: Erreurs; *se tromper de*

Répondez selon l'exemple.

Exemple:
Vous entendez: 1. Ah, non, Madame, ce n'est pas le 63–21–88–10.
Vous dites: Vous vous êtes trompée de numéro!

2. Non, Monsieur, cet avion ne va pas à New York; il va à Hong Kong!
3. Je croyais que j'étais dans le train de Chartres, mais c'était celui de Dreux.
4. Je t'avais dit à 10 heures, pas à 2 heures!
5. Pour aller à Chartres, Robert est allé à la gare de Lyon!
6. Mireille m'avait dit "devant le Portail Royal," et moi j'attendais devant le Portail Sud!
7. Nous avions des billets de seconde, et nous sommes montés dans un wagon de première!
8. Robert était invité chez les Belleau lundi soir, mais il y est allé le dimanche!

27.7 Observation: Les solutions faciles

n'avoir qu'à *infinitif*
Pour aller à la gare Montparnasse? C'est facile! Vous **n'avez qu'à** prendre le métro.

☊ 27.8 Activation orale: *N'avoir qu'à* + infinitif

Répondez selon l'exemple.

Exemple:
Vous entendez: 1. Tu ne sais pas où est la gare Montparnasse? Demande à un agent!
Vous dites: Tu n'as qu'à demander à un agent!

2. Vous êtes pressé? Prenez un taxi!
3. Vous voulez aller à Chartres? Eh bien, venez avec moi!
4. Tu n'as pas de voiture? Prends le train!
5. Vous voulez me parler? Passez me voir demain!
6. Vous n'avez pas de voiture? Achetez une bicyclette!
7. Vous voulez acheter un billet? Allez au guichet!
8. Vous êtes en retard? Eh bien, dépêchez-vous!

27.9 Observation: *Avoir peur de*

	avoir	**peur de** *infinitif*
Avec une voiture de location,	j'**aurais**	**peur de** tomber en panne.
Mireille	**a**	**peur de** tomber en panne.

☊ 27.10 Activation orale: *Avoir peur de*

Répondez selon l'exemple.

Exemple:
Vous entendez: 1. Je ne veux pas tomber en panne!
Vous dites: Tu as peur de tomber en panne?

Continuez oralement avec l'enregistrement.

27.11 Observation: Insistance; *tenir à*

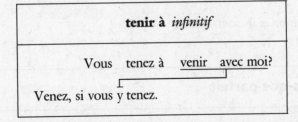

tenir à *infinitif*
Vous tenez à venir avec moi? Venez, si vous y tenez.

☊ 27.12 Activation orale: *Tenir à*

Répondez selon l'exemple.

Exemple:
Vous entendez: 1. Vous tenez à aller à Chartres?
Vous dites: Oui! Nous y tenons!

Continuez oralement avec l'enregistrement.

☊ 27.13 Activation orale: *Tenir à*

Répondez selon l'exemple.

Exemple:
Vous entendez: 1. Robert veut aller à Chartres?
Vous dites: Oui, il tient à y aller.

Continuez oralement avec l'enregistrement.

27.14 Observation: Moyens de transport; *en, à*

—Comment y va-t-on? —On peut y aller . . .	
en	**à**
en voiture **en** train **en** avion **en** bateau **en** hélicoptère **en** car	**à** cheval **à** bicyclette **à** vélo **à** moto **à** pied **à** ski

27.15 Activation écrite: Moyens de transport; *en, à*

Complétez.

1. Hubert adore la moto. Il va partout ___ moto.
2. Il fait aussi beaucoup de ski. Il a fait une bonne partie des Alpes ___ ski.
3. Son père est un fanatique de la marche. Il a fait toutes les Cévennes ___ pied.
4. Il fait aussi beaucoup de cheval. Il fait facilement 20 ou 30 kilomètres ___ cheval dans la journée.
5. La soeur de Mireille a fait tous les châteaux de la Loire ___ vélo l'été dernier.
6. Mais ils ont pris le train à Saumur et ils sont allés de Saumur à Paris ___ train.
7. La première fois que Mireille est allée passer l'été en Angleterre, ses parents l'ont accompagnée ___ voiture jusqu'à Dieppe; et elle est allée de Dieppe à Southampton ___ bateau.
8. La deuxième fois, ils ont traversé la Manche ___ aéroglisseur. La dernière fois, elle est partie seule; elle a fait Paris-Londres ___ avion.
9. La prochaine fois, elle veut y aller ___ hélicoptère!

27.16 Observation: Le plus-que-parfait

présent	Aujourd'hui, lundi matin, Robert **téléphone** à Mireille.
passé	Robert et Mireille **ont dîné** chez les Courtois vendredi soir. Mireille **avait téléphoné** à Mme Courtois jeudi.

Avait téléphoné est un plus-que-parfait. C'est un temps composé. Il est composé d'un auxiliaire (*avoir* ou être) à l'imparfait (ici, *avait*) et du participe passé du verbe (ici, *téléphoné*).

plus-que-parfait	*passé*	*présent*
Mireille avait téléphoné jeudi.	Ils ont dîné chez les Courtois vendredi.	Robert téléphone à Mireille lundi.

——•——————>•——————>•

Vendredi est le passé par rapport à lundi. Jeudi est le passé par rapport à vendredi. Jeudi est donc un "double passé" par rapport à lundi. Le plus-que-parfait indique un "double passé."

☊ 27.17 Activation: Compréhension auditive; le plus-que-parfait

Vous allez entendre une série de phrases au passé. Pour chaque phrase, déterminez s'il s'agit d'un passé composé ou d'un plus-que-parfait, et cochez la case appropriée.

	1	2	3	4	5	6	7	8
passé composé								
plus-que-parfait								

27.18 Observation: Réalité et supposition conditionnelle

Comparez.

indicatif
Tout le monde sait que la vie n'**est** pas facile (parce qu'il y a toujours tout un tas de difficultés).
conditionnel
La vie **serait** facile, s'il n'y avait pas toutes ces difficultés.

La vie n'est pas facile, c'est la réalité. Le verbe (*est*) est à l'indicatif. *La vie serait facile,* ce n'est pas la réalité, c'est une supposition qui est présentée comme contraire à la réalité parce qu'elle dépend d'une condition contraire à la réalité (*s'il n'y avait pas toutes ces difficultés*). Le verbe (*serait*) est au conditionnel.

27.19 Observation: Formes du conditionnel; radical du futur

Comparez.

conditionnel	*futur de l'indicatif*
Je **pourrais** visiter la cathédrale pendant que vous **iriez** au musée. Si vous vouliez bien, j'**irais** volontiers avec vous. Mes parents **aimeraient** faire votre connaissance. Aller à Chartres à cheval . . . ce **serait** bien.	Je **visiterai** la cathédrale pendant que vous **irez** au musée. J'**irai** avec vous! Mes parents **aimeront** ça! J'en suis sûre! Allons-y à cheval! Ce **sera** bien!

Vous remarquez que les formes du conditionnel ressemblent aux formes du futur—le radical est le même.

futur	**pourr**ai	**ir**ai	**aimer**ont	**ser**a
conditionnel	**pourr**ais	**ir**ais	**aimer**aient	**ser**ait

Mais les terminaisons sont différentes.

27.20 Observation: Formes du conditionnel; terminaisons de l'imparfait

conditionnel	*imparfait de l'indicatif*
pendant que vous ir**iez** au musée Ce ser**ait** bien!	pendant que vous all**iez** au musée C'ét**ait** bien!

Vous remarquez que les terminaisons sont les mêmes que celles de l'imparfait.

imparfait	je pouv**ais**	c'ét**ait**	nous all**ions**	ils aim**aient**
conditionnel	je pourr**ais**	ce ser**ait**	nous ir**ions**	ils aimer**aient**

Pour commencer, nous allons apprendre à reconnaître le conditionnel. Nous apprendrons à l'utiliser plus tard.

☊ 27.21 Activation: Discrimination auditive; conditionnel

Dans les phrases que vous allez entendre, déterminez s'il s'agit d'un indicatif ou d'un conditionnel, et cochez la case appropriée.

	1	2	3	4	5	6	7	8	9	10	11	12
indicatif												
conditionnel												

☊ 27.22 Activation orale: Dialogue entre Mireille et Robert

Vous allez entendre un dialogue entre Mireille et Robert. Ecoutez bien. Vous allez apprendre les réponses de Robert.

MIREILLE: Bon, eh bien, entendu! Rendez-vous à 11 heures à la gare Montparnasse, côté banlieue.
ROBERT: **Comment est-ce qu'on va à la gare Montparnasse?**
MIREILLE: Oh, c'est facile, vous n'avez qu'à prendre le métro.
ROBERT: **Vous croyez?**
MIREILLE: Oui, bien sûr! Pourquoi pas?
ROBERT: **L'autre jour, j'ai voulu prendre le métro . . . je me suis complètement perdu. . . .**
MIREILLE: Sans blague! C'est pas possible! On ne peut pas se perdre dans le métro!
ROBERT: **Moi, si!**

Libération de l'expression

27.23 Mots en liberté

Si on veut aller de Paris en Angleterre, comment peut-on voyager?

On peut voyager en aéroglisseur, en ferry, à pied. . . .

Trouvez encore cinq possibilités.

Qu'est-ce qu'il faut faire pour prendre le métro?

Il faut trouver une station de métro, il faut savoir quelle direction on veut prendre, il ne faut pas se perdre dans ses pensées. . . .

Trouvez encore au moins trois choses qu'il faut faire.

27.24 Mise en scène et réinvention de l'histoire

Reconstituez un dialogue entre Robert et Mireille qui discutent des moyens de transport pour aller à Chartres.

ROBERT: Bon, on prend l'autocar!
MIREILLE: Non, l'autocar(. . .).
ROBERT: Et si je louais une voiture?
MIREILLE: Je crois que c'est trop(. . .).
ROBERT: J'ai une idée! L'aéroglisseur!
MIREILLE: Vous êtes fou!(. . .).
ROBERT: Et bien alors, allons-y à cheval!
MIREILLE: Ce serait bien, mais(. . .).
ROBERT: A motocyclette?
MIREILLE: Je ne sais pas! C'est(. . .).
ROBERT: Alors, prenons le TGV!
MIREILLE: Ah, le train, c'est(. . .).

27.25 Mise en scène et réinvention de l'histoire

Robert a rendez-vous avec Mireille à la gare Montparnasse pour aller à Chartres. Il va sûrement se perdre. Imaginez ses aventures. Utilisez les suggestions suivantes, ou inventez.

Au métro Odéon, Robert est tombé
- dans l'escalier.
- sur son père.
- sur une jeune fille fascinante.
- sur la tête.
- sur un homme tout en noir.

Il a pris
- un billet de seconde.
- un carnet de première.
- un kir.
- la direction de la Porte de Clignancourt.

Il s'est trompé de
- direction.
- voiture.

Il est monté dans
- une voiture de première.
- un train qui est tombé en panne.
- un train qui allait à la Porte de Clignancourt.

Il est descendu à
- Saint-Germain-des-Prés.
- la gare de l'Est.
- la gare du Nord.
- la gare de Lyon.

Il s'est perdu dans
- les couloirs.
- les escaliers.
- ses pensées.

Il a pris / loué
- l'aéroglisseur de Douvres.
- le train de Londres.
- le TGV de Lyon.
- l'avion à Roissy.
- l'hélicoptère Roissy-Orly.
- des patins à roulettes.
- une bicyclette.
- une voiture.
- un cheval.
- une moto.
- une planche à voile.

Il est arrivé à
- Edimbourg
- Marseille
- Tombouctou
- Bruxelles
- Valparaiso
- la gare Montparnasse
- la Porte d'Orléans

- deux ans
- un mois
- une heure
- trois heures
- vingt ans

après.

Il a trouvé
- Mireille
- une carte de Mireille

qui
- téléphonait à la police.
- lisait l'annuaire du téléphone.
- s'ennuyait beaucoup.
- parlait avec un homme tout en noir.
- avait des cheveux blancs.
- dormait sur un banc.
- promenait deux de ses petits-enfants.
- était nerveuse, tendue, inquiète.
- revenait de Chartres avec un beau Suédois.
- buvait son quarante-sixième kir.
- faisait des mots croisés.
- était fatiguée de l'attendre.
- venait d'épouser Hubert.
- avait quitté Paris.
- faisait le tour du monde.
- le cherchait partout dans le monde.

Il lui / l' a
- donné son numéro de téléphone.
- fait un cadeau de mariage.
- offert un quarante-septième kir.
- réveillée.
- aidée à faire les mots croisés.
- tué Hubert. / le beau Suédois.
- invité l'homme en noir / les petits-enfants à dîner sur un bateau-mouche.
- déchiré la page des mots croisés.
- fini les mots croisés.

Exercices-tests

27.26 Exercice-test: *Se tromper de, n'avoir qu'à, avoir peur de, tenir à*

Complétez les phrases suivantes avec les expressions qui conviennent.

1. Tu veux aller à Chartres, et tu n'as pas de voiture? C'est très simple: tu ________________ en louer une!
2. Robert veut absolument aller à Chartres avec Mireille. Il ________________ l'accompagner.
3. Robert est inquiet: il ________________ se perdre.
4. Robert voulait aller à la gare Montparnasse, et il s'est retrouvé à la gare Saint-Lazare! Il a dû ________________ direction!

Vérifiez. Si vous avez fait des fautes, travaillez les sections 27.5 à 27.13 dans votre cahier d'exercices.

27.27 Exercice-test: Moyens de transport; *en*, *à*

Complétez.

1. Robert est parti à Chartres ___ pied!
2. Il aurait au moins pu y aller ___ vélo!
3. ___ voiture, ça aurait été plus rapide. . . .
4. En général, Mireille y va ___ train.
5. On ne peut pas y aller ___ avion!

Vérifiez. Si vous avez fait des fautes, travaillez les sections 27.14 et 27.15 dans votre cahier d'exercices.

27.28 Exercice-test: Le plus-que-parfait

Répondez selon l'exemple.

Exemple:
Vous voyez: Je pars!
Vous écrivez: Tiens! Je croyais que tu étais parti(e) depuis longtemps!

1. Je téléphone à Mireille.
   Ah? Je croyais que tu lui ______________ ce matin!
2. Je me rase.
   Ah oui? Je croyais que tu ______________ ce matin!
3. Robert va chez les Courtois ce soir.
   Ah bon! Je croyais qu'il ______________ chez les Courtois hier soir.
4. Nous partons!
   Tiens! Je croyais que vous ______________ depuis longtemps!
5. Ils arrivent!
   Tiens! Je croyais qu'ils ______________ depuis longtemps!

Vérifiez. Si vous avez fait des fautes, travaillez les sections 27.16 et 27.17 dans votre cahier d'exercices.

☊ 27.29 Exercice-test: Le conditionnel

Déterminez si les phrases que vous entendez sont à l'indicatif ou au conditionnel. Cochez la case appropriée.

	1	2	3	4	5	6	7	8	9	10	11	12
indicatif												
conditionnel												

Vérifiez. Si vous avez fait des fautes, travaillez les sections 27.18 à 27.21 dans votre cahier d'exercices.

Leçon 28

Assimilation du texte

28.1 Mise en oeuvre

Ecoutez le texte et la mise en oeuvre dans l'enregistrement sonore. Répétez et répondez suivant les indications.

28.2 Compréhension auditive

Phase 1: Regardez les images et répétez les énoncés que vous entendez.

Phase 2: Regardez les images et écrivez la lettre qui identifie chaque énoncé sous l'image qui lui correspond le mieux.

1 ___

2 ___

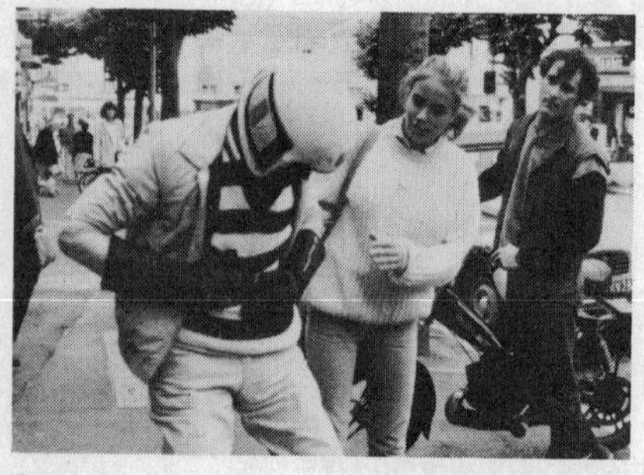
3 ___

4 ___

5 ___

6 ___

7 ___

8 ___

☊ 28.3 Compréhension auditive et production orale

Ecoutez les dialogues suivants. Après chaque dialogue, vous allez entendre une question. Répondez à la question.

1. Est-ce que le train a du retard?
2. Que font Robert et Mireille en sortant de la gare?
3. Qu'est-ce que Robert commande?
4. Est-ce que le musée est loin de la gare?
5. Comment Robert et Mireille vont-ils au musée?
6. A quelle heure Mireille donne-t-elle rendez-vous à Robert?
7. Est-ce que Mireille est en retard?

☊ 28.4 Production orale

Ecoutez les dialogues suivants. Dans chaque dialogue vous allez jouer le rôle du personnage indiqué.

1. (Mireille et Robert) Vous allez être Robert.
2. (La serveuse et Mireille) Vous allez être Mireille.
3. (Robert et Mireille) Vous allez être Mireille.
4. (Robert et Mireille) Vous allez être Mireille.
5. (Robert et Mireille) Vous allez être Mireille.

Préparation à la communication

☊ 28.5 Activation orale: Prononciation des voyelles (révision)

Répétez les expressions suivantes en faisant particulièrement attention aux voyelles /a/. Faites attention de ne les accentuer ni plus ni moins que les autres voyelles (rappelez-vous qu'il n'y a un léger accent tonique que sur la dernière syllabe d'un groupe rythmique). Faites attention de ne pas les diphtonguer, de ne pas anticiper la consonne suivante, et de distinguer le /a/ des autres voyelles: *J'arrive*, par exemple, est très différent de *je rive*.

J'arrive.
C'est facile.
Taxi! A l'hôpital!
C'est une belle promenade.
Voilà le Portail Royal.
Par hasard.
Ils assistent à un accident.
M. Potard, pharmacien de 1ère classe.
J'admire Bach.
La carafe.
Sur la table.
Ça fait mal.
Ça démarre.

28.6 Observation: Le temps qui passe; *en avance, à l'heure, en retard* (révision et extension)

Le rendez-vous est à 3h00.		
Il est 2h50: Je suis en avance.	Il est 3h00: Je suis à l'heure.	Il est 3h10: Je suis en retard.

☊ 28.7 Activation orale: Le temps qui passe; *en avance, à l'heure, en retard*

Répondez selon les exemples.

Exemples:
Vous entendez: 1. Robert attendait Mireille à 3h. Elle arrive à 3h et quart.
Vous dites: Elle est en retard.

Vous entendez: 2. Nous vous attendions à midi. Il est 1 heure.
Vous dites: Vous êtes en retard!

Continuez oralement avec l'enregistrement.

28.8 Observation: Le temps qui passe; *il y a une heure, tout à l'heure, dans une heure* (révision et extension)

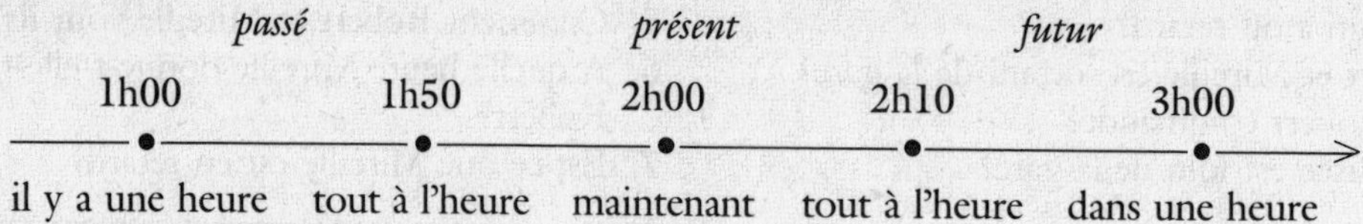

Vous vous rappelez que *tout à l'heure* peut indiquer le passé immédiat ou le futur immédiat. *Il y a* + indication de temps se réfère au passé. *Dans* + indication de temps se réfère au futur.

☊ 28.9 Activation: Discrimination auditive; le temps qui passe; *il y a une heure, tout à l'heure, dans une heure*

Vous allez entendre une série d'énoncés. Vous voyez ci-dessous trois expressions de temps. Choisissez celle qui correspond le mieux à chacun des énoncés que vous entendez. Cochez la case appropriée.

(Il est 4 heures.)	1	2	3	4	5	6	7	8	9	10	11	12
il y a une heure												
tout à l'heure												
dans une heure												

☊ 28.10 Activation orale: Le temps qui passe; *il y a une heure, tout à l'heure, dans une heure*

Répondez selon les exemples.

Exemples:
Vous entendez: 1. Il est 4 heures. Mireille est partie à 3 heures.
Vous voyez: Mireille est partie . . .
Vous dites: Mireille est partie il y a une heure.

Vous entendez: 2. Il est 4 heures. Elle est partie à 3h50.
Vous voyez: Elle est partie . . .
Vous dites: Elle est partie tout à l'heure.

Vous entendez: 3. Il est 4 heures. Elle va revenir à 5 heures.
Vous voyez: Elle va revenir . . .
Vous dites: Elle va revenir dans une heure.

4. Elle va revenir . . .
5. Je l'ai vue . . .
6. Je l'attends . . .
7. Elle était là . . .
8. Elle sera là . . .
9. Nous avons rendez-vous . . .
10. Nous avions rendez-vous . . .

☊ 28.11 Activation orale: Le temps qui passe; *il y a, dans*

Répondez selon l'exemple.

Exemple:
Vous entendez: 1. Il est 6h. Elle est partie à 4h.
Vous voyez: Quand est-elle partie?
Vous répondez: Elle est partie il y a deux heures.

2. Quand est-ce qu'elle va revenir?
3. Quand est-ce qu'elle va arriver?
4. Quand est-ce que Robert a vu Mireille?
5. Quand est-ce qu'il va voir Mireille?
6. Quand Robert et Mireille se sont-ils rencontrés?

28.12 Observation: Le temps qui passe

Nous sommes en avance.	Nous sommes à l'heure.	Nous sommes en retard.
Il n'est pas 3h. Il n'est pas encore 3h. Il n'est que 2h et demie.	Il est juste 3h. Il est 3h pile. Il est exactement 3h.	Il est plus de 3h. Il est 3h passées. Il est déjà 3h et quart.

☊ 28.13 Activation: Discrimination auditive; le temps qui passe

Vous allez entendre une série d'énoncés. Vous voyez à droite trois expressions de temps. Indiquez l'expression qui correspond le mieux à chaque énoncé que vous entendez. Cochez la case appropriée.

Nous sommes . . .	1	2	3	4	5	6	7	8	9	10
en avance										
à l'heure										
en retard										

28.14 Observation: Distance mesurée en temps

	c'est à *temps*	*point de départ*	*moyen de transport*
	C'est **à** 2 heures C'est **à** 20 minutes C'est **à** 20 minutes.	**d'** ici **de** Chartres	à pied. en voiture.
C'est tout près. C'est loin.	C'est **à** 20 minutes au plus. C'est **à** 20 minutes au moins.		

☊ 28.15 Activation orale: Distance mesurée en temps

Répondez selon l'exemple.

Exemple:
Vous entendez: 1. D'ici, à pied, il faut une heure.
Vous dites: C'est à une heure d'ici à pied.

Continuez oralement avec l'enregistrement.

☊ 28.16 Activation orale: Distance mesurée en temps

Répondez selon les exemples.

Exemples:
Vous entendez: 1. C'est tout près. Il faut 20 minutes.
Vous dites: C'est à 20 minutes au plus.

Vous entendez: 2. C'est loin. Il faut 20 minutes.
Vous dites: C'est à 20 minutes au moins.

Continuez oralement avec l'enregistrement.

28.17 Observation: *Faire mal, avoir mal*

	objet indirect			*article défini*
Il		a	mal.	
Il		a	mal	à **la** jambe.
Il	**s'**	est fait mal.		
Il	**s'**	est fait mal		à **la** jambe.
Tu	**lui**	fais	mal	à **la** jambe!
Tu	**lui**	fais	mal!	
La jambe	**lui**	fait	mal.	
Ça	**lui**	fait	mal.	

☊ 28.18 Activation orale: *Se faire mal*

Répondez selon l'exemple.

Exemple:
Vous entendez: 1. Vous vous êtes fait mal?
Vous dites: Non, je ne me suis pas fait mal.

Continuez oralement avec l'enregistrement.

☊ 28.19 Activation orale: *Avoir mal*

Répondez selon l'exemple.

Exemple:
Vous entendez: 1. Ouh! Mes jambes!
Vous dites: Tu as mal aux jambes?

Continuez oralement avec l'enregistrement.

☊ 28.20 Activation orale: *Faire mal*

Répondez selon l'exemple.

Exemple:
Vous entendez: 1. Eh, là! Mon pied!
Vous dites: Je te fais mal au pied?

Continuez oralement avec l'enregistrement.

☊ 28.21 Activation orale: *Se faire mal*

Répondez selon l'exemple.

Exemple:
Vous entendez: 1. Ouille! Ma jambe!
Vous dites: Tu t'es fait mal à la jambe?

Continuez oralement avec l'enregistrement.

28.22 Observation: Expressions de quantité (révision)

de + *article*		*expression de quantité*	**de**
De l'	eau, s'il vous plaît.	Une carafe	**d'** eau, s'il vous plaît.
Du	vin!	Un pichet	**de** rouge!
De la	charcuterie.	Une assiette	**de** charcuterie.
Des	crudités.	Une assiette	**de** crudités.

☊ 28.23 Activation orale: Expressions de quantité

Robert et Mireille se sont arrêtés pour déjeuner en face de la gare. Qu'est-ce qu'ils ont commandé? Ecoutez l'enregistrement et répondez selon les indications.

28.24 Observation: Le conditionnel (révision et extension)

indicatif	*conditionnel*
Est-ce que je **peux** parler à Mireille?	Est-ce que je **pourrais** parler à Mlle Belleau?
Vous **devez** aller à Chartres.	Vous **devriez** aller à Chartres.
J' **irai** à Chartres avec vous.	J' **irais** volontiers avec vous.

Le conditionnel est souvent utilisé pour atténuer la brutalité d'une demande ou d'une déclaration. *Est-ce que je **pourrais** parler à Mlle Belleau?*, par exemple, est plus poli que: *Est-ce que je peux parler à Mireille? Vous devez aller à Chartres!* est plus impératif, plus autoritaire que *Vous **devriez** y aller.*

Si je dis: "J'irai à Chartres avec vous," c'est moi qui décide, et j'impose ma décision. Si je dis: "**J'irais** volontiers à Chartres avec vous," je ne m'impose pas. Je propose un voyage à Chartres à condition que mon interlocuteur soit d'accord: "**J'irais** volontiers à Chartres avec vous (si vous voulez, si vous êtes d'accord)."

28.25 Observation: Situations hypothétiques; conditionnel et imparfait

situation réelle	La voiture **est** en panne. Nous ne **pouvons** pas aller à Chartres.
situation hypothétique	Si la voiture n'**était** pas en panne, nous **pourrions** aller à Chartres.

La situation réelle est exprimée avec des verbes à l'indicatif (*est, pouvons*). La situation hypothétique est exprimée par la combinaison d'un verbe au conditionnel (*pourrions*) et d'un verbe à l'imparfait (*était*). L'imparfait est utilisé après *si* pour exprimer la condition contraire à la réalité (*si la voiture n'était pas en panne;* mais nous savons que dans la réalité la voiture est en panne).

si		*imparfait*			*conditionnel*	
Si	nous	**allions**	à Chartres ensemble,	ce	**serait**	plus amusant.
Si	vous	**vouliez,**		je	**pourrais**	louer une voiture.
S'	il	**osait,**		Robert	**achèterait**	un cadeau pour Mireille.
Si	c'	**était**	dimanche,	il y	**aurait**	beaucoup plus de monde.
Si	elle	**voulait,**		Mireille	**pourrait**	prendre la voiture de son oncle.

☊ 28.26 Activation orale: Situations hypothétiques; conditionnel et imparfait

Répondez selon l'exemple.

Exemple:
Vous entendez: 1. Quand tu veux, tu peux.
Vous dites: Si tu voulais, tu pourrais.

2. Quand je veux, je peux.
3. Quand il veut, il peut.
4. Quand vous voulez, vous pouvez.
5. Quand nous voulons, nous pouvons.
6. Quand elles veulent, elles peuvent.

☊ 28.27 Activation orale: Situations hypothétiques; conditionnel et imparfait

Répondez selon l'exemple.

Exemple:
Vous entendez: 1. Si Mireille allait à Katmandou...
Vous dites: ... j'irais aussi.

2. Si elle allait en Bretagne...
3. Si elle prenait le train...
4. Si elle voyageait en première...
5. Si elle descendait à Versailles...
6. Si elle s'arrêtait dans un café...
7. Si elle buvait un kir...
8. Si elle était contente...

☊ 28.28 Activation orale: Situations hypothétiques; conditionnel et imparfait

Répondez selon l'exemple.

Exemple:
Vous entendez: 1. Quand il pleut, nous allons au musée.
Vous voyez: S'il pleuvait...
Vous dites: ... nous irions au musée.

2. S'il pleuvait...
3. Si elle s'ennuyait...
4. Si on cherchait...
5. Si vous cherchiez...
6. Si nous avions de l'argent...
7. Si elle voulait aller à Chartres...
8. Si je conduisais...
9. S'il avait de l'argent...
10. S'ils avaient de l'argent...

28.29 Activation écrite: Situations hypothétiques; conditionnel et imparfait

Complétez selon l'exemple.

Exemple: Vous voyez: 1. Elle n'a pas peur parce que je ne conduis pas.
Vous écrivez: Si je conduisais, elle aurait peur.

2. Elle n'a pas peur parce que je ne prends pas la voiture.

____

3. Nous ne prenons pas de taxi parce que nous ne sommes pas pressés.

____

4. Nous ne nous arrêtons pas au restaurant parce que nous n'avons pas faim.

____

5. Il ne lui achète pas de cadeau parce qu'il n'ose pas.

____

6. Ils ne prennent pas de taxi parce que ce n'est pas loin.

____

7. Je ne voyage pas en première parce qu'elle ne veut pas.

____

8. Il ne la suit pas derrière la cathédrale parce qu'il n'ose pas.

____

9. Nous ne lui faisons pas signe, parce que nous ne savons pas ce qui se passe.

____

28.30 Observation: Singulier et pluriel (révision et expansion)

singulier	*pluriel*	*singulier*	*pluriel*	*singulier*	*pluriel*
un tuyau un château un bureau une eau beau	des tuyaux des châteaux des bureaux des eaux beaux	un cheval un hôpital mental principal	des chevaux des hôpitaux mentaux principaux	un travail un corail un vitrail	des travaux des coraux des vitraux
				un portail	des portails

28.31 Activation orale: Dialogue entre Robert et Mireille

Vous allez entendre un dialogue entre Robert et Mireille. Ecoutez bien. Vous allez apprendre les réponses de Mireille.

ROBERT: Eh bien, dis donc, le train est arrivé à l'heure pile!
MIREILLE: **Evidemment! Les trains sont toujours à l'heure, en France. Ils partent exactement à l'heure, et ils arrivent exactement à l'heure.**
ROBERT: Toujours?
MIREILLE: **Oh, oui . . . toujours! Enfin . . . presque toujours!**

Libération de l'expression

28.32 Mots en liberté

Qu'est-ce qu'on peut voir à Chartres?
On peut voir la cathédrale, ses arcs-boutants, ses sculptures, des bibelots, une gare, des trottoirs. . . .

Trouvez encore au moins cinq possibilités.

Qu'est-ce qu'on peut commander pour un déjeuner rapide?
On peut commander des huîtres, un croque-monsieur, un verre de vin. . . .

Trouvez encore au moins quatre possibilités.

28.33 Mise en scène et réinvention de l'histoire

Reconstituez un dialogue entre Robert et Mireille qui viennent d'arriver à Chartres, où Mireille doit aller au musée. Vous pouvez imiter le dialogue de l'histoire, mais vous pouvez aussi inventer des variantes.

ROBERT: Eh bien, le train est arrivé à l'heure pile!
MIREILLE: Evidemment!(. . .).
ROBERT: J'ai un peu faim.
MIREILLE: Eh bien(. . .).
ROBERT: Qu'est-ce que tu vas prendre?
MIREILLE: (. . .).
ROBERT: Moi, (. . .).
MIREILLE: Tu as fini? Alors, allons voir la cathédrale.
ROBERT: Comment? Tu ne vas pas au musée?
MIREILLE: Si, mais (. . .).
ROBERT: Comment est-ce qu'on va à la cathédrale? On prend un taxi?
MIREILLE: (. . .).

28.34 Mise en scène et réinvention de l'histoire

Imaginez ce qui aurait pu se passer entre Mireille et le Suédois à Chartres.

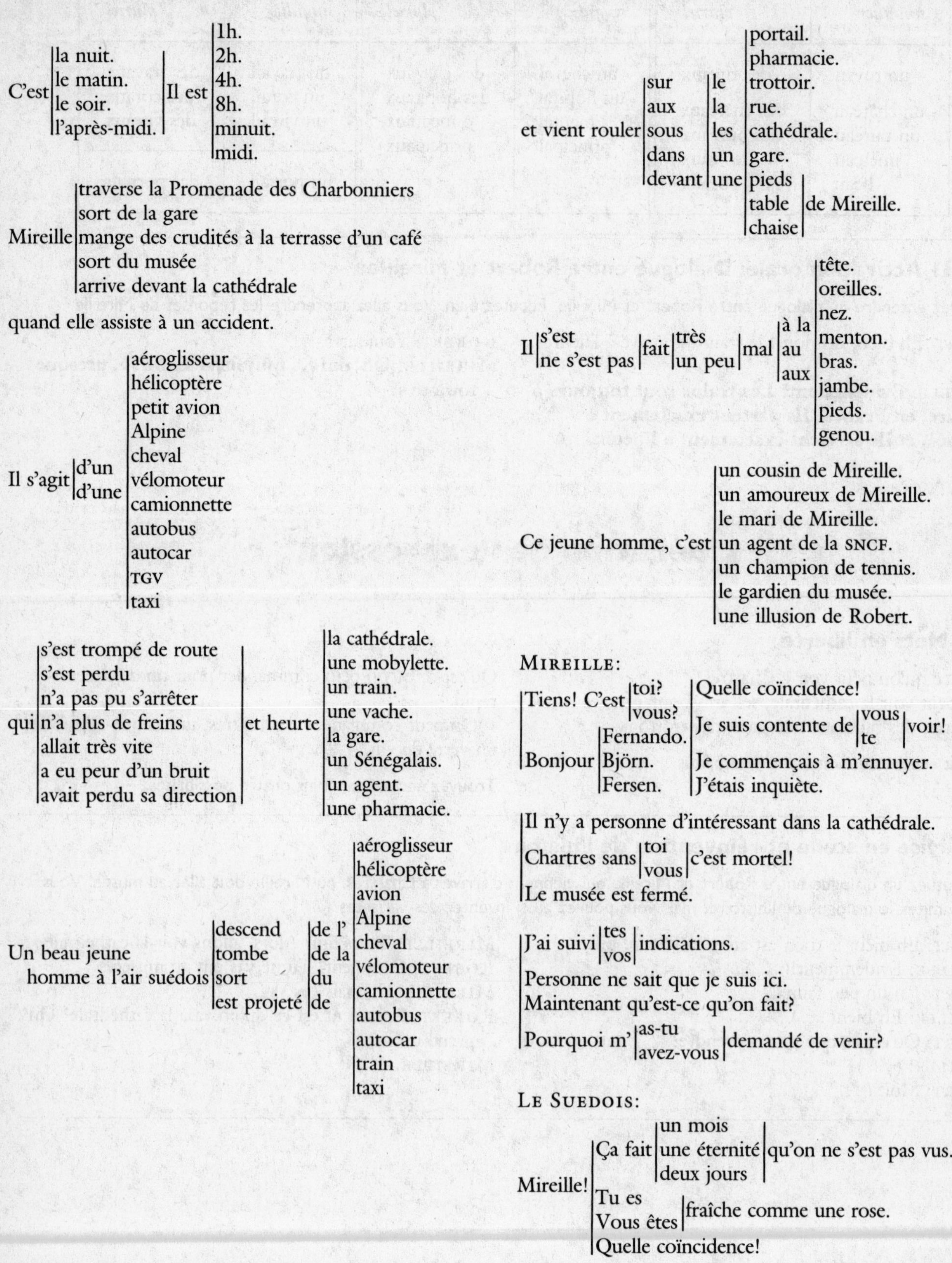

C'est | la nuit. / le matin. / le soir. / l'après-midi. | Il est | 1h. / 2h. / 4h. / 8h. / minuit. / midi.

Mireille | traverse la Promenade des Charbonniers / sort de la gare / mange des crudités à la terrasse d'un café / sort du musée / arrive devant la cathédrale

quand elle assiste à un accident.

Il s'agit | d'un / d'une | aéroglisseur / hélicoptère / petit avion / Alpine / cheval / vélomoteur / camionnette / autobus / autocar / TGV / taxi

qui | s'est trompé de route / s'est perdu / n'a pas pu s'arrêter / n'a plus de freins / allait très vite / a eu peur d'un bruit / avait perdu sa direction | et heurte | la cathédrale. / une mobylette. / un train. / une vache. / la gare. / un Sénégalais. / un agent. / une pharmacie.

Un beau jeune homme à l'air suédois | descend / tombe / sort / est projeté | de l' / de la / du / de | aéroglisseur / hélicoptère / avion / Alpine / cheval / vélomoteur / camionnette / autobus / autocar / train / taxi

et vient rouler | sur / aux / sous / dans / devant | le / la / les / un / une | portail. / pharmacie. / trottoir. / rue. / cathédrale. / gare. / pieds / table / chaise | de Mireille.

Il | s'est / ne s'est pas | fait | très / un peu | mal | à la / au / aux | tête. / oreilles. / nez. / menton. / bras. / jambe. / pieds. / genou.

Ce jeune homme, c'est | un cousin de Mireille. / un amoureux de Mireille. / le mari de Mireille. / un agent de la SNCF. / un champion de tennis. / le gardien du musée. / une illusion de Robert.

MIREILLE:

Tiens! C'est | toi? / vous? | Quelle coïncidence! / Je suis contente de | vous / te | voir!

Bonjour | Fernando. / Björn. / Fersen. | Je commençais à m'ennuyer. / J'étais inquiète.

Il n'y a personne d'intéressant dans la cathédrale. / Chartres sans | toi / vous | c'est mortel! / Le musée est fermé.

J'ai suivi | tes / vos | indications. / Personne ne sait que je suis ici. / Maintenant qu'est-ce qu'on fait? / Pourquoi m' | as-tu / avez-vous | demandé de venir?

LE SUEDOIS:

Mireille! | Ça fait | un mois / une éternité / deux jours | qu'on ne s'est pas vus. / Tu es / Vous êtes | fraîche comme une rose. / Quelle coïncidence!

MIREILLE:

Que | tu es / vous êtes | beau!

LE SUEDOIS:

Oui, | j'ai / je suis | l'air si sympathique! / de belles jambes musclées. / une belle tête. / magnifique. / superbe.

MIREILLE:

J'aime bien | ton / votre | short très court. / pull collant. / jean serré.

LE SUEDOIS:

Maintenant, il faut | tuer Robert. / partir tout de suite dans mon Alpine. / prendre le train pour la Suède. / arranger un "accident" pour Robert. / commander un pichet de rouge. / m'épouser tout de suite. / aller nous promener dans le petit jardin derrière la cathédrale.

MIREILLE:

Mais non! Je sais bien que | tu n'existes / vous n'existez | pas!

Exercices-tests

28.35 Exercice-test: *En avance, à l'heure, en retard, dans une heure, il y a une heure, tout à l'heure, 2h pile, 2h passées,* distance mesurée en temps

Complétez.

1. —Tu n'as pas vu Mireille?

   —Si, je l'ai vue ______________ cinq minutes. Elle a dit qu'elle rentrait chez elle, et qu'elle allait revenir ______________ une heure.

2. J'avais rendez-vous avec Robert à 3h. Robert est ponctuel, il est arrivé ______________, à 3h ______________. Moi, j'étais un peu ______________, je suis arrivée à 3h 25.

3. Je me demande ce que fait Mireille. Nous avions rendez-vous à 3h, et il est déjà 4h ______________!

4. La gare Montparnasse? C'est tout près! C'est ______________ 5 minutes à pied.

Vérifiez. Si vous avez fait des fautes, travaillez les sections 28.6 à 28.16 dans votre cahier d'exercices.

28.36 Exercice-test: Situations hypothétiques

Complétez.

1. Si vous alliez à Chartres, j'______________ volontiers moi aussi.
2. Si Mireille ______________ un kir, Robert en prendrait un aussi.
3. Si tu ______________ à l'heure, je serais à l'heure moi aussi.
4. Si tu partais, je ______________ avec toi.
5. Si tu faisais du karaté, je ______________ du karaté avec toi.

Vérifiez. Si vous avez fait des fautes, travaillez les sections 28.24 à 28.29 dans votre cahier d'exercices.

Leçon 29

Assimilation du texte

☊ 29.1 Mise en oeuvre

Ecoutez le texte et la mise en oeuvre dans l'enregistrement sonore. Répétez et répondez suivant les indications.

☊ 29.2 Compréhension auditive

Phase 1: Regardez les images ci-dessous, et répétez les énoncés que vous entendez.

Phase 2: Vous allez entendre des énoncés qui correspondent aux images ci-dessus. Ecrivez la lettre de chaque énoncé sous l'image qui lui correspond le mieux.

1 ___

2 ___

3 ___

4 ___

5 ___

6 ___

7 ___

ℌ 29.3 Production orale

Ecoutez les petits dialogues suivants. Vous entendrez chaque dialogue une fois, puis vous jouerez le rôle du personnage indiqué.

1. (Robert et Mireille) Vous allez être Mireille.
2. (Robert et Mireille) Vous allez être Mireille.
3. (Robert et Mireille) Vous allez être Mireille.
4. (Robert et Mireille) Vous allez être Mireille.
5. (Robert et Mireille) Vous allez être Mireille.

ℌ 29.4 Compréhension auditive et production orale

Vous allez entendre de courts passages. Après chaque passage, vous entendrez une question. Répondez à la question.

1. Qu'est-ce que Robert aurait fait s'il avait su qu'il y avait tant de monde dans le train?
2. Pourquoi est-ce que Mireille voudrait un grand coffre?
3. Pourquoi est-ce que Mireille ne veut pas aller dîner sur un bateau-mouche?
4. Pourquoi est-ce qu'elle n'est pas libre ce soir?
5. Pourquoi est-ce qu'elle ne peut pas voir Robert demain?

Préparation à la communication

ℌ 29.5 Observation: Prononciation; antériorité des consonnes françaises

Comparez la prononciation des consonnes dans les mots français suivants et dans les mots anglais correspondants.

touriste taxi disque short

Si vous comparez très attentivement, vous remarquez que le /t/ de *taxi*, par exemple, est très différent dans le mot anglais et dans le mot français. En français, le *t* est articulé plus en avant qu'en anglais. En anglais, la pointe de la langue vient toucher les alvéoles des dents supérieures. En français, la pointe de la langue vient toucher les dents elles-mêmes.

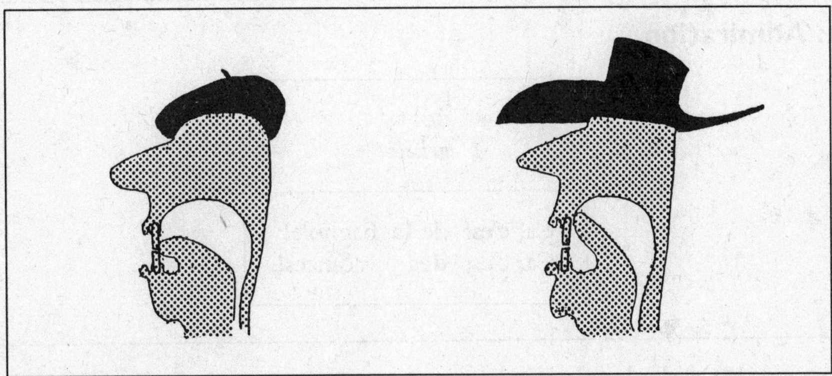

La consonne française est donc prononcée **plus en avant** que la consonne anglaise; le point d'articulation français est **antérieur** au point d'articulation anglais. Cette antériorité est une caractéristique générale de la prononciation française.

ℌ 29.6 Activation orale: Prononciation; antériorité des consonnes françaises

Répétez les expressions suivantes. Faites attention d'articuler les consonnes bien en avant.

La Société Nationale.
On est serrés comme des sardines dans ton train!
Sept litres aux cent.
C'est un truc pour touristes!
Taxi! Au Tabou!
Taxi! Au Drugstore!
Faites très attention.

29.7 Observation: Perspicacité

supposition; prédiction	*confirmation*
Ça ne m'étonnerait pas si... Vous allez voir que... Tu verras que... Je suis sûr(e) que... Je parie que...	Je l'avais dit! Je vous l'avais dit! C'est ce que je disais! C'est bien ce que je disais! Qu'est-ce que je disais! Qu'est-ce que je te disais! Tu vois! J'ai toujours raison! Je ne me trompe jamais!

29.8 Observation: Freinage

freinage	
Il y a de bons **freins.** ... des **freins** à disque. Ça, c'est des **freins!** Ça **freine** impeccablement. Il y a un excellent système de **freinage**. Comme **freinage**... impeccable!	un **frein** **freiner** le **freinage**

Les freins servent à s'arrêter. Remarquez que M. Bugatti, qui s'y connaissait, disait que les voitures étaient faites pour rouler, pas pour s'arrêter.

29.9 Observation: Admiration

	de + *article*	
Ça, c'est	**de la**	bagnole!
Ça, c'est	**des**	vacances!

☊ 29.10 Activation orale: Admiration

Exclamez-vous selon l'exemple.

Exemple:
Vous entendez: 1. Alors, qu'est-ce que vous en dites? Ce sont de bons freins?
Vous dites: Oui! Ça, c'est des freins!

Continuez oralement avec l'enregistrement.

29.11 Observation: *Ça arrive!*

	sujet	**arriver**	**à**	*objet indirect*
Quelquefois, on tombe en panne;	**ça**	**arrive!**		
	Ça	**arrive**	**à**	tout le monde!
	Ça n'	**arrive**	**qu'à**	moi!
Ce sont des choses	**qui**	**arrivent!**		

présent	Mireille fait de l'auto-stop quelquefois. **Ça lui arrive.**
passé	Mireille a fait de l'auto-stop quelquefois. **Ça lui est arrivé.**

☊ 29.12 Activation orale: *Ça arrive!*

Répondez selon l'exemple.

Exemple:
Vous entendez: Vous prenez l'avion quelquefois, vous deux?
Vous répondez: Ça nous arrive!

Continuez oralement avec l'enregistrement.

☊ 29.13 Activation orale: *Ça n'arrive jamais*

Répondez selon les exemples.

Exemples:
Vous entendez: 1. Vous êtes en retard quelquefois?
Vous dites: Oh, non! Ça ne nous arrive jamais!

Vous entendez: 2. Vous avez déjà pris l'aéroglisseur?
Vous dites: Non, ça ne nous est jamais arrivé.

3. Tu es en retard quelquefois?
4. Tu te perds dans le métro quelquefois?
5. Tu as déjà pris l'aéroglisseur?
6. Est-ce que Marie-Laure a déjà eu 10 sur 10 à un devoir?
7. Est-ce que Mireille et ses soeurs ont déjà pris un hélicoptère?
8. Est-ce que tu te trompes quelquefois?
9. Et moi, est-ce que je me trompe quelquefois?

29.14 Observation: Avantages et inconvénients

avantages	*inconvénients*
L'avion, c'est rapide.	Mais c'est cher.
La moto, c'est amusant.	Mais c'est dangereux.
Un vélomoteur consomme peu.	Mais ce n'est pas confortable.
Les autocars ne sont pas chers.	Mais ils sont souvent bondés.

☊ 29.15 Activation: Compréhension auditive; avantages et inconvénients

Déterminez si chacun des énoncés que vous allez entendre parle d'un avantage ou d'un inconvénient. Dites "C'est un avantage!" ou "C'est un inconvénient!" et cochez la case correspondante.

	1	2	3	4	5	6	7	8	9	10	11	12	13	14	15	16	17	18
avantage																		
inconvénient																		

29.16 Observation: Le temps qu'on met

mettre *temps* **pour** *infinitif*
Mireille **a mis** huit heures **pour** aller de Paris à Genève en stop.

☊ 29.17 Activation orale: Le temps qu'on met

Répondez selon l'exemple.

Exemple:
Vous entendez: 1. Mireille est partie de Paris à 10h du matin, et elle est arrivée à Genève à 6h du soir.
Vous dites: Elle a mis huit heures.

Continuez oralement avec l'enregistrement.

29.18 Observation: Suggestions

	si		*imparfait*	
	Si	on	**allait**	dîner sur un bateau-mouche?
	Si	je vous	**invitais**	à dîner?
Et	**si**	vous m'	**invitiez**	à dîner?

Si et l'imparfait sont utilisés pour faire des suggestions, des propositions.

☊ 29.19 Activation orale: Suggestions

Répondez selon l'exemple.

Exemple:
Vous entendez: 1. Nous ne sommes jamais allés dîner sur un bateau-mouche.
Vous dites: Si nous allions dîner sur un bateau-mouche?

Continuez oralement avec l'enregistrement.

29.20 Observation: Le conditionnel (révision)

	supposition		*résultat hypothétique*
si	*imparfait*		*conditionnel présent*
Si	elle **avait** un petit air suédois,	ça ne m'	**étonnerait** pas!
Si	j' **avais** assez d'argent,	j'	**achèterais** une petite voiture.
Si	on **allait** dîner sur un bateau-mouche,	ça te	**dirait?**
Si	on **allait** dîner sur un bateau-mouche,	ça	**serait** bien, non?

Le conditionnel est utilisé pour évoquer un résultat hypothétique, parce qu'il dépend d'une condition hypothétique (*si elle avait un petit air suédois*) ou contraire à la réalité (*si j'avais assez d'argent*). Le conditionnel présent est utilisé avec l'**imparfait de l'indicatif** (*si j'**avais**... j'achèterais*).

ꕥ 29.21 Activation orale: Conditionnel présent et imparfait de l'indicatif

Répondez selon l'exemple.

Exemple:
Vous entendez: 1. Mireille n'achète pas de voiture parce qu'elle n'a pas d'argent.
Vous dites: Si elle avait de l'argent, elle achèterait une voiture.

2. Elle n'a pas de voiture parce qu'elle n'a pas d'argent.
3. Elle prend le train parce qu'elle n'a pas de voiture.
4. Elle prend l'autobus parce qu'elle n'a pas de voiture.
5. Elle fait de l'auto-stop parce qu'elle n'a pas de voiture.
6. Elle ne loue pas de voiture parce qu'il y a un train commode.
7. Elle ne loue pas de voiture parce qu'elle a peur de tomber en panne.
8. Robert ne loue pas de voiture parce que Mireille a peur de tomber en panne.
9. Nous prenons le train parce que nous n'avons pas de voiture.
10. Nous n'allons pas à Chartres en voiture parce que nous n'avons pas de voiture.

29.22 Activation écrite: Conditionnel présent et imparfait de l'indicatif

Voici une série de paires de phrases qui décrivent des situations vraies. Dans chaque paire de phrases, la seconde phrase est plus ou moins une conséquence de la première. Dites ce qui se passerait si ce que dit la première phrase n'était pas vrai.

Exemple: Vous voyez: Mireille a son bac. Elle est à la fac.
Vous écrivez: Si Mireille n'avait pas son bac, elle ne serait pas à la fac.

1. Mireille ne gagne pas d'argent. Elle habite chez ses parents.

____

2. Mireille habite chez ses parents. Elle ne peut pas faire ce qu'elle veut.

____

3. Mme Belleau travaille. Elle n'a pas le temps de s'occuper des études de Marie-Laure.

____

4. Mireille suit des cours à la Sorbonne. Elle va souvent au Quartier Latin.

____

5. Mireille fait des études d'histoire de l'art. Elle suit un cours à l'Institut d'Art et d'Archéologie.

____

29.23 Observation: Conditionnel passé

dans le présent	
imparfait	*conditionnel présent*
S'ils **avaient** une voiture,	ils **iraient** en voiture.
dans le passé	
plus-que-parfait	*conditionnel passé*
S'ils **avaient eu** une voiture,	ils **seraient allés** en voiture.

Le conditionnel présent est utilisé avec l'imparfait. Le conditionnel passé est utilisé avec le plus-que-parfait.

plus-que-parfait						
	imparfait de l'auxiliaire	*participe passé*		*conditionnel de l'auxiliaire*	*participe passé*	
S'ils	**avaient**	**eu**	une voiture, ils	**seraient**	**allés**	en voiture.
Si j'	**avais**	**su,**	je	**serais**	**resté**	chez moi.
Si j'	**avais**	**su,**	j'	**aurais**	**loué**	une voiture.

Le conditionnel passé est un temps composé. Il est composé d'un auxiliaire (*être* ou *avoir*) et du participe passé du verbe. (L'auxiliaire est le même que pour le passé composé et les autres temps composés.) L'**auxiliaire** est à l'**imparfait.** Le participe passé s'accorde de la même façon que pour le passé composé et les autres temps composés.

☊ 29.24 Activation orale: Conditionnel passé

Répondez selon l'exemple.

Exemple:
Vous entendez: 1. Ils ont pris le train parce qu'ils n'avaient pas de voiture. S'ils avaient eu une voiture . . .
Vous dites: . . . ils n'auraient pas pris le train.

2. Ils ont pris le train parce qu'il n'y avait pas de service d'hélicoptère; mais s'il y avait eu un service d'hélicoptère . . .
3. Ils ne sont pas allés en voiture parce qu'ils n'avaient pas de voiture; mais s'ils avaient eu une voiture . . .
4. Robert n'a pas loué de voiture parce que Mireille avait peur de tomber en panne. Si Mireille n'avait pas eu peur de tomber en panne . . .
5. Robert n'a pas loué de voiture parce qu'il ne savait pas qu'il y aurait tant de monde dans le train. S'il avait su . . .
6. Robert n'est pas resté chez lui parce qu'il ne savait pas qu'il y aurait tant de monde dans le train. S'il avait su . . .

29.25 Activation écrite: Conditionnel passé, plus-que-parfait de l'indicatif

Robert a rencontré Mireille. C'est un fait. Mais—catastrophe trop horrible à contempler—cette heureuse rencontre aurait pu ne pas avoir lieu (ils auraient pu ne pas se rencontrer). Cette rencontre a dépendu de beaucoup de circonstances fortuites qui auraient pu être différentes. Voici un récit composé d'une série de paires de phrases dans lesquelles la seconde est plus ou moins la conséquence de la première. Montrez que, si l'action exprimée dans la première phrase n'avait pas eu lieu, l'action exprimée dans la seconde phrase n'aurait pas eu lieu non plus. Sans toutes ces circonstances fortuites, sans tous ces miracles, cette rencontre providentielle n'aurait pas eu lieu.

Exemple:
Vous voyez: Robert a quitté l'université. Il a rencontré Mireille.
Vous écrivez: Si Robert n'avait pas quitté l'université, il n'aurait pas rencontré Mireille.

1. Une amie de la mère de Robert était étudiante à Paris. Sa mère est venue y faire sa médecine.
   Si une amie de la mère de Robert n'____________________ étudiante à Paris, sa mère ne ____________________ y faire sa médecine.
2. La mère de Robert habitait au Home Latin quand elle était étudiante. Robert a voulu y descendre.
   Si la mère de Robert n'____________________ au Home Latin quand elle était étudiante, Robert n'____________________ y descendre.
3. Robert est descendu au Home Latin. Il est allé se promener sur le Boulevard Saint-Michel.
   Si Robert n'____________________ au Home Latin, il ne ____________________ se promener sur le Boulevard Saint-Michel.
4. Il y avait une grève d'étudiants ce jour-là. Il y avait des manifestants sur le Boulevard.
   S'il n'y ____________________ de grève d'étudiants ce jour-là, il n'y ____________________ de manifestants sur le Boulevard.
5. Robert s'est promené sur le Boulevard. Il a vu les manifestants.
   Si Robert ne ____________________ sur le Boulevard, il n'____________________ les manifestants.
6. Robert a suivi les manifestants. Il est entré avec eux dans la cour de la Sorbonne.
   Si Robert n'____________________ les manifestants, il ne ____________________ avec eux dans la cour de la Sorbonne.
7. Mireille a voulu consulter un tableau d'affichage. Elle est entrée à la Sorbonne.
   Si Mireille n'____________________ consulter un tableau d'affichage, elle ne ____________________ à la Sorbonne.
8. Robert est entré dans la cour de la Sorbonne. Il a vu Mireille.
   Si Robert n'____________________ dans la cour de la Sorbonne, il n'____________________ Mireille.
9. Robert a trouvé son visage agréable. Il lui a souri.
   Si Robert n'____________________ son visage agréable, il ne lui ____________________.
10. Il lui a souri. Elle lui a souri.
    S'il ne lui ____________________, elle ne lui ____________________.

11. Elle lui a souri. Il a engagé la conversation.

Si elle ne lui ________________, il n'________________ la conversation.

12. Robert a engagé la conversation. Ils ont fait connaissance.

Si Robert n'________________ la conversation, ils n'________________ ________________ connaissance.

13. En résumé, il y a eu une grève d'étudiants. Robert et Mireille se sont rencontrés.

En résumé, s'il n'y ________________ de grève d'étudiants, Robert et Mireille ne ________________ rencontrés.

☊ 29.26 Activation orale: Dialogue entre Robert et Mireille

Vous allez entendre un dialogue entre Robert et Mireille. Ecoutez bien. Vous allez apprendre les réponses de Mireille.

ROBERT: Tu fais de l'auto-stop?
MIREILLE: **Ça m'est arrivé. Une fois, je suis allée de Paris à Genève en stop.**
ROBERT: De Paris à Genève?
MIREILLE: **Oui! J'ai mis huit heures. Ce n'est pas mal!**
ROBERT: Mais ce n'est pas dangereux?
MIREILLE: **Non... et puis, c'est ça, le charme....**

Libération de l'expression

29.27 Mots en liberté

Quand on prend le train, qu'est-ce qu'on peut faire?
On peut prendre un taxi pour aller à la gare, aller à la gare de Lyon, prendre un billet de première, un aller simple, composter son billet (c'est obligatoire)....

Trouvez encore au moins cinq possibilités.

Quels sont les avantages du train?
On peut donner congé à son chauffeur, c'est moins fatigant que la bicyclette, on arrive frais comme une rose....

Trouvez encore au moins deux avantages.

29.28 Mise en scène et réinvention de l'histoire

Reconstituez une conversation entre Robert et Mireille au sujet de la voiture que Mireille aimerait avoir.

ROBERT: Qu'est-ce que tu aimerais avoir comme voiture?
MIREILLE: Eh bien, j'aimerais(...)avec(...).
ROBERT: Tu ne préfèrerais pas une petite Alpine Renault, par hasard?
MIREILLE: Ah, si! Ça, c'est(...). C'est une voiture (...) des reprises (...). Ça se conduit(...). Tu peux faire(...). Et comme freinage(...).
ROBERT: Eh bien, dis donc, tu as l'air de t'y connaître!
MIREILLE: Forcément(...). Remarque que moi, j'aime autant(...).

29.29 Mise en scène et réinvention de l'histoire

Imaginez un épisode avec le Suédois et l'homme en noir. Vous pouvez utiliser les suggestions suivantes ou inventer autre chose.

Robert est en train de / d'
- sortir du / de la: gare. / cathédrale. / musée.
- choisir / acheter: un bijou. / une carte postale. / une blouse en dentelle.
- admirer: le portail Ouest. / les vitraux. / les bibelots. / les poteries.
- se reposer sur un banc.
- boire un pichet de rouge.
- se couper les ongles.

Il voit un Suédois et un homme en noir qui se dirigent vers
- la gare.
- le portail Nord.
- les magasins de bibelots.
- le jardin derrière la cathédrale.
- un petit café.

Le Suédois, c'est
- un cousin de Mireille.
- le petit ami de: Mireille. / Mme Belleau. / la mère de Robert.
- un neveu de Mme Courtois.
- un diplomate: russe. / suédois. / argentin.
- un champion de: karaté. / boxe. / course à pied. / tennis.

L'homme en noir, c'est
- le frère du Suédois.
- un agent: des douanes. / de la Mafia. / de police. / double. / d'assurances.
- un assassin professionnel.
- un vétérinaire.
- un diplomate: russe. / américain. / suédois.
- un prêtre.

Robert entend / n'entend pas l'homme en noir qui dit:

Alors, tu as
- les boules de gomme?
- peur?
- l'argent?
- la bagnole?
- faim?
- l'héroïne?
- la victime?
- honte?
- un faible pour: Mireille? / Minouche? / le rouge? / la charcuterie?
- horreur: de Chartres? / de Robert? / du crime? / de cette histoire?

Le Suédois répond:
- Ne t'en fais pas!
- Forcément!
- Penses-tu!
- Je n'ai rien.
- J'ai tout.
- J'ai soif.

L'HOMME EN NOIR:
Qu'est-ce qu'on va faire maintenant?

LE SUEDOIS:
On va
- tuer: Mireille. / Robert, évidemment. / Robert et Mireille.
- faire sauter: la gare. / la cathédrale. / le musée. / le train.
- continuer à les suivre.
- dîner avec Mireille ce soir.

L'HOMME EN NOIR:
Comment est-ce qu'on va arranger ça?

LE SUEDOIS:
Eh bien, tu vas
- prendre le train.
- aller chez Vagenende ce soir.
- donner rendez-vous à Mireille au Flore.
- les tuer dans le train.
- les suivre sur le bateau-mouche.

L'HOMME EN NOIR:

Ça | va être / ne va pas être | facile,

| les gens / les compartiments / les cafés / les taxis / toutes les places / tous les monuments | vont être | illuminés. / bondés. / serrés comme des sardines. / étonnés. / vides. / pris. / prises. |

Et après, qu'est-ce que je fais?

LE SUEDOIS:

Je ne sais pas!
C'est ton problème!
Tu t'y connais; débrouille-toi!
Tu prends l'avion pour Tombouctou.
Tu prends l'Alpine et tu files!
Disparais!
Tu vas acheter des boules de gomme.
Tu gardes | le secret. / les boules de gomme.

Tu vas mettre | l'argent / les boules de gomme / l'héroïne / les cartes postales / les bijoux / les bibelots | à la banque.

Exercices-tests

29.30 Exercice-test: *Ça arrive*

Complétez.

1. —Tu as déjà pris l'aéroglisseur?

   —Oui, ____________ arrivé.

2. Les Courtois vont quelquefois au restaurant?

   Oui, ____________ arrive.

3. Vous travaillez, quelquefois, vous deux?

   Oh, oui! ____________ arrive!

4. Mireille va à la bibliothèque, de temps en temps?

   Oui, ____________ arrive. . . .

Vérifiez. Si vous avez fait des fautes, travaillez les sections 29.11 à 29.13 dans votre cahier d'exercices.

29.31 Exercice-test: Situations hypothétiques au présent et au passé

Complétez selon l'exemple.

Exemple:
Vous voyez: Il a plu, alors je suis restée à la maison.
Vous écrivez: S'il n'avait pas plu, je ne serais pas restée à la maison.

1. Il pleut, alors je reste à la maison.

   ____.

2. On n'a pas de voiture, alors on prend le train!

   ____.

3. On n'avait pas de voiture, alors on a pris le train.

   ____.

4. Mireille n'était pas libre, alors Robert n'a pas pu l'inviter à dîner.

____.

5. L'autobus est arrivé, alors Robert n'a pas eu le temps de lui parler.

____.

Vérifiez. Si vous avez fait des fautes, travaillez les sections 29.20 à 29.25 dans votre cahier d'exercices.

Leçon 30

Assimilation du texte

☊ 30.1 Mise en oeuvre

Ecoutez le texte et la mise en oeuvre dans l'enregistrement sonore. Répétez et répondez selon les indications.

☊ 30.2 Compréhension auditive

Phase 1: Regardez les images ci-dessous, et répétez les énoncés que vous entendez.

Phase 2: Regardez les images. Vous allez entendre des énoncés qui leur correspondent. Ecrivez la lettre de chaque énoncé sous l'image qui lui correspond le mieux.

1 ___

2 ___

3 ___

4 ___

5 ___

6 ___

7 ___

8 ___

30.3 Production orale

Ecoutez les petits dialogues suivants. Vous entendrez chaque dialogue une fois, puis vous jouerez le rôle du personnage indiqué.

1. (Le patron du Home Latin et Robert)
   Vous êtes Robert.
2. (Le patron du Home Latin et Robert)
   Vous êtes le patron.
3. (Le patron du Home Latin et Robert)
   Vous êtes le patron.
4. (Robert et le garagiste)
   Vous êtes le garagiste.
5. (Robert et le garagiste)
   Vous êtes le garagiste.
6. (Mireille et Tonton Guillaume)
   Vous êtes Tonton Guillaume.

30.4 Compréhension auditive et production orale

Vous allez entendre de courts passages, chacun suivi d'une question. Répondez à la question.

1. Pourquoi est-ce que le garagiste ne peut pas donner cette voiture à Robert?
2. Qu'est-ce qu'il faut faire, à Denfert, pour prendre l'Avenue du Général Leclerc?
3. Pourquoi est-ce qu'il n'y a pas moyen de se tromper?
4. Pourquoi est-ce que Mireille téléphone à Tonton Guillaume?
5. Pourquoi Tonton Guillaume va-t-il téléphoner au garage?
6. Pourquoi est-ce que Robert a fait demi-tour?
7. Pourquoi est-ce que l'Alpine s'est arrêtée?

Préparation à la communication

30.5 Observation: Prononciation; timbre des voyelles (révision)

Comparez.

heure	air
meurt	mer
soeur	sert
peur	père
beurre	Berre

La voyelle de la deuxième colonne est très différente de la voyelle de la première colonne. Pour bien marquer la distinction entre les deux voyelles, il faut faire attention de:

- ne pas anticiper le /r/ qui suit
- ne pas diphtonguer la voyelle
- prononcer un /r/ français: l'extrémité de la langue doit rester appuyée contre les dents inférieures.

30.6 Activation orale: Prononciation; timbre des voyelles

Répétez les expressions suivantes en faisant très attention aux voyelles en italique. Prononcez un /r/ français. Ne diphtonguez pas la voyelle.

Le chemin de f*e*r.
Il y a un service d'hélicopt*è*res.
C'est ce que je préf*è*re.
A Denf*e*rt, prenez l'avenue du Général Lecl*e*rc.
Ce n'est pas ch*e*r.
C'est une bonne aff*ai*re.
Du chamb*e*rtin?
On peut f*ai*re du 140 kilom*è*tres à l'h*eu*re.
M*e*rci!

30.7 Observation: Sollicitude; *qu'est-ce que vous avez?*

question	*réponse*
—Vous n'avez pas l'air en forme. Qu'est-ce que vous avez? Qu'est-ce qu'il y a? Il y a quelque chose qui ne va pas? Ça ne va pas?	—Je n'ai rien! Rien! Non, ça va! Si, ça va!

☊ 30.8 Activation orale: Sollicitude; *qu'est-ce que vous avez?*

Répondez très rapidement selon l'exemple.

Exemple:
Vous entendez: 1. Vous n'avez pas l'air en forme!
Vous dites: Qu'est-ce que vous avez?

Continuez oralement avec l'enregistrement.

30.9 Observation: Expression indéfinie + *de; c'est ce que nous avons de moins cher*

expression indéfinie	**de**	*adjectif*
Vous n' avez **rien**	**de**	moins cher?
Non, c'est **ce que** nous avons	**de**	moins cher.
Si, nous avons **quelque chose**	**de**	moins cher.

☊ 30.10 Activation orale: Expression indéfinie + *de*

Répondez selon l'exemple.

Exemple:
Vous entendez: 1. Vous n'avez rien de plus grand?
Vous dites: Non, c'est ce que nous avons de plus grand.

Continuez oralement avec l'enregistrement.

30.11 Observation: Situation géographique; points cardinaux

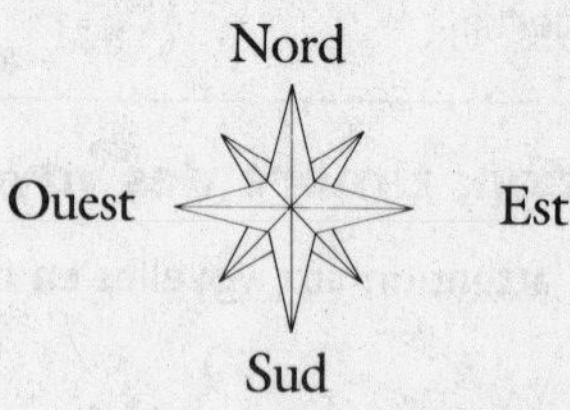

		à + *article*		**de**	
Dunkerque	est	**au**	Nord	**de**	Paris.
Orléans	est	**au**	Sud	**de**	Paris.
La Bretagne	est	**à l'**	Ouest	**de**	Paris.
L'Alsace	est	**à l'**	Est	**de**	Paris.

☊ 30.12 Activation: Compréhension auditive; points cardinaux

Vous allez entendre des phrases qui donnent des situations géographiques. Identifiez ces positions et indiquez-les en écrivant le numéro de chaque phrase dans la case appropriée.

Exemple:
Vous entendez: 1. Dunkerque est au Nord de Paris.
Vous écrivez 1 dans une case au Nord de Paris.

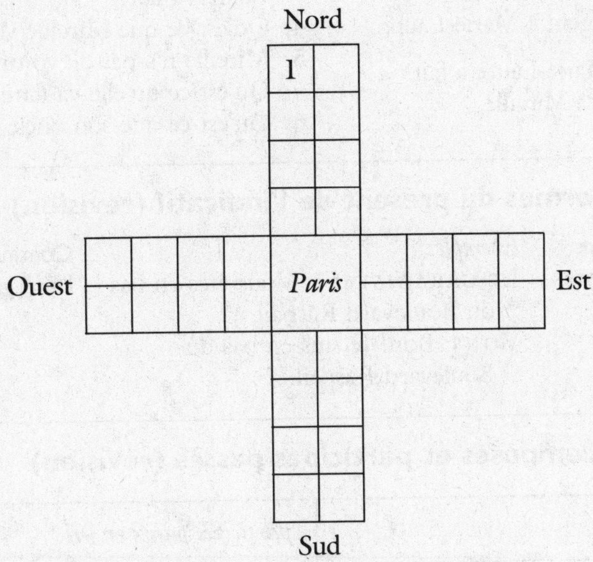

30.13 Observation: Impossibilité; *il n'y a pas moyen*

	il	y a		moyen de	*infinitif*
Est-ce qu'on peut se perdre? Non!	**Il**	n'**y a**	pas	**moyen de**	se perdre!
Si!	**Il**	**y a**	toujours	**moyen de**	se perdre!

☊ 30.14 Activation orale: Impossibilité; *il n'y a pas moyen*

Répondez selon l'exemple.

Exemple:
Vous entendez: 1. Est-ce qu'on peut se perdre?
Vous dites: Non, il n'y a pas moyen de se perdre.

Continuez oralement avec l'enregistrement.

30.15 Observation: Prêts et emprunts

	verbe	*objet direct*	**à**	*objet indirect*
Mireille n'a pas de voiture. Elle	**emprunte**	une voiture	**à**	son oncle.
Guillaume a deux voitures! Il	**prête**	une de ses voitures	**à**	Mireille.
Mireille est honnête. . . . Elle	**rend**	la voiture	**à**	son oncle.

♫ 30.16 Activation orale: Prêts et emprunts

Ecoutez les énoncés suivants. Essayez de bien comprendre la situation, puis répondez selon les exemples.

Exemples:

Vous entendez: 1. Mireille n'avait pas d'argent. Marie-Laure en avait. Qu'est-ce que Mireille a fait?
Vous dites: Elle a emprunté de l'argent à Marie-Laure.

Vous entendez: 2. Qu'est-ce que Marie-Laure a fait?
Vous dites: Elle a prêté de l'argent à Mireille.

3. Marie-Laure n'a plus de pull propre pour aller à l'école. Mireille en a plusieurs. Qu'est-ce que Marie-Laure va faire?
4. Qu'est-ce que Mireille va faire?
5. Mireille n'a pas de voiture. Son oncle en a deux. Qu'est-ce qu'elle va faire?
6. Qu'est-ce que son oncle va faire?

♫ 30.17 Activation orale: Formes du présent de l'indicatif (révision)

Vous êtes Robert. Vous allez à Provins. Vous suivez les instructions du garagiste. Vous les répétez et vous les vérifiez. Suivez l'exemple.

Exemple:

LE GARAGISTE: 1. Vous êtes en bas du Boulevard Raspail.
VOUS: Bon! Je suis en bas du Boulevard Raspail. . . .

Continuez oralement avec l'enregistrement.

30.18 Observation: Temps composés et participes passés (révision)

participes passés en ***-é***			*participes passés en* ***-u***		
Robert s'est	**levé**	tôt.	Il a	**vu**	une Alpine.
Il a	**parlé**	au patron de l'hôtel.	Il a	**cru**	que c'était Mireille.
Il est	**allé**	au garage Shell.	Il n' a pas	**su**	que faire.
Il a	**loué**	une voiture.	Il a	**voulu**	sortir de l'autoroute.
Il a	**démarré.**		Il est	**descendu**	de voiture.
Il a	**remonté**	le boulevard.	Il a	**bu**	un verre de bourgogne.
Il est	**arrivé**	à Denfert.	Ça lui a	**plu.**	
Il a	**obliqué**	à droite.	Il a	**tenu**	à goûter tous les crus.
Il a	**attrapé**	l'autoroute.	Il a	**disparu**	dans les vignes.
Il s'est	**lancé**	à la poursuite d'une Alpine.	Il a	**connu**	quelques moments agréables.
Il a	**foncé**	sur l'autoroute.	Il s'est	**perdu.**	
Il n' a pas	**dépassé**	l'Alpine.	Il est	**revenu**	à Paris dans la nuit.
Il s'est	**arrêté**	à Beaune.	Il a	**rendu**	la voiture le lendemain.

Vous vous souvenez que les **temps composés** (comme le passé composé, le plus-que-parfait) sont composés d'un **auxiliaire** (*être* ou *avoir*) et du **participe passé** du verbe. L'utilisation d'un temps composé pose donc deux problèmes: le choix de l'auxiliaire *être* ou *avoir*, et la détermination de la forme du participe passé.

Il y a moyen de savoir quel auxiliaire il faut employer. Malheureusement, il n'y a pas moyen de déterminer quelle va être la forme du participe passé d'un verbe. Il faut l'observer et essayer de se souvenir. Observez donc les participes passés des verbes ci-dessus.

Il y a des verbes qui ont un participe passé en -é. Ce sont les plus nombreux: tous les verbes qui ont un infinitif en *-er*, le verbe *naître* (Robert est *né* aux Etats-Unis), et le verbe *être* (Il a été écoeuré quand il a vu que la blonde de l'Alpine n'était pas Mireille). Il y a des verbes qui ont un participe passé en *-u*. Ces verbes ont des infinitifs très différents: *voir, croire, descendre, plaire, tenir, disparaître, perdre. . . .*

☊ 30.19 Activation: Compréhension auditive; identification des participes passés en *-u*

Vous allez entendre des phrases qui contiennent toutes des participes passés en *-u*. Essayez de déterminer de quel verbe il s'agit. Cochez la case appropriée.

Exemple:
Vous entendez: 1. Robert a vu une Alpine.
Vous cochez la case 1 sur la ligne de *voir*.

	1	2	3	4	5	6	7	8	9	10	11	12	13	14	15	16	17	18
voir	X																	
savoir																		
vouloir																		
croire																		
boire																		
descendre																		
rendre																		
se perdre																		
tenir																		
revenir																		
connaître																		
disparaître																		
plaire																		

☊ 30.20 Activation orale: Temps composés; participes passés en *-é* et *-u*

Nous allons revoir le voyage de Robert en Bourgogne. D'abord, nous allons annoncer ce qui va se passer, puis nous vérifierons que c'est bien ce qui s'est passé.

Exemple:
Vous entendez: 1. Vous allez voir que Robert va aller au garage Shell!
Vous dites: Oui! Il est allé au garage Shell!

Continuez oralement avec l'enregistrement.

♫ 30.21 Activation orale: Dialogue entre Robert et le garagiste

Vous allez entendre un dialogue entre Robert et un garagiste. Ecoutez bien. Vous allez apprendre les répliques de Robert.

LE GARAGISTE: Je regrette, mais elle n'est pas à louer. Je ne peux pas vous la donner. Mais je peux vous donner une Peugeot 205, si vous voulez.
ROBERT: **C'est ce que vous avez de moins cher?**
LE GARAGISTE: Oui.
ROBERT: **Bon, alors, d'accord. C'est combien pour la journée?**
LE GARAGISTE: 450F.
ROBERT: **D'accord, je la prends.**

Libération de l'expression

30.22 Mots en liberté

Quand on conduit, qu'est-ce qu'on peut faire?

On peut prendre l'autoroute, faire demi-tour, faire du 140, dépasser une Alpine. . . .

Trouvez encore au moins cinq possibilités.

Qu'est-ce qu'on peut avoir?

On peut avoir mal à la tête, mal dormi, l'air en forme, quelque chose de moins cher, une grosse voiture, l'habitude de conduire vite, raison, un faible pour les voitures de sport, le coeur sur la main, un accent américain. . . .

Trouvez encore au moins six possibilités.

30.23 Mise en scène et réinvention de l'histoire

Imaginez un dialogue entre vous et Robert qui demande des indications pour aller à Provins. Vous pouvez imiter le dialogue entre Robert et le patron de l'hôtel, ou inventer des variantes.

ROBERT: Vous pouvez me dire où est Provins?
VOUS: Eh bien, c'est(. . .).
ROBERT: C'est du côté de Chartres?
VOUS: Ah, non, (. . .).
ROBERT: Ah, bon! Où est-ce que je pourrais louer une voiture?
VOUS: Eh bien(. . .).
ROBERT: Pour sortir de Paris, je prends quelle direction?
VOUS: Remontez le Boulevard Raspail jusqu'à Denfert-Rochereau. Il y a des(. . .). Il n'y a pas moyen(. . .). Vous ne pouvez pas(. . .).
ROBERT: Très bien, merci.

30.24 Mise en scène et réinvention de l'histoire

Imaginez un nouvel épisode de l'histoire. Mireille est chez elle, et le téléphone sonne. C'est l'homme en noir.

MIREILLE:
Allô! Allô! Qui est à l'appareil?

L'HOMME EN NOIR:
C'est | moi.
lui.
nous.
l'autre.
mon frère.
Robert.
l'Armée du Salut.
M. Courtois.

MIREILLE:
Quoi?
Comment?
Je ne comprends pas. . . .
Ah, bon!

L'HOMME EN NOIR:
Comment allez-vous?
Vous avez peur?
Il ne faut pas avoir peur.
Ne vous en faites pas, tout ira bien.
Ce n'est pas grave.
Ça ne fera pas un pli.

MIREILLE:

Qu'est-ce qu'il y a?
Qu'est-ce qui se passe?
Qu'est-ce que vous voulez?
De quoi s'agit-il, au juste?

L'HOMME EN NOIR:

Ecoutez bien, Mademoiselle Mireille. Ne raccrochez pas.

<table>
<tr><td rowspan="7">Nous avons</td><td>Minouche.</td></tr>
<tr><td>votre petite soeur Marie-Laure.</td></tr>
<tr><td>la voiture de votre papa.</td></tr>
<tr><td>votre ami Robert.</td></tr>
<tr><td>les bijoux de Tante Georgette.</td></tr>
<tr><td>deux kilos d'héroïne.</td></tr>
<tr><td>Fido.</td></tr>
</table>

MIREILLE:

Ce n'est pas possible!

L'HOMME EN NOIR:

Si, c'est possible!

<table>
<tr><td rowspan="8">Il
Elle
Ils</td><td rowspan="8">est
sont</td><td rowspan="8">ici</td><td rowspan="2">derrière</td><td>la tour de la cathédrale.</td></tr>
<tr><td>le garage.</td></tr>
<tr><td>dans</td><td>moi.</td></tr>
<tr><td>à côté de</td><td>ma grand-mère.</td></tr>
<tr><td>chez</td><td>Provins.</td></tr>
<tr><td rowspan="3">à</td><td>le coffre de la voiture.</td></tr>
<tr><td>le bassin du château.</td></tr>
</table>

MIREILLE:

Qu'est-ce que vous voulez?

L'HOMME EN NOIR:

Un carnet de tickets de métro.
1.500.000F.
Votre chien.
Vous tutoyer.
Votre adresse.

<table>
<tr><td rowspan="2">L'adresse</td><td>de votre boucher.</td></tr>
<tr><td>du père de Robert.</td></tr>
</table>

<table>
<tr><td rowspan="5">Vous allez prendre</td><td rowspan="5">le métro
le TGV
l'aéroglisseur
un hélicoptère</td><td rowspan="5">pour</td><td>Versailles.</td></tr>
<tr><td>Genève.</td></tr>
<tr><td>Douvres.</td></tr>
<tr><td>Chartres.</td></tr>
<tr><td>Provins.</td></tr>
</table>

<table>
<tr><td rowspan="5">Vous porterez</td><td>un casque.</td></tr>
<tr><td>votre jupe de Prisunic.</td></tr>
<tr><td>l'uniforme de l'Armée du Salut.</td></tr>
<tr><td>un foulard sur le visage.</td></tr>
<tr><td>le bateau de Marie-Laure sous le bras.</td></tr>
</table>

<table>
<tr><td rowspan="4">Vous arriverez</td><td>à minuit.</td></tr>
<tr><td>à midi et demie.</td></tr>
<tr><td>sans faire de bruit.</td></tr>
<tr><td>sans parler à personne.</td></tr>
</table>

<table>
<tr><td rowspan="4">Si vous voulez revoir votre</td><td>ami,</td></tr>
<tr><td>chien,</td></tr>
<tr><td>voiture,</td></tr>
<tr><td>chatte,</td></tr>
</table>

faites ce que je vous dis. Et surtout, ne dites rien à personne. Mystère et boule de gomme!

Exercices-tests

30.25 Exercice-test: Prépositions

Complétez en utilisant *de* ou *à* selon le cas.

1. Vous n'avez pas quelque chose ___ plus petit, comme voiture?
2. Vous ne trouverez rien ___ plus confortable.
3. Chartres? C'est ___ l'Ouest ___ Paris.
4. Quel bruit! Il n'y a pas moyen ___ travailler, ici!
5. Mireille a emprunté de l'argent ___ sa soeur.
6. Tu as prêté de l'argent ___ Mireille?

Vérifiez. Si vous avez fait des fautes, travaillez les sections 30.9 à 30.16 dans votre cahier d'exercices.

☊ 30.26 Exercice-test: Passés composés

Vous allez entendre des phrases au passé composé. Déterminez de quel verbe il s'agit, et cochez la case correspondante.

	1	2	3	4	5	6	7	8	9	10
vouloir										
savoir										
voir										
plaire										
venir										
boire										
croire										

Vérifiez. Si vous avez fait des fautes, travaillez les sections 30.18 à 30.20 dans votre cahier d'exercices.

30.27 Exercice-test: Passés composés

Mettez les phrases suivantes au passé composé.

1. Robert veut louer une voiture.
   Robert ______________ louer une voiture.
2. Il arrive au garage Shell.
   Il ______________ au garage Shell.
3. Il parle au garagiste.
   Il ______________ au garagiste.
4. Il tient à prendre la voiture la moins chère.
   Il ______________ à prendre la voiture la moins chère.
5. Il démarre.
   Il ______________.
6. Il remonte le boulevard.
   Il ______________ le boulevard.
7. Il ne voit pas les panneaux pour l'autoroute.
   Il ______________ les panneaux pour l'autoroute.
8. Il s'arrête dans un café.
   Il ______________ dans un café.
9. Il boit quelques verres de bourgogne.
   Il ______________ quelques verres de bourgogne.
10. Après ça, il va se coucher.
    Après ça, il ______________ se coucher.

Vérifiez. Si vous avez fait des fautes, travaillez les sections 30.18 à 30.20 dans votre cahier d'exercices.

Leçon 31

Assimilation du texte

☊ 31.1 Mise en oeuvre

Ecoutez le texte et la mise en oeuvre dans l'enregistrement sonore. Répétez et répondez suivant les indications.

☊ 31.2 Compréhension auditive

Phase 1: Regardez les images et répétez les énoncés que vous entendez.

Phase 2: Ecrivez la lettre de chaque énoncé sous l'image qui lui correspond le mieux.

1 ___

2 ___

3. ___

4 ___

5 ___

6 ___

7 ___

8 ___

℧ 31.3 Compréhension auditive et production orale

Ecoutez les dialogues suivants. Après chaque dialogue, vous allez entendre une question. Répondez à la question.

1. Pourquoi la voiture refuse-t-elle de démarrer?
2. Pourquoi Mireille a-t-elle été obligée de brûler un feu rouge?
3. Pourquoi Mireille est-elle tombée en panne?
4. Pourquoi est-ce que ce n'est pas la peine que le cycliste change la roue?
5. Pourquoi Mireille veut-elle arriver chez elle avant la nuit?

℧ 31.4 Production orale

Ecoutez les dialogues suivants. Dans chaque dialogue vous allez jouer le rôle du personnage indiqué.

1. (Mireille et le garagiste)
   Vous allez être le garagiste.
2. (Le garagiste et Mireille)
   Vous allez être Mireille.
3. (Le pompiste et Mireille)
   Vous allez être Mireille.
4. (Le pompiste et Mireille)
   Vous allez être Mireille.
5. (Le cycliste et Mireille)
   Vous allez être Mireille.

Préparation à la communication

℧ 31.5 Observation: Prononciation; voyelles initiales

Comparez la prononciation de la voyelle initiale dans les mots français suivants et dans les mots anglais correspondants.

*o*ncle	*en*tre	*in*stant	*e*xcusez-moi
*a*ttention	*en*treprise	*in*vitation	*e*xposition

En anglais, il y a fermeture, constriction, tension des cordes vocales avant l'émission de la voyelle initiale. L'attaque est brusque. En français, l'attaque est plus progressive. Il n'y a pas d'explosion au début de la voyelle.

℧ 31.6 Activation orale: Prononciation; voyelles initiales

Répétez les expressions suivantes. Evitez toute tension excessive des cordes vocales **avant** la voyelle initiale.

Entre!	Attendez!	Au revoir!	Essaie!	Ouvrez le capot.
Encore!	Appuyez!	Aucun effet!	Aidez-moi!	Oubliez tout ça!
Enfin!	Avancez!	Au premier feu.	Evidemment!	
Envoyez-nous un dépanneur!	Arrangez-moi ça!	Ouvrez.	Essence ou super?	

31.7 Observation: Fermetures; *porte, portière, portail*

la **porte**	de la	maison
la **portière**	de la	voiture
le **portail**	du	jardin
le **portail**	de la	cathédrale

31.8 Activation écrite: Fermetures; *porte, portière, portail*

Mystère et boule de gomme (énigme policière). Complétez.

1. Comment est-ce possible? Quelqu'un est entré dans la maison . . . et pourtant on n'a pas ouvert ____________.
2. Comment est-ce possible? Quelqu'un a pris le guide Michelin dans la voiture et pourtant on n'a pas ouvert les ____________.
3. L'homme en noir est sorti par le ____________ ouest de la cathédrale et pourtant personne ne l'a vu entrer. Mystère!
4. Robert a-t-il vu le beau Suédois et Mireille passer le ____________ du petit jardin qui est derrière la cathédrale . . . et disparaître derrière l'abside? Mystère!

31.9 Observation: Noms en *-age*

verbe (*en* **-er**)	*nom* (*masculin*)
dépanner	un dépann**age**
déraper	un dérap**age**
démarrer	un démarr**age**
freiner	un frein**age**
garer	un gar**age**
virer	un vir**age**

Quand un *dépanneur dépanne* une voiture avec son camion de *dépannage*, il fait un *dépannage*.

Quand on *dérape*, on fait un *dérapage*. Les *dérapages* sont dangereux. Quand il pleut, les routes sont dangereuses à cause du risque de *dérapage*, surtout dans les *virages*.

Quand on *vire* à droite, on prend un *virage* à droite.

Quand une voiture *démarre* très vite elle a des *démarrages* foudroyants. (En général, elle a aussi des reprises foudroyantes.)

Quand le système de *freinage* est bon, la voiture *freine* bien.

On peut *garer* sa voiture dans un *garage*.

31.10 Activation écrite: Noms en *-age*

Complétez en choisissant le verbe ou le nom convenable dans la liste ci-dessus.

1. Attention! Ralentis! Il y a un ____________ à droite.
2. La route est humide! Si tu ne ralentis pas, tu vas ____________.
3. Voilà un camion de dépannage. Il va pouvoir nous ____________.
4. On ne peut pas laisser la voiture dans la rue! Il va falloir la ____________ au garage.
5. —Ça freine bien?
   —Oui, le ____________ est excellent.
6. —Le démarrage est excellent aussi. Ça ____________ au quart de tour.

31.11 Observation: Questions d'argent; paiements

questions	*réponses*
Combien?	100 francs.
C'est combien?	C'est 100 francs.
	Ce sera 100 francs.
Ça fait combien?	Ça fait 100 francs.
	Ça fera 100 francs.
Combien est-ce que je vous dois?	Vous me devez 100 francs.
Je vous dois combien?	
Qu'est-ce que je vous dois?	100 francs! (Vous êtes sourd, ou quoi?)

paiements	
C'est à vous que je paie?	Vous payez à la caisse.
Je vous paie tout de suite?	Non, vous paierez plus tard.
	On paie à la sortie.
	On paie d'avance.
J'ai payé 100 F.	J'ai payé ça très cher!
J'ai payé ça 100 F.	Je n'ai rien payé!

☊ 31.12 Activation orale: Questions d'argent; paiements

Répondez selon les exemples.

Exemples:

Vous entendez: 1. Ça faisait 100F. Je vous ai donné 60F....

Vous dites: Je vous dois 40F.

Vous entendez: 2. Ça faisait 100F. Je vous ai donné 200F....

Vous dites: Vous me devez 100F.

3. Ça faisait 200F. Je vous ai donné 150F....
4. Ça faisait 20F. Je vous ai donné 15F....
5. Ça faisait 1000F. Vous nous avez donné 700F....
6. Ça faisait 400F. Je vous ai donné un billet de 500F....
7. Ça faisait 30F. Je vous ai donné 50F....
8. Ça faisait 4F 50. Je vous ai donné une pièce de 5F....

31.13 Activation écrite: Paiements

Complétez avec la forme convenable du verbe *payer*.

1. —Combien est-ce que je vous dois?

   —Je ne sais pas. Vous me ____________ plus tard.
2. Elle est bien, ta moto. Combien est-ce que tu as ____________ ça?
3. Il ne faut jamais ____________ d'avance.
4. —C'était cher?

   —Non! Je n'____________ rien ____________!
5. On ____________ à la caisse.
6. Si tu ne paies pas aujourd'hui, tu ____________ plus tard!

31.14 Observation: Feux de circulation

Feu vert: passez.
Feu orange: attention!
Feu rouge: ne passez pas!

Tournez à droite au troisième feu.
Le feu passe au vert: vous pouvez passer.
Il ne faut pas brûler les feux rouges.

☊ 31.15 Activation: Discrimination auditive; feux de circulation

Vous allez entendre des énoncés. Déterminez dans quelle situation on pourrait les entendre. Indiquez votre choix en cochant la case appropriée.

Le feu était	1	2	3	4	5	6	7	8	9	10	11	12
vert												
orange												
rouge												

31.16 Observation: Anatomie automobile; *arrière, avant, droite, gauche*

arrière — côté gauche — avant →
côté droit

pas d'accord	*accord*
la roue avant la roue arrière	la roue droite la roue gauche
les roues avant les roues arrière	les roues droit**es** les roues gauch**es**

☊ 31.17 Activation: Discrimination auditive; anatomie automobile; *arrière, avant, droite, gauche*

Vous voyez une voiture... enfin, un schéma de voiture. Vous allez entendre des énoncés. Pour chaque énoncé écrivez la lettre qui correspond à la partie de la voiture mentionnée.

Exemple:
Vous entendez: 1. Le phare avant gauche ne marche pas.
Vous écrivez: G.

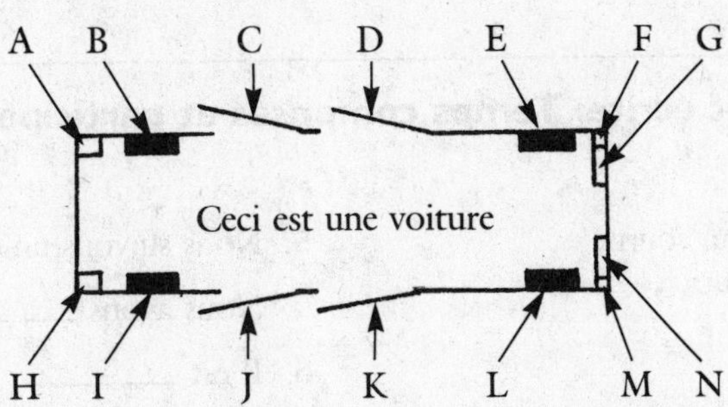

1 G 2 ___ 3 ___ 4 ___ 5 ___ 6 ___ 7 ___ 8 ___

31.18 Activation écrite: Anatomie automobile (récapitulation)

Complétez.

1. Avant de tourner, Mireille met son ________________.
2. Pour conduire la nuit, Mireille allume les ________________.
3. La voiture ne démarre pas parce que les ________________ sont à plat.
4. S'il faut conduire sous la pluie, il vaut mieux que les ________________ marchent.
5. Pour vérifier les niveaux, il faut ouvrir le ________________.
6. Le moteur s'est arrêté parce qu'il n'y avait plus d'________________.
7. Quand on n'a plus d'essence, il faut faire le ________________.
8. Le super est plus cher que l'________________.
9. Quand on arrive à un feu ________________, il est prudent de freiner.
10. Mireille a brûlé un feu rouge parce qu'elle n'avait pas de ________________.
11. Pour faire démarrer la voiture, il faut d'abord mettre le ________________.

31.19 Observation: Temps composés et participes passés (révision)

participes passés en **-i**			*participes passés en* **-is**		
Il a mal	**dormi**.		Il a	**pris**	l'autoroute.
Il a	**choisi**	la voiture la moins chère.	Il n'a pas	**compris**	les explications du garagiste.
Il a	**suivi**	l'avenue jusqu'à la Porte d'Orléans.	Elle a	**entrepris**	de changer la roue.
Il est	**sorti**	de l'autoroute.	La pluie l'a	**surprise**.	
Il a	**fini**	par se perdre.	Il s'est	**mis**	à pleuvoir.
Il a	**réussi**	à se perdre.	Elle avait	**promis**	de rentrer avant la nuit.
Il a	**failli**	se retrouver dans le fossé.	Il lui avait	**permis**	de prendre une de ses voitures.

Nous avons vu, dans la leçon 30, qu'il y avait des participes passés en *-é* et en *-u*. Il y a aussi des participes passés en *-i* et en *-is*.

☊ 31.20 Activation orale et écrite: Temps composés et participes passés

Mettez au passé selon l'exemple.

Exemple: Vous entendez: 1. Elle lui sourit.
Vous dites: Elle lui a souri.
Vous écrivez: souri

2. Il réussit toujours.
   Il a toujours ____________.
3. Nous rions beaucoup.
   Nous avons beaucoup ____________.
4. On sert le café.
   On a ____________ le café.
5. Nous suivons un cours d'histoire.
   Nous avons ____________ un cours d'histoire.
6. Il est ____________.
7. Je suis ____________.
8. J'ai ____________ jusqu'à midi.
9. Qu'est-ce que tu as ____________?
10. Il a toujours ____________ par tout laisser tomber.
11. Vous avez ____________?

☊ 31.21 Activation orale et écrite: Temps composés et participes passés

Mettez au passé selon l'exemple.

Exemple:
Vous entendez: 1. Qu'est-ce que vous entreprenez?
Vous dites: Qu'est-ce que vous avez entrepris?
Vous écrivez: entrepris

2. Il met au point un itinéraire gastronomique.
   Il a ______________ au point un itinéraire gastronomique.
3. Elle lui permet de l'accompagner.
   Elle lui a ______________ de l'accompagner.
4. Ils s'asseyent.
   Ils se sont ______________.
5. Je vous surprends?
   Je vous ai ______________?
6. Elle a ______________ le contact.
7. Elle a ______________ la route.
8. Ça l'a ______________ de tomber en panne.
9. Elle s'est ______________ au bord de la route.
10. Le dépanneur a ______________ de venir tout de suite.

31.22 Observation: Temps composés et participes passés (révision)

participes passés en **-it**	*participes passés en* **-rt**
Il lui a **dit** d'ouvrir le capot. Elle a **conduit** penchée à la portière. Elle a **écrit** les indications. Elle a **fait** le plein.	Elle a **ouvert** le capot. Il lui a **offert** une voiture. Le moteur est **mort** après 200 km. Elle a **découvert** un garage.

Vous voyez qu'il y a aussi des participes passés en *-it* et *-rt*.

☊ 31.23 Activation orale et écrite: Temps composés et participes passés

Mettez au passé selon l'exemple.

Exemple:
Vous entendez: 1. M. Courtois me reconduit.
Vous dites: M. Courtois m'a reconduit.
Vous écrivez: reconduit

2. Le gigot a ______________ longtemps.
3. Qu'est-ce que tu as ______________?
4. Elle a ______________ sous la pluie.
5. Elle a ______________ un dérapage dans un virage.
6. Qu'est-ce que tu as ______________?
7. Vous avez ______________ à vos parents?

☊ 31.24 Activation orale et écrite: Temps composés et participes passés

Mettez au passé selon l'exemple.

Exemple:
Vous entendez: 1. Ils lui offrent toujours une robe pour son anniversaire.
Vous dites: Ils lui ont offert une robe pour son anniversaire.
Vous écrivez: offert

2. Il ne lui a pas ______________ de cadeau.
3. J'ai ______________ la portière.
4. Il a ______________ que le train était moins cher.
5. Il est ______________.

31.25 Observation: Accord des participes passés (révision)

		accord	
Elle	s'est	**mise**	à effeuiller des marguerites.
La portière	s'est	**ouverte.**	

L'accord du participe passé est important du point de vue du son pour les participes en *-s* et en *-t*, puisque le *-s* et le *-t* se prononcent à la forme féminine.

☊ 31.26 Activation orale: Accord des participes passés

Répondez selon l'exemple.

Exemple:
Vous entendez: 1. Tu as conduit l'Alpine?
Vous répondez: Oui, je l'ai conduite.

Continuez oralement avec l'enregistrement.

☊ 31.27 Activation orale: Dialogue entre le cycliste et Mireille

Vous allez entendre une conversation entre un cycliste et Mireille. Ecoutez bien. Vous allez apprendre les réponses de Mireille.

LE CYCLISTE: Vous êtes en panne?
MIREILLE: **J'ai crevé.**
LE CYCLISTE: Je vais vous aider. . . .
MIREILLE: **Ce n'est pas la peine . . . la roue de secours est à plat. . . .**
LE CYCLISTE: Ne vous en faites pas, je vais vous envoyer un dépanneur.
MIREILLE: **Oh, c'est gentil, merci.**

Libération de l'expression

31.28 Mots en liberté

Qu'est-ce que vous pouvez dire si vous voulez vendre votre voiture?

Vous pouvez dire qu'elle a une suspension hydraulique formidable, six vitesses synchronisées au plancher . . . ou sous le volant, des phares spéciaux anti-brouillard, des portières qui s'ouvrent et se ferment automatiquement, des pneus increvables, des essuie-glace à l'arrière et sur les phares, un coffre assez grand pour une vache; qu'elle est rose avec des fleurs bleues, qu'elle peut faire du 200 km à l'heure. . .

Trouvez encore au moins six avantages. Vous pouvez exagérer un peu si vous voulez.

31.29 Mise en scène et réinvention de l'histoire

Imaginez une conversation entre Mireille et le garagiste.

LE GARAGISTE: Bonjour, Mademoiselle. Qu'est-ce qui se passe? Vous avez des problèmes?
MIREILLE: Oui. Ma voiture (. . .). Elle ne veut pas (. . .).
LE GARAGISTE: Ce n'est rien! Les accus (. . .). Je vais (. . .).
MIREILLE: Les freins ne marchent pas! Je viens de brûler (. . .).
LE GARAGISTE: Voyons! Ouvrez. . . . Ah, c'est bien ce que je pensais: vous n'avez plus (. . .). Je vais (. . .). Voilà! Essayez! Appuyez sur (. . .). Ça (. . .)?
MIREILLE: Oui, ça va. Combien (. . .).
LE GARAGISTE: Oh, pour vous, Mademoiselle, ça (. . .). Je ne vais pas (. . .).
MIREILLE: Merci! Vous êtes bien aimable.
LE GARAGISTE: Ce n'est rien. Au revoir! Bonne (. . .)!

31.30 Mise en scène et réinvention de l'histoire

Imaginez que Mireille, qui s'est arrêtée dans une station-service, repart avec les deux auto-stoppeurs qui l'ont poussée jusque là.

Ce sont
- des copains de la fac
- des garagistes belges
- des banquiers suisses
- des professeurs de grec
- l'homme en noir et son frère
- des cousins de Robert
- les propriétaires
  - de Prisunic
  - du vignoble de Chambertin
- le Suédois et un ami portugais

qui
- sont tombés en panne.
- ont perdu
  - leur voiture.
  - leurs bicyclettes.
  - tout leur argent.
  - leur chien.
- ont eu un accident.
- vont à Chartres à pied.

Ils décident d'aller tous les trois
- en Bretagne
- en Bourgogne
- à Paris
- à Lyon
- à Chartres
- à Bombay
- en Patagonie
- au café de Flore
- à New York
- à Dijon
- en Dordogne

pour
- faire
  - le point.
  - des affaires.
  - du ski.
  - du canoë.
  - de l'agriculture.
- voir
  - les grottes préhistoriques.
  - un film japonais.
  - la capitale gastronomique de la France.
  - l'ancienne capitale des Gaules.
  - les vitraux de la cathédrale.
  - le Quartier Latin.
  - les musées.
- manger
  - des truffes.
  - des hamburgers.
  - des oeufs brouillés.
  - des escargots.
  - du foie gras.
  - des huîtres.
- goûter
  - tous les grands crus.
  - le nuits-saint-georges.
  - le chambertin.
  - le chablis.
  - le chambolle-musigny.

Ils n'ont pas fait 2 km qu'ils
- tombent
  - dans un bassin.
  - dans un fossé.
  - dans la mer.
  - en panne.
- dérapent dans un virage.
- heurtent
  - une vache.
  - un vingt-tonnes.
  - une camionnette.
  - un autocar.
  - un train.
  - un arbre.
  - un banc public.
  - une église.

- Le
- La
- Les

- roue
  - avant
  - arrière
  - de secours
- capot
- coffre
- accus
- volant

- droite
- gauche
- —

- est
- sont

- crevé.
- crevée.
- en huit.
- enfoncé.
- à plat.
- mort.
- morts.

Il n'y a plus
- de freins.
- de fluide.
- d'essence.
- de volant.
- de pneus.
- de moteur.
- de voiture.

Ils sont obligés
- d'appeler
  - le père de Mireille.
  - l'hélicoptère de la gendarmerie.
  - un dépanneur.
- de repartir à pied.
- de faire de l'auto-stop.
- de prendre le train.
- de louer
  - une voiture.
  - des vélos.
- d'acheter
  - des patins à roulettes.
  - une autre voiture.
  - une moto.
  - deux vélomoteurs.

Ils cherchent
- la gare.
- une station-service.
- un hôtel (propre mais pas trop cher).
- la gendarmerie.
- un garage.
- un hôpital.
- un magasin de sports.
- un Prisunic.
- un bon restaurant.

Mireille et	le frère de l'homme en noir le Suédois le petit cousin de Robert un des professeurs de grec le garagiste le directeur de l'hôpital le propriétaire de l'hôtel le pilote de l'hélicoptère le chef de gare un des banquiers suisses	découvrent qu'ils s'aiment	un peu. beaucoup. passionnément. à la folie. pas du tout.

Et alors, ils (. . .).

Exercices-tests

31.31 Exercice-test: Vocabulaire automobile

Complétez.

1. Il fait presque nuit. Allume les ____________!
2. Arrête! Tu ne vois pas le ____________ rouge?
3. On n'a presque plus d'essence. Il faut faire le ____________.
4. Je ne peux pas m'arrêter! Les ____________ ne marchent plus!
5. Zut! Le ____________ avant gauche est crevé. Il va falloir changer la ____________.
6. J'avais laissé un sac dans la voiture, et il a disparu. On avait dû oublier de fermer une ____________.

Vérifiez. Si vous avez fait plus d'une faute, travaillez les sections 31.7 à 31.10 et 31.14 à 31.18 dans votre cahier d'exercices.

31.32 Exercice-test: Participes passés

Mettez les phrases suivantes au passé composé. Faites les accords quand c'est nécessaire.

1. J'écris à ma mère.
   J'ai ____________ à ma mère.
2. Elles sortent?
   Elles sont ____________?
3. Tu lui permets de prendre l'Alpine?
   Tu lui as ____________ de prendre l'Alpine?
4. Je prends l'Alpine.
   J'ai ____________ l'Alpine.
5. La porte s'ouvre toute seule!
   La porte s'est ____________ toute seule!
6. Vous comprenez?
   Vous avez ____________?
7. Nous faisons de l'auto-stop.
   Nous avons ____________ de l'auto-stop.
8. Elle meurt.
   Elle est ____________.

Vérifiez. Si vous avez fait des fautes, travaillez les sections 31.19 à 31.26 dans votre cahier d'exercices.

Leçon 32

Assimilation du texte

☊ 32.1 Mise en oeuvre

Ecoutez le texte et la mise en oeuvre dans l'enregistrement sonore. Répétez et répondez suivant les indications.

☊ 32.2 Compréhension auditive

Phase 1: Regardez les images et répétez les énoncés que vous entendez.

Phase 2: Ecrivez la lettre de chaque énoncé sous l'image qui lui correspond le mieux.

1 ___

2 ___

3 ___

4 ___

5 ___

6 ___

7 ___

8 ___

☊ 32.3 Production orale

Ecoutez les dialogues suivants. Dans chaque dialogue vous allez jouer le rôle du personnage indiqué.

1. (Robert et Alain Gilot-Pétré)
   Vous allez être Alain Gilot-Pétré.
2. (Robert et la concierge)
   Vous allez être la concierge.
3. (Robert et la concierge)
   Vous allez être la concierge.
4. (Robert et Colette)
   Vous allez être Colette.
5. (Marie-Laure et Colette)
   Vous allez être Colette.
6. (Mireille et Robert)
   Vous allez être Robert.

Préparation à la communication

☊ 32.4 Activation orale: Prononciation; /ɔ̃/, /ɑ̃/

Ecoutez et répétez en marquant bien la différence entre les voyelles nasales.

/ɔ̃/	/ɑ̃/
on	*en*
ils s*on*t	il s*en*t
pas r*on*ds	par*en*ts
dis*on*s	dix *an*s
les balc*on*s	les Balk*an*s
Mainten*on* (Mme de)	mainten*an*t
nous l'étudi*on*s	nous, les étudi*an*ts
un sav*on* (Palmolive)	un sav*an*t (Joliot-Curie)
enf*on*ce	enf*an*ce
tu t'es tr*om*pé	tu es tr*em*pé
ce s*on*t des chats	ça s*en*t le chat
on voyait quelqu'un	*en*voyez quelqu'un
elles s*on*t soeurs	l'asc*en*seur

*E*ntrez d*o*nc!
le P*a*nthé*o*n
All*o*ns d*a*ns la ch*a*mbre.

32.5 Observation: Pour demander son chemin

pour demander	*pour répondre*
—Pardon, Madame, excusez-moi. . . . Le Quai de Grenelle, s'il vous plaît? La rue de Vaugirard, s'il vous plaît? Pour aller à Fontainebleau, s'il vous plaît? Je cherche la rue de Vaugirard. . . . Est-ce que vous pourriez m'indiquer la rue de Vaugirard? Est-ce que vous sauriez où est la rue de Vaugirard? C'est par ici? C'est loin d'ici? C'est par là? C'est dans quelle direction?	—Tout droit! C'est la deuxième à droite. Tournez à gauche au feu. Suivez le boulevard jusqu'à la place. C'est facile, vous n'avez qu'à prendre la première rue à gauche. Je regrette . . . je ne connais pas, je ne suis pas d'ici. C'est tout près. Vous y êtes presque. Oh, oui! Il faut prendre le métro. Non, c'est par là. C'est dans cette direction générale.

⦂ 32.6 Activation orale: Pour demander son chemin

Vous allez entendre une série de questions et de réponses. Ecoutez attentivement. Puis la question sera répétée, et vous donnerez la réponse.

Exemple: Vous entendez:
1. —La rue de Vaugirard, s'il vous plaît?
—C'est la deuxième à droite.

A vous! Vous entendez: La rue de Vaugirard, s'il vous plaît?
Vous dites: C'est la deuxième à droite.

Continuez oralement avec l'enregistrement.

32.7 Observation: Habitats

type d'habitat	*situation*	*composition de l'appartement*
une petite maison de 2 étages un immeuble de 7 étages une tour de 58 étages	L'appartement est au rez-de-chaussée. au 1er étage. au 2ème étage. au 3ème étage. au 7ème étage, sous le toit. L'appartement donne sur la rue. sur la cour.	une entrée une grande salle de séjour un petit salon une salle à manger deux chambres à coucher une salle de bain des toilettes indépendantes une cuisine Total: sept pièces en comptant la cuisine et la salle de bain

Notez que l'entrée et les toilettes, ou cabinets, ou wc (qui sont généralement indépendants de la salle de bain) ne sont pas considérés comme des pièces. Souvent, la cuisine et la salle de bain ne sont pas comptées comme des pièces non plus.

⦂ 32.8 Activation orale et écrite: Dictée; habitats

1. Les Belleau habitent dans un ____________ de 7 ____________.
2. Au ____________ il y a la loge de la concierge.
3. Les Belleau, eux, habitent au 4ème ____________.
4. Leur ____________ est composé de plusieurs ____________: il y a une ____________, une ____________ un petit ____________, une ____________, et deux ____________.
5. Bien sûr, il y a aussi une ____________, des ____________ indépendantes, et une ____________.

32.9 Observation: Etrangeté; *drôle de*

drôle de
C'est un **drôle de** type. C'est une **drôle de** fille. Ce sont de **drôles de** gens. . . . Ils ne sont pas comme tout le monde. Il y a de **drôles de** choses . . . des choses bizarres.

☊ 32.10 Activation orale: Etrangeté; *drôle de*

Répondez selon l'exemple.

Exemple:
Vous entendez: 1. Tu as vu ce type?
Vous dites: Oui, c'est un drôle de type.

Continuez oralement avec l'enregistrement.

32.11 Observation: Opérations sur les parties du corps (révision)

		objet direct		article	partie du corps
Robert	**s'**	essuie		**les**	pieds.
Vous vous souvenez que:					
Il	**s'**	est brossé		**les**	dents.
Il	**s'**	est brossé		**les**	cheveux.
Il	**s'**	est coupé		**les**	ongles.
Il	**s'**	est lavé		**les**	mains.
Il	**s'**	est essuyé		**les**	mains.

☊ 32.12 Activation orale: Opérations sur les parties du corps

Répondez selon l'exemple. (C'est Mme Belleau qui parle à Marie-Laure; vous répondez comme si vous étiez Marie-Laure.)

Exemple:
Vous entendez: Et tes pieds, tu les as lavés?
Vous dites: Oui! Je me suis lavé les pieds.

Continuez oralement avec l'enregistrement.

32.13 Observation: Extinction; *éteindre, s'éteindre*

La lumière **s'éteint**.
Eteins la télé!

C'est le verbe *éteindre*.

éteindre	
présent	*passé composé*
j' éteins tu éteins elle éteint nous éteignons vous éteignez ils éteignent	elle a éteint

☊ 32.14 Activation orale et écrite: Dictée; *éteindre*

Ecoutez et complétez.

1. Au moment où Robert entre dans l'immeuble des Belleau, la lumière dans le vestibule ____________.
2. MIREILLE: Marie-Laure, veux-tu ____________ la télé s'il te plaît? Marie-Laure, tu m'entends? Je te dis d'____________ la télé. Mais enfin, Marie-Laure, ____________ la télé, tout de suite!

32.15 Activation écrite: Passé composé (révision)

Nous avons eu le bonheur de nous procurer une page d'auto-analyse (peut-être à moitié sérieuse) du journal de Robert. Nous avons enlevé de ce texte un grand nombre de passés composés. Rétablissez-les.

1. Vendredi: Je découvre que je suis un garçon obéissant. Ou plutôt, c'est hier que j'__________ ça. Au bas de l'escalier, chez les Belleau, il y avait un petit écriteau qui disait: "Essuyez-vous les pieds." Bon, je me __________ les pieds.
2. J'obéis comme ça à tous les écriteaux. Hier, encore, j'en vois un: "Sonnez et entrez." J'__________ et je __________. Dans la rue, un panneau disait: "Piétons, attendez." J'__________ __________. "Piétons, passez"; je __________.
3. Que voulez-vous? On naît avec un certain caractère. Moi, je __________ obéissant. Je suis comme ça depuis ma naissance. J'__________ toujours __________ comme ça. J'obéis non seulement aux écriteaux, mais à ma conscience. Chaque fois que ma conscience m'a dit: "Obéis," j'__________.
4. Ma conscience m'a dit: "Tu travailles mal, mets-toi en congé." Je me __________ en congé. "Va en France." Je __________ en France.
5. Sur le Boul' Mich', mon instinct m'a dit: "Suis les manifestants"; j'__________ les manifestants. "Entre avec eux dans la cour de la Sorbonne"; je __________. "Souris à cette jeune fille"; j'__________. "Adresse-lui la parole"; je lui __________ la parole. "Invite-la à la Closerie"; je l'__________.
6. Et j'obéis à tout le monde de la même façon. Maman m'a dit: "Envoie-moi des cartes postales"; je lui __________ des cartes postales. Mme Courtois m'a ordonné: "Asseyez-vous sur ce divan"; je me __________. M. Courtois m'a dit: "Servez-vous donc"; je me __________. "Donnez-moi des tuyaux"; je lui __________ des tuyaux.
7. Mais au fond, je ne suis pas seul à être obéissant. Mireille aussi est obéissante. Sa marraine lui a dit: "Sers donc le café"; et elle __________ le café. "Ouvre donc la fenêtre"; et Mireille __________ la fenêtre.
8. Tout le monde est obéissant: Mme Courtois a dit: "Prenons le café au salon," et tout le monde __________ le café au salon. La révolte est inutile.

32.16 Observation: Deux aspects du passé; imparfait et passé composé

	passé composé	
1. Lundi matin, Robert	**s'est levé**	vers huit heures.
2. Il	**a pris**	son petit déjeuner à l'hôtel.
3. Il	**est sorti**	de l'hôtel.
4. Il	**s'est promené**	sur le Boulevard Saint-Michel.
5. Il	**a vu**	des manifestants.

Tous ces verbes sont au passé composé.

passé composé	*imparfait*
6. Il **a vu** les manifestants	
7.	quand il **se promenait** sur le Boulevard Saint-Michel.

Le verbe de la phrase 4 (*s'est promené*) est au **passé composé.** Le verbe de la phrase 7 (*se promenait*) est à l'**imparfait.** Pourtant, ces deux verbes représentent **le même événement,** et donc **le même moment** dans le temps. Mais ce même événement est considéré **de deux points de vue différents** dans 4 et 7. La distinction entre imparfait et passé composé est une question de point de vue, de **perspective.**

Dans les phrases 1–5, nous avons une succession d'événements. Robert s'est levé, il a pris son petit déjeuner, il est sorti, s'est promené, etc. Chaque événement est considéré comme un **point** dans le temps. L'extension temporelle ou la durée de l'événement n'est pas prise en considération. Dans la phrase 7, au contraire, nous considérons l'**extension temporelle,** la **durée** de l'événement. C'est pendant qu'il se promenait que Robert a vu les manifestants.

32.17 Observation: Deux aspects du passé; imparfait et passé composé

imparfait	*passé composé*
1. Nous **habitions** déjà dans cet appartement	
2.	quand Mireille **est née.**

Les deux actions 1 et 2 (*nous habitions, Mireille est née*) sont situées au même moment dans le passé; elles appartiennent au même "temps," mais l'une est exprimée par l'imparfajt, l'autre par le passé composé. L'action 1 (*nous habitions*) décrit une situation qui existait à ce moment du passé. Elle suggère une **durée,** une extension temporelle. L'action 2 (*Mireille est née*) indique un événement qui a eu lieu à l'intérieur de la durée suggérée par 1. L'action 2 n'est pas considérée dans sa durée. Elle est considérée comme un point situé à l'intérieur de la durée 1.

32.18 Observation: Deux aspects du passé; essai de représentation graphique

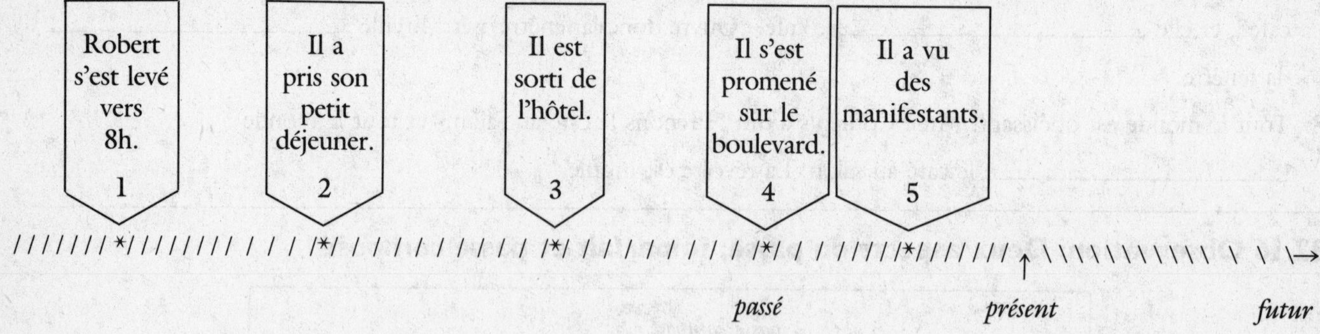

Ces verbes sont au passé composé: chaque événement est considéré comme un point sur la ligne du temps.

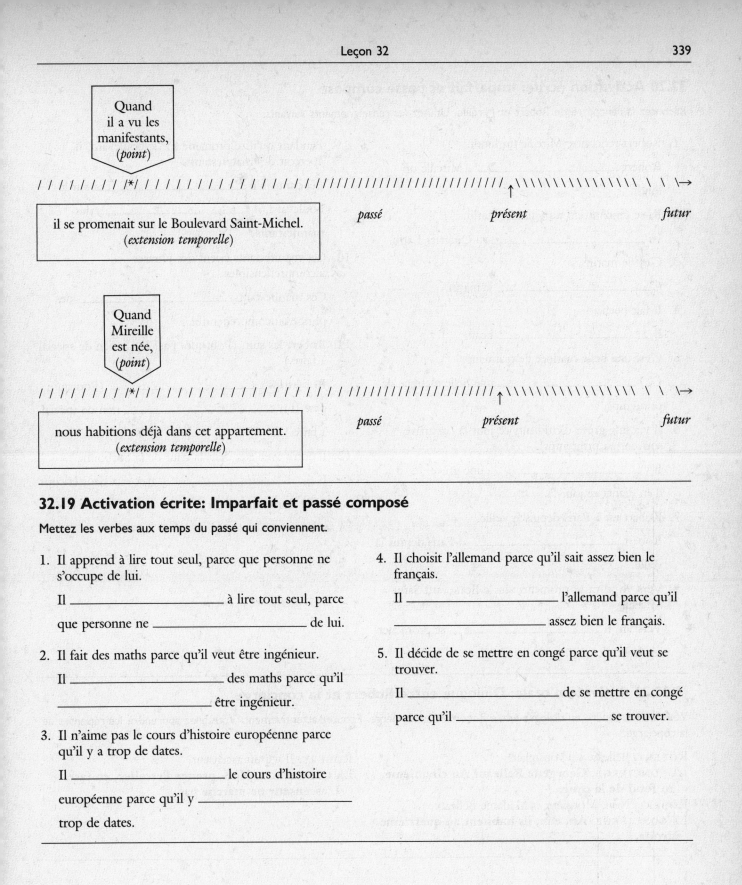

Quand
il a vu les
manifestants,
(*point*)

/ / / / / / / / /*/ ////////////////////////////↑\\\\\\\\\\\\\\\\ \ \ \→

il se promenait sur le Boulevard Saint-Michel.
(*extension temporelle*)

passé *présent* *futur*

Quand
Mireille
est née,
(*point*)

/ / / / / / / / /*/ ///////////////////////////↑\\\\\\\\\\\\\\\\ \ \ \→

nous habitions déjà dans cet appartement.
(*extension temporelle*)

passé *présent* *futur*

32.19 Activation écrite: Imparfait et passé composé

Mettez les verbes aux temps du passé qui conviennent.

1. Il apprend à lire tout seul, parce que personne ne s'occupe de lui.

   Il ______________ à lire tout seul, parce que personne ne ______________ de lui.

2. Il fait des maths parce qu'il veut être ingénieur.

   Il ______________ des maths parce qu'il ______________ être ingénieur.

3. Il n'aime pas le cours d'histoire européenne parce qu'il y a trop de dates.

   Il ______________ le cours d'histoire européenne parce qu'il y ______________ trop de dates.

4. Il choisit l'allemand parce qu'il sait assez bien le français.

   Il ______________ l'allemand parce qu'il ______________ assez bien le français.

5. Il décide de se mettre en congé parce qu'il veut se trouver.

   Il ______________ de se mettre en congé parce qu'il ______________ se trouver.

32.20 Activation écrite: Imparfait et passé composé

Racontez la rencontre de Robert et Mireille. Utilisez les renseignements suivants.

1. Robert rencontre Mireille un lundi.

   Robert ____________________ Mireille un lundi.

2. Ils se rencontrent au Quartier Latin.

   Ils ____________________ au Quartier Latin.

3. C'est le matin.

   C'____________________ le matin.

4. Il fait beau.

   Il ____________________ beau.

5. C'est une belle matinée de printemps.

   C'____________________ une belle matinée de printemps.

6. Il y a une grève d'étudiants ce jour-là (ça arrive souvent au printemps).

   Il y ____________________ une grève d'étudiants ce jour-là.

7. Robert est à Paris depuis la veille.

   Robert ____________________ à Paris depuis la veille.

8. Vers 9h, il va se promener sur le Boulevard Saint-Michel.

   Vers 9h, il ____________________ se promener sur le Boulevard Saint-Michel.

9. Pendant qu'il se promène sur le boulevard, il aperçoit des manifestants.

   Pendant qu'il ____________________ sur le boulevard, il ____________________ des manifestants.

10. Ces manifestants crient des phrases incompréhensibles.

    Ces manifestants ____________________ des phrases incompréhensibles.

11. Robert les suit. (Pourquoi pas? Il n'a rien de spécial à faire.)

    Robert les ____________________. (Pourquoi pas? Il n'____________________ rien de spécial à faire.)

12. Il entre avec eux dans la cour de la Sorbonne.

    Il ____________________ avec eux dans la cour de la Sorbonne.

(A suivre. . . .)

♫ 32.21 Activation orale: Dialogue entre Robert et la concierge

Vous allez entendre un dialogue entre Robert et la concierge. Ecoutez attentivement. Vous allez apprendre les réponses de la concierge.

ROBERT: Belleau, s'il vous plaît?

LA CONCIERGE: **Georgette Belleau? Au cinquième, au fond de la cour.**

ROBERT: Non, Monsieur et Madame Belleau. . . .

LA CONCIERGE: **Ah, eux, ils habitent au quatrième droite.**

ROBERT: Il y a un ascenseur?

LA CONCIERGE: **Non, prenez l'escalier, en face. L'ascenseur ne marche pas.**

Libération de l'expression

32.22 Mots en liberté

Qu'est-ce qui peut être en panne?
La télé, l'aéroglisseur, l'hélicoptère, le bateau de Marie-Laure....

Trouvez encore six possibilités.

De quoi Robert pourrait-il se tromper quand il va chez Mireille?
Il pourrait se tromper de jour, de semaine, de nom, de ligne de métro, de station, d'escalier....

Trouvez encore six possibilités.

32.23 Mise en scène et réinvention de l'histoire

Robert vient d'arriver chez les Belleau. M. Belleau l'invite à passer sur le balcon pour admirer la vue. Reconstituez un dialogue.

M. BELLEAU: Il fait bien chaud, ici. Allons(...).
ROBERT: Vous devez avoir une jolie vue!
M. BELLEAU: Oui, nous avons une vue(...). En face (...).
ROBERT: Et ça, à droite, qu'est-ce que c'est, cette tour?
M. BELLEAU: (...).
ROBERT: Elle a combien d'étages?
M. BELLEAU: (...). On la voit(...).
ROBERT: Et la Tour Eiffel(...)?
M. BELLEAU: (...).

32.24 Mise en scène et réinvention de l'histoire

Imaginez une conversation entre Robert et la concierge du 18, rue de Vaugirard. Vous pouvez utiliser les suggestions ci-dessous ou en inventer d'autres.

ROBERT:
Les Belleau, s'il vous plaît?

LA CONCIERGE:

Ils habitent Ils n'habitent pas	ici. au 58ème étage. au 7ème étage sous le toit. au sous-sol à côté des toilettes. à Provins. en province. en face. à côté.

ROBERT:
Vous les connaissez?

LA CONCIERGE:

Bien sûr! Pas très bien.	Mme Belleau est basque, comme moi. Il y a 20 ans que je les connais. M. Belleau est un ami d'enfance. J'ai fait mes études de gardiennage avec Mme Belleau. Ils ne parlent pas beaucoup. Ils ne sont pas très sociables. Ils ne me parlent jamais. Ils ne sont jamais là.

C'est Ce sont	des gens très simples. des gens très sympathiques. une famille très aristocratique. des locataires insupportables.

Ils sont Ils ont	très riches. une fortune énorme. très pauvres.

Elle	est Ministre de la Santé. travaille dans une entreprise de construction. est avocate. est concierge à la Tour Montparnasse. est bonne dans une famille portugaise. est infirmière. est chirurgien.

Il est	couturier. marchand de saucisse. maçon. garagiste. professeur d'art grec. gardien à l'Institut d'Art et d'Archéologie.

Leur appartement	est n'est pas	magnifique. très moderne. vraiment minable. très propre. très luxueux.

Il y a / Il n'y a pas	de / trois / quatre / huit	cuisine(s). / salles de bain. / toilettes. / salon(s). / chambre(s). / salle(s) à manger.

Il y a des	tableaux (de Matisse / modernes / d'ancêtres / abstraits) / miroirs / roses / fauteuils anciens / vases (chinois / japonais) / cartes postales	partout. / dans / sur		l'entrée. / la cuisine. / le salon. / la salle de bain. / les murs. / la chambre. / les plafonds.

Ils ont	trois fils très gentils. / une fille insupportable. / dix-huit chats. / un chien méchant. / trois nièces qui vivent avec eux.

Il / Elle / Ils / Elles	fait / font	un bruit infernal / du patin à roulettes / de la bicyclette / de l'escalade / de la dentelle / du karaté	dans / sur	la cour. / l'escalier. / le toit. / le vestibule. / le balcon. / le salon.

ROBERT:
J'ai dû me tromper. Je cherchais les Belleau qui ont une fille qui s'appelle Mireille.

LA CONCIERGE:
Oui, c'est bien eux! Cette Mireille,

c'est / elle est	une terroriste. / professeur de karaté à la Sorbonne. / marchande de tableaux. / artiste.

Elle	fait / fabrique / peint	des foulards. / des explosifs. / de l'héroïne. / de faux tableaux d'Hubert Robert. / des roses en tissu.

Elle	est / a	mariée à un champion cycliste suédois. / divorcé trois fois. / veuve. / remariée avec un Argentin.

ROBERT:
Est-ce que vous croyez qu'ils sont là?

LA CONCIERGE:
Non, je ne crois pas.

Ils sont tous	sortis. / au cinéma. / allés faire un tour sur un bateau-mouche. / en Patagonie. / à la chasse, dans un de leurs châteaux. / allés dîner au restaurant.

Exercices-tests

32.25 Exercice-test: Habitats

Utilisez tous les mots de la liste suivante pour compléter les phrases ci-dessous.

une maison	la cour	la cuisine
un immeuble	l'entrée	la salle de bain
un appartement	la salle de séjour	une pièce
au rez-de-chaussée	la salle à manger	
au quatrième étage	la chambre à coucher	

1. Les Belleau habitent ______________ dans ______________ de la rue de Vaugirard.

2. ______________ il y a un vestibule, naturellement, avec la loge de la concierge. Pour arriver chez les Belleau, il faut monter ______________.

3. On entre d'abord dans ______________________ (c'est logique). A droite, il y a ______________________, qui est ______________________ assez grande, avec des divans et des fauteuils confortables.
4. Les Belleau prennent le petit déjeuner à ______________________, généralement, parce que c'est plus simple, mais ils dînent toujours à ______________________.
5. Les Belleau ont modernisé ______________________: ils ont fait installer une baignoire et une douche.
6. ______________________ de Marie-Laure donne sur ______________________.
7. Les Belleau ont aussi ______________________ à la campagne, près de Dreux.

Vérifiez. Si vous avez fait des fautes, travaillez les sections 32.7 et 32.8 dans votre cahier d'exercices.

32.26 Exercice-test: Imparfait et passé composé

Récrivez les phrases suivantes au passé.

1. Robert consulte son plan parce qu'il est un peu perdu.

   Robert ______________ son plan parce qu'il ______________ un peu perdu.
2. Il arrête un passant et il lui demande son chemin.

   Il ______________ un passant et il lui ______________ son chemin.
3. Il arrive devant un immeuble qui n'a pas de numéro.

   Il ______________ devant un immeuble qui ______________ de numéro.
4. Il entre dans le vestibule, et la lumière s'éteint!

   Il ______________ dans le vestibule, et la lumière ______________.
5. Le vestibule est sombre et sent le pipi de chat.

   Le vestibule ______________ sombre et ______________ le pipi de chat.

Vérifiez. Si vous avez fait des fautes, travaillez les sections 32.16 à 32.20 dans votre cahier d'exercices.

Leçon 33

Assimilation du texte

♫ 33.1 Mise en oeuvre

Ecoutez le texte et la mise en oeuvre dans l'enregistrement sonore. Répétez et répondez suivant les indications.

♫ 33.2 Compréhension auditive

Phase 1: Regardez les images et répétez les énoncés que vous entendez.

Phase 2: Ecrivez la lettre de chaque énoncé que vous entendez sous l'image qui lui correspond le mieux.

1 ___

2 ___

3 ___

4 ___

5 ___

6 ___

7 ___

8 ___

☊ 33.3 Production orale

Ecoutez les dialogues suivants. Dans chaque dialogue vous allez jouer le rôle du personnage indiqué.

1. (Mme Belleau et Hubert)
   Vous allez être Hubert.
2. (Robert et Colette)
   Vous allez être Colette.
3. (Robert et Colette)
   Vous allez être Colette.
4. (Colette et Hubert)
   Vous allez être Hubert.
5. (Mme Belleau et Marie-Laure)
   Vous allez être Marie-Laure.

☊ 33.4 Compréhension auditive et production orale

Ecoutez les dialogues suivants. Après chaque dialogue, vous allez entendre une question. Répondez à la question.

1. De quoi Mme Belleau remercie-t-elle Hubert?
2. Est-ce que Colette habite en ville? Où habite-t-elle?
3. Combien de temps est-ce qu'il faut pour aller de Provins à Paris?
4. Qui est-ce qui s'occupe de l'entreprise de construction Pinot-Chambrun?
5. Que veulent les ouvriers, d'après Hubert?

Préparation à la communication

☊ 33.5 Activation orale: Prononciation; les voyelles nasales /ã/ et /ɛ̃/ (révision)

Dans les expressions suivantes, marquez une distinction nette entre les deux voyelles nasales (/ã/ et /ɛ̃/).

/ã/	/ɛ̃/
div*an*	div*in*
l'inst*an*t	l'inst*in*ct
ça s'ét*en*d	ça s'ét*ein*t
Boris Vi*an*	Boris vi*en*t
*an*térieur	*in*térieur
déc*en*t	dess*in*
un bon v*en*t	un bon v*in*
l'am*an*t de Mme Belleau	la m*ain* de Mme Belleau
s*an*s fenêtre	c*in*q fenêtres

33.6 Observation: Mauvaises manières

réactions aux mauvaises manières de Marie-Laure
Voyons, Marie-Laure! Veux-tu être polie! Qu'est-ce que c'est que ces manières? Marie-Laure, tu es insupportable! Tiens-toi bien, ou tu vas aller dans ta chambre. Marie-Laure, tais-toi, s'il te plaît! Et tiens-toi bien!

33.7 Observation: Manque de contrôle; *s'empêcher de*

	négation	**pouvoir**	**s'empêcher de**	*infinitif*
Robert	**ne**	**peut pas**	**s'empêcher d'**	intervenir.
Marie-Laure	**ne**	**peut pas**	**s'empêcher de**	se gratter.

MME BELLEAU: Marie-Laure, arrête de te gratter.
MARIE-LAURE: Je **ne peux pas m'en empêcher!**

☊ 33.8 Activation orale: Manque de contrôle; *s'empêcher de*

Répondez selon les exemples.

Exemples:
Vous entendez: 1. Pourquoi tu te moques des gens comme ça?
Vous dites: Je ne peux pas m'en empêcher.

Vous entendez: 2. Tu n'aurais pas dû intervenir.
Vous dites: Je n'ai pas pu m'en empêcher.

Continuez oralement avec l'enregistrement.

33.9 Observation: Protestation; *si on ne peut plus . . .*

MARIE-LAURE: Oh! Si on ne peut plus rire, maintenant!
JEAN-PIERRE: Si on ne peut plus draguer une fille en passant . . . où va-t-on?

☊ 33.10 Activation orale: Protestation; *si on ne peut plus . . .*

Répondez selon l'exemple.

Exemple:
Vous entendez: 1. Marie-Laure, ne te moque pas des gens comme ça!
Vous dites: Si on ne peut plus se moquer des gens, maintenant!

Continuez oralement avec l'enregistrement.

33.11 Observation: Satisfaction / insatisfaction

		négation			*comparatif*	**pour ça**
Ils n'avaient pas de salle de bain,	mais ils	**n'**	étaient	**pas**	**plus malheureux**	**pour ça.**
Tonton Guillaume a deux voitures et de la fortune,	mais il	**n'**	est	**pas**	**plus heureux**	**pour ça.**
Marie-Laure est souvent insupportable,	mais nous	**ne**	l'aimons	**pas**	**moins**	**pour ça.**

☊ 33.12 Activation orale: Satisfaction / insatisfaction

Répondez selon les exemples.

Exemples:
Vous entendez: 1. Tonton Guillaume a deux voitures pour lui tout seul.
Vous dites: Mais il n'est pas plus heureux pour ça.

Vous entendez: 2. Tante Georgette n'a qu'un vélo.
Vous dites: Mais elle n'est pas plus malheureuse pour ça.

Continuez oralement avec l'enregistrement.

33.13 Observation: Remerciements (révision et expansion)

remerciements	*réponses*
Merci de votre magnifique bouquet! Mais vraiment, vous n'auriez pas dû! C'est trop gentil! Je ne sais comment vous remercier!	Ne me remerciez pas! Je vous en prie! Il n'y a pas de quoi! C'est la moindre des choses!

33.14 Observation: Restriction, exclusivité; *il n'y en a que pour . . .*

On ne s'occupe que d'eux!
Il n'y en a que pour eux!

☊ 33.15 Activation orale: Restriction, exclusivité; *il n'y en a que pour . . .*

Répondez selon l'exemple.

Exemple:
Vous entendez: 1. Il faut tout faire pour elle.
Vous dites: Il n'y en a que pour elle.

Continuez oralement avec l'enregistrement.

33.16 Observation: Désaccord; *pas si . . . que ça*

négation	**si**	*adjectif*	**que ça**
Je n'en suis pas	**si**	sûr	**que ça!**
Je ne sais pas si vous seriez	**si**	heureux	**que ça!**

☊ 33.17 Activation orale: Désaccord; *pas si . . . que ça*

Répondez selon les exemples.

Exemples:
Vous entendez: 1. Tu es content?
Vous dites: Ben non, je ne suis pas si content que ça.

Vous entendez: 2. Tante Georgette est rouspéteuse.
Vous dites: Bof, elle n'est pas si rouspéteuse que ça.

Continuez oralement avec l'enregistrement.

33.18 Observation: Le temps qui passe; *en une heure*

	en	*temps*	
Je suis à Paris	**en**	une heure.	
Je mets		une heure	**(pas plus)** pour venir à Paris.

♫ 33.19 Activation orale: Le temps qui passe; *en une heure*

Répondez selon l'exemple.

Exemple:
Vous entendez: 1. Il t'a fallu longtemps pour faire ça?
Vous dites: Non, j'ai fait ça en deux minutes.

Continuez oralement avec l'enregistrement.

33.20 Observation: Nécessité; *il me faut* + nom

	objet indirect	**falloir**	*objet direct*
Il	**leur**	**faut**	tout le confort moderne.
Il	**me**	**faut**	le téléphone!
Il	**vous**	**faudrait**	une petite maison.

♫ 33.21 Activation orale: Nécessité; *il me faut* + nom

Répondez selon l'exemple.

Exemple:
Vous entendez: 1. Tu veux deux chambres?
Vous dites: Oui, il me faut deux chambres.

Continuez oralement avec l'enregistrement.

33.22 Observation: Ordres; impératifs irréguliers (être, *avoir, vouloir, savoir*)

indicatif présent				*impératif*	
Tu	n'	**es**	pas gentil!	**Sois**	gentil!
Vous	n'	**êtes**	pas gentilles!	**Soyez**	gentilles!
Tu	n'	**as**	pas de patience!	**Aie**	un peu de patience!
Vous	n'	**avez**	pas de patience!	**Ayez**	un peu de patience!
Tu		**veux**	m'attendre?	**Veuille**	m'attendre.
Vous		**voulez**	bien attendre?	**Veuillez**	attendre.
Tu	ne	**sais**	pas ça?	**Sache**	-le!
Vous	ne	**savez**	pas ça?	**Sachez**	-le!

♫ 33.23 Activation orale: Impératifs irréguliers

Répondez selon l'exemple.

Exemple:
Vous entendez: 1. Tu n'as pas de patience!
Vous dites: Aie de la patience!

Continuez oralement avec l'enregistrement.

33.24 Observation: Le temps passé; imparfait et passé composé (révision et extension)

Premier type de phrase: ***Passé composé + imparfait***

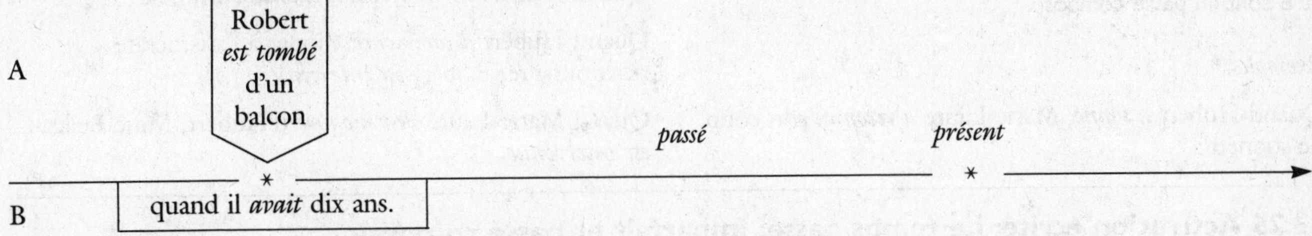
A
Robert
est tombé
d'un
balcon
passé
présent
B
quand il *avait* dix ans.

Les deux propositions A et B se réfèrent au même moment dans le passé. La proposition B (à l'**imparfait**) indique une condition, une situation qui existait à ce moment du passé (*Robert avait dix ans*). Elle suggère une durée, une extension temporelle. "L'action" d'avoir dix ans est considérée dans sa durée, dans son extension. La proposition A (au **passé composé**) indique un événement qui a eu lieu à l'intérieur de la durée suggérée par B. L'action A (*tomber d'un balcon*) n'est pas considérée dans sa durée; elle est considérée comme un point situé à l'intérieur de la durée B.

Exemples:

Quand Mireille *est née*, les Belleau *habitaient* déjà dans cet appartement.

Robert *a rencontré* Gilot-Pétré pendant qu'il *cherchait* la rue de Vaugirard.

Quand Robert *a sonné*, Mireille *était* en train de se changer.

Quand Hubert *a sonné*, Robert et Mireille *étaient* sur le balcon.

Deuxième type de phrase: ***Imparfait + imparfait***

A — Quand Robert *avait* dix ans, — *passé* — *présent*

B — il *voulait* être pompier.

Ici, les deux propositions A et B sont considérées dans leur **durée**. Les "actions" A et B sont présentées comme contemporaines, parallèles. Elles correspondent au même segment sur la ligne du temps. Les verbes A et B sont à l'**imparfait.**

Exemples:

Pendant que Robert *se promenait* sur le boulevard, Mireille *allait* à la Sorbonne.

Au moment où Robert *entrait* par la rue de la Sorbonne, Mireille *entrait* par la rue des Ecoles.

Pendant que Robert *montait* l'escalier, Mireille *était en train de* se changer.

Troisième type de phrase: ***Passé composé + passé composé***

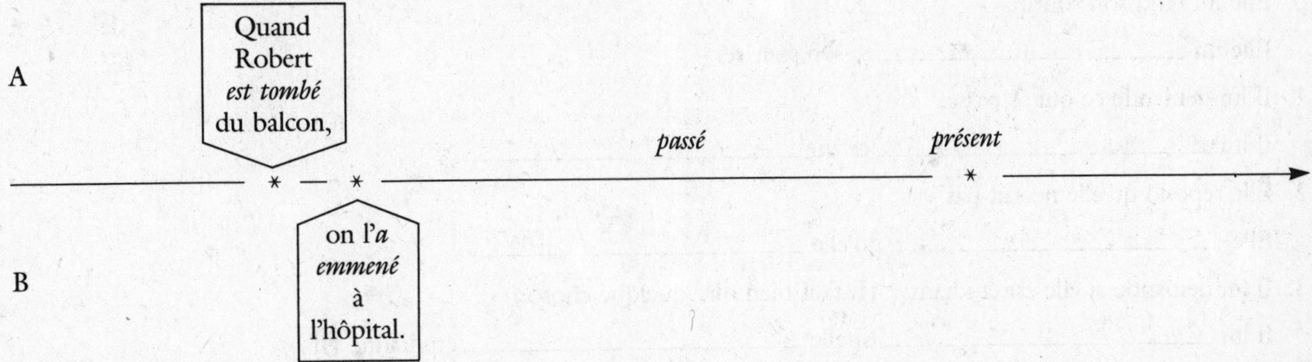
A
Quand
Robert
est tombé
du balcon,
passé
présent
B
on l'*a*
emmené
à
l'hôpital.

Ici les deux actions A et B sont présentées comme des événements successifs, comme deux **points** sur la ligne du temps. On ne considère pas leur durée. Les deux verbes A et B sont au passé composé.

Exemples:

Quand Hubert *a sonné*, Marie-Laure *a reconnu* son coup de sonnette.

Quand Hubert *est arrivé*, Mme Belleau l'*a remercié* pour son bouquet.

Quand Hubert *est arrivé*, il *a embrassé* Mireille.

Quand Hubert *a commencé* à jouer à l'aristocrate réactionnaire, Robert *est intervenu*.

Quand Marie-Laure *s'est moquée* d'Hubert, Mme Belleau *est intervenue*.

33.25 Activation écrite: Le temps passé; imparfait et passé composé

Voici la suite de la fascinante rencontre de Mireille et de Robert. Complétez en utilisant l'imparfait ou le passé composé selon le cas.

1. Pendant qu'il entre par la rue de la Sorbonne, Mireille entre par la rue des Ecoles.

   Pendant qu'il ____________________ par la rue de la Sorbonne, Mireille ____________________ par la rue des Ecoles.

2. Elle s'arrête pour regarder un tableau d'affichage.

   Elle s'____________________ pour regarder un tableau d'affichage.

3. Elle passe sous les arcades.

   Elle ____________________ sous les arcades.

4. Puis elle arrive dans la cour.

   Puis elle ____________________ dans la cour.

5. Robert se trouve déjà dans la cour.

   Robert ____________________ déjà dans la cour.

6. Il remarque Mireille.

   Il ____________________ Mireille.

7. Elle porte une jupe rouge.

   Elle ____________________ une jupe rouge.

8. Il s'approche d'elle.

   Il ____________________ d'elle.

9. Il lui sourit.

   Il lui ____________________.

10. Elle lui rend son sourire.

    Elle lui ____________________ son sourire.

11. Il lui demande ce qui se passe.

    Il lui ____________________ ce qui ____________________.

12. Elle répond qu'elle ne sait pas.

    Elle ____________________ qu'elle ____________________.

13. Il lui demande si elle est étudiante. (Il faut bien dire quelque chose.)

    Il lui ____________________ si elle ____________________ étudiante. (Il ____________________ bien dire quelque chose.)

14. Elle dit que oui, qu'elle fait de l'histoire de l'art.
    Elle ______________ que oui, qu'elle ______________ de l'histoire de l'art.
15. Il lui apprend qu'il vient des Etats-Unis.
    Il lui ______________ qu'il ______________ des Etats-Unis.
16. Elle comprend qu'il est américain. (Elle a l'esprit rapide.)
    Elle ______________ qu'il ______________ américain.
17. Elle remarque qu'il n'a pas d'accent. (Elle est très observatrice.)
    Elle ______________ qu'il ______________ d'accent.
18. Elle lui demande s'il y a longtemps qu'il est à Paris. (Elle est curieuse.)
    Elle lui ______________ s'il y ______________ longtemps qu'il
    ______________ à Paris.
19. Il répond qu'il est là depuis la veille.
    Il ______________ qu'il ______________ là depuis la veille.
20. Il ne connaît personne à Paris.
    Il ______________ personne à Paris.
21. Mais il a une lettre de recommandation pour une certaine Mme Courtois.
    Mais il ______________ une lettre de recommandation pour une certaine Mme Courtois.
22. Il compte aller la voir le lendemain.
    Il ______________ aller la voir le lendemain.
23. Mireille connaît cette Mme Courtois. (Quelle coïncidence!)
    Mireille ______________ cette Mme Courtois.
24. En fait, c'est sa marraine.
    En fait, ______________ sa marraine.

(A suivre. . . .)

☊ 33.26 Activation orale: Dialogue entre Robert et Colette

Vous allez entendre un dialogue entre Robert et Colette. Ecoutez attentivement. Vous allez apprendre les réponses de Colette.

ROBERT: Si je comprends bien, Mademoiselle, vous habitez Provins?

COLETTE: **Oui, mais je viens souvent à Paris. Presque tous les jours, en fait.**

ROBERT: Oui, je comprends . . . la province, ça doit être un peu ennuyeux. . . .

COLETTE: **Oh, non! Pas du tout! Vous savez, entre Paris et la province, moi je crois que je préfère la province. J'aime bien Provins. . . .**

Libération de l'expression

33.27 Mots en liberté

Si on achète une maison, qu'est-ce qu'on peut vouloir?

On peut vouloir des pommiers au fond du jardin, un balcon, des haies, le tout-à-l'égout, une vue imprenable, des divans profonds, des lavabos Second Empire. . . .

Trouvez encore dix possibilités.

33.28 Mise en scène et réinvention de l'histoire

Jouez le rôle d'Hubert dans les situations suivantes.

Hubert arrive chez les Belleau.

MME BELLEAU: Bonjour, Hubert! Quel plaisir de vous voir!

HUBERT: (. . .).

MME BELLEAU: Quel magnifique bouquet! Vous n'auriez pas dû!

HUBERT: (. . .).

A table.

M. BELLEAU: Moi, je trouve qu'il n'y a de bons vins qu'en France. Qu'en pensez-vous, Hubert?

HUBERT: (. . .).

ROBERT: Est-ce qu'il y a de bons vins du côté de Provins?

HUBERT: (. . .).

ROBERT: Vous aimez Provins?

HUBERT: (. . .).

Au sujet des affaires de la famille de Pinot-Chambrun.

HUBERT: Ce sont mes oncles qui (. . .). Ils ne font rien (. . .). On fait des choses intéressantes, pourtant. Regardez (. . .). Mais eux, mes oncles (. . .). De nos jours, il n'y en a plus que pour (. . .). Les ouvriers veulent (. . .). Il leur faut (. . .). Il y a seulement 100 ans (. . .).

Robert répond à Hubert.

ROBERT: Ça, c'est vous qui (. . .). Moi, (. . .). J'aimerais vous voir (. . .). Sachez (. . .).

33.29 Mise en scène et réinvention de l'histoire

Imaginez une conversation, pendant le dîner chez les Belleau, avec un invité qui n'est pas Hubert.

L'invité est
- l'homme en noir.
- le garagiste de la leçon 31.
- le vigneron.
- un général de l'Armée du Salut.
- Frankenstein.
- votre professeur de français.
- Lénine.
- un prêtre.

ROBERT:
Dites-moi, j'entends beaucoup parler de vins, depuis que je suis en France. Est-ce que le vin est si important que ça?

L'INVITÉ:
- Mais voyons! / Oui! / Ça dépend. / Bien sûr! / Non. / Pas du tout!
  - Le vin rouge, oui!
  - C'est
    - la plus haute expression de notre civilisation.
    - l'opium du peuple.
    - une drogue, une horreur.
    - un danger public.
    - du soleil en bouteille.
    - ma raison d'être.
    - l'instrument des oppresseurs du peuple.
  - Savoir apprécier les vins est
    - tout un art.
    - une science.
  - Je suis en train de mettre au point une voiture qui marchera au bordeaux.

ROBERT:
Mais est-ce que tout le monde boit du vin en France? Vous-même, vous en buvez? Tous les jours?

L'INVITÉ:

Bien sûr!	Un repas sans vin, c'est une journée sans soleil.
Evidemment!	Raisonnablement.
Absolument pas!	Du vin rouge seulement.
Mais non!	C'est mieux que l'eau polluée. / le whisky. / l'essence.
Bien sûr que non!	Du blanc, de temps en temps.
Mais oui!	Ça me rend triste.
Oui, mais . . .	Je n'ai pas envie de mourir idiot.
	Ça donne du courage.
	C'est un poison.
	Je vends de l'essence; je bois du vin.
	Avec le fromage, c'est indispensable.
	Quand je dis la messe.
	Je suis au régime.
	L'alcool tue lentement (mais je ne suis pas pressé).
	Je préfère le sang.

ROBERT:
Mais est-ce que vous buvez de l'eau?

L'INVITÉ:

Oui, bien sûr!	L'eau est si souvent polluée!
Oui. . . .	Je ne bois que ça.
Evidemment!	L'eau, c'est pour les poissons!
Oui, mais . . .	Surtout de l'eau minérale.
Non.	L'eau, c'est fait pour se laver.
Non, mais . . .	C'est excellent pour la santé.
Jamais.	Il y a beaucoup d'eau dans le vin!
Vous savez . . .	Quelquefois.
Toujours.	Quand je ne trouve pas de sang frais.
	Quand elle est fraîche.
	De l'eau distillée seulement.
	C'est encore ce qu'il y a de mieux.
	Avec le pastis.

ROBERT:
Quels vins préférez-vous?

L'INVITÉ:
- Le champagne.
- Les bordeaux.
- Les bourgognes.
- Les beaujolais.
- Les vins italiens. / espagnols. / chiliens. / de la Loire. / d'Algérie. / portugais. / grecs. / roumains. / de la Mer Noire. / de messe. / rouges. / blancs. / rosés.

ROBERT:
Et qu'est-ce que vous faites pour vos vacances?

L'INVITÉ:

Je
- vais
  - aux Bermudes.
  - en Provence.
  - au Sénégal.
  - au Québec.
  - aux Antilles.
  - en Bourgogne.
  - en Transsylvanie.
  - déguster quelques grands crus.
  - en Sibérie.
  - rouler sur les routes.
  - aux abattoirs de Chicago.
  - chasser dans mes chasses.
  - visiter les taudis de la banlieue.
- travaille
  - dans mon jardin.
  - dans mes vignes.
  - à la bibliothèque.
- m'occupe de mes pommiers.
- lis
  - des romans policiers / les poètes latins / Hemingway / la Bible / Marx
  - au fond de mon jardin. / au Luxembourg. / sur mon balcon.

ROBERT:
Où habitez-vous?

L'INVITÉ:

J'ai	un grand une grande un petit une petite	villa appartement maison monument château palais taudis pièce grotte cage à lapin chapelle	en à au sur sous au-dessus au milieu à côté au fond dans derrière	le la du des de la une —	province. Touraine. banlieue. Provins. Paris. campagne. Moscou. Mer Noire. garage. sous-sol. toit. caserne. vignes. fac. jardin. cour. Kremlin. HLM. cathédrale.

Je me sens bien chez moi	sous dans derrière au fond de au milieu de	ma petite cour. ma bibliothèque. ma cuisine. mon toit. mon sous-sol. mes grilles. mes haies. ma grotte. ma cage à lapin. mes vignes.

ROBERT:
Et comment vont les affaires? Ça marche?

L'INVITÉ:
Ah, ne m'en parlez pas!

Ce sont	mes étudiants mes enfants les capitalistes les ouvriers mes lieutenants les militaires	qui s'en occupent maintenant.

Ils	ne font rien	de fascinant. d'intéressant. d'intelligent.
	ne comprennent rien.	
	ne s'intéressent	plus à la littérature. qu'à l'argent.
	ne savent pas	travailler. ce qu'ils font.
	ne croient plus	à la Révolution. en Dieu. en rien.
	sont bêtes comme leurs pieds.	

Exercices-tests

33.30 Exercice-test: Vocabulaire et expressions idiomatiques

Utilisez la liste suivante pour compléter les phrases ci-dessous. Faites les changements nécessaires.

s'empêcher de	pas plus heureux pour ça	il n'y en a que pour
si on ne peut plus	il n'y a pas de quoi	si heureux que ça

1. —Pouvez-vous me passer le sel, s'il vous plaît? . . . Merci.

   —____.

2. Les ouvriers ont voulu tout le confort moderne. Ils l'ont eu, mais ils ne sont ____.

3. Les ouvriers ont l'air heureux, mais dans le fond, est-ce qu'ils sont ____?

4. Tout le monde s'occupe toujours de Marie-Laure. ______________________________

Marie Laure.

5. Mireille ne peut pas ______________________________ être jalouse de Marie-Laure!

Vérifiez. Si vous avez fait plus d'une faute, travaillez les sections 33.7 à 33.17 dans votre cahier d'exercices.

33.31 Exercice-test: Impératifs irréguliers

Répondez selon l'exemple.

Exemple:
Vous voyez: Tu n'écoutes pas!
Vous écrivez: Ecoute!

1. Vous n'avez pas votre billet? ______________ votre billet la prochaine fois!
2. Tu n'es pas à l'heure! ______________ à l'heure la prochaine fois!
3. Vous voulez bien patienter un moment? ______________ patienter cinq minutes.
4. Tu ne sais pas ta fable? ______________-la pour demain!
5. Vous n'êtes pas très gentil! ______________ gentil!

Vérifiez. Si vous avez fait des fautes, travaillez les sections 33.22 et 33.23 dans votre cahier d'exercices.

33.32 Exercice-test: Imparfait et passé composé

Mettez les phrases suivantes au passé.

1. Hubert sonne pendant que Mireille et Robert sont sur le balcon.
   Hubert ______________________ pendant que Mireille et Robert ______________________ sur le balcon.
2. Pendant que Mireille et Robert sont sur le balcon, M. Belleau est en train de préparer les apéritifs.
   Pendant que Mireille et Robert ______________________ sur le balcon, M. Belleau ______________________ en train de préparer les apéritifs.
3. Quand Hubert sonne, Marie-Laure se précipite à la porte.
   Quand Hubert ______________________, Marie-Laure ______________________ à la porte.
4. Quand Hubert arrive, Mme Belleau le remercie pour ses fleurs.
   Quand Hubert ______________________, Mme Belleau ______________________ pour ses fleurs.
5. Quand Hubert vient dîner, il apporte toujours des roses.
   Quand Hubert ______________________ dîner, il ______________________ toujours des roses.

Vérifiez. Si vous avez fait des fautes, travaillez les sections 33.24 et 33.25 dans votre cahier d'exercices.

Leçon 34

Assimilation du texte

☊ 34.1 Mise en oeuvre

Ecoutez le texte et la mise en oeuvre dans l'enregistrement sonore. Répétez et répondez suivant les indications.

☊ 34.2 Compréhension auditive

Phase 1: Regardez les images et répétez les énoncés que vous entendez.

Phase 2: Ecrivez la lettre de chaque énoncé sous l'image qui lui correspond le mieux.

1 ___ 2 ___ 3 ___ 4 ___ 5 ___ 6 ___ 7 ___ 8 ___

☊ 34.3 Production orale

Ecoutez les dialogues suivants, puis jouez le rôle du personnage indiqué.

1. (M. Belleau et Hubert)
   Vous allez être Hubert.
2. (Colette et Marie-Laure)
   Vous allez être Marie-Laure.
3. (Mme Belleau et Robert)
   Vous allez être Robert.
4. (Mme Belleau et Marie-Laure)
   Vous allez être Marie-Laure.

☊ 34.4 Compréhension auditive et production orale

Ecoutez les dialogues suivants. Après chaque dialogue, vous entendrez une question. Répondez à la question.

1. Pourquoi les Belleau ne paient-ils pas de loyer?
2. Qu'est-ce qu'il suffisait de faire pour transformer une grange en garage?
3. Est-ce que Robert trouve bien que les gens de la ville achètent de vieilles maisons de paysans?
4. Qu'est-ce que Marie-Laure a répondu à la bonne soeur qui lui proposait des billets de loterie?
5. Pourquoi la bonne soeur n'était-elle pas une vraie bonne soeur, d'après Marie-Laure?

Préparation à la communication

☊ 34.5 Activation orale: Prononciation; les voyelles /a/ et /ã/ (révision)

Répétez les expressions suivantes. Marquez une distinction très nette entre la voyelle nasalisée et la voyelle non-nasalisée. Rappelez-vous que dans la voyelle nasalisée il n'y a pas trace de consonne /n/.

L*a* ch*am*bre des p*a*r*en*ts.
L*a* s*a*lle *à* m*an*ger.
Tous ces g*en*s-l*à* seront *en*ch*an*tés de faire votre connaiss*an*ce.
En entr*an*t d*an*s l'*a*pp*a*rtem*en*t, ç*a* s*en*t le ch*a*t.
Ç*a* s'*étend*.
Ç*a* s'*entend*.
C*en*t sept *ans*.
Il y *a* seulem*en*t c*en*t *ans*. . . .
Repr*en*ds du foie gr*a*s!
L*a* propriété, ç*a* *a* ses *a*v*a*nt*a*ges. . . .
Ç*a* nous *a* pris deux *ans* pour l*a* r*en*dre h*a*bit*a*ble.
On *a* tr*an*sformé l*a* gr*an*ge *en* g*a*r*a*ge.

34.6 Observation: Le temps qu'il faut

sujet	*objet indirect*	*verbe*		*temps*	**pour**	
Nous		**avons**	**mis**	deux ans	**pour**	la rendre habitable.
Il	**nous**	**a**	**fallu**	deux ans	**pour**	la rendre habitable.
Ça	**nous**	**a**	**pris**	deux ans	**pour**	la rendre habitable.

☊ 34.7 Activation orale: Le temps qu'il faut

Répondez selon l'exemple.

Exemple:
Vous entendez: 1. Ça leur a pris deux ans pour rendre leur maison habitable.
Vous dites: Il leur a fallu deux ans pour rendre leur maison habitable.

Continuez oralement avec l'enregistrement.

☊ 34.8 Activation orale: Le temps qu'il faut

Répondez selon l'exemple.

Exemple:
Vous entendez: 1. Il lui a fallu une heure pour aller à Chartres en train.
Vous dites: Ça lui a pris une heure pour aller à Chartres en train.

Continuez oralement avec l'enregistrement.

☊ 34.9 Activation orale: Le temps qu'il faut

Répondez selon l'exemple.

Exemple:
Vous entendez: 1. Ça leur a pris cinq secondes pour finir le foie gras.
Vous dites: Ils ont mis cinq secondes pour finir le foie gras.

Continuez oralement avec l'enregistrement.

34.10 Observation: Comportements; *faire l'idiot, le maçon*, ou autre chose

				faire	*article défini*	*nom*
Les Belleau ne sont pas maçons, mais ils ont travaillé comme des maçons:	Ils		ont	**fait**	**les**	maçons.
	Nous		avons	**fait**	**les**	charpentiers.
	Je			**fais**	**le**	chauffeur.
		Ne		**fais** pas	**l'**	idiote!

☊ 34.11 Activation orale: Comportements

Répondez selon l'exemple.

Exemple:
Vous entendez: 1. Ils ne sont pas menuisiers, mais ils ont travaillé comme des menuisiers.
Vous dites: Ils ont fait les menuisiers.

Continuez oralement avec l'enregistrement.

34.12 Observation: Noms en *-age* (révision et extension)

			nom
Pour	**freiner,**	il faut un système de	**freinage.**
Si on	**dérape,**	on fait un	**dérapage.**
On peut	**garer**	sa voiture dans un	**garage.**
Pour	**chauffer,**	il faut un système de	**chauffage.**
Si on est	**gardien,**	on fait du	**gardiennage.**
Si on	**nettoie,**	on fait un	**nettoyage.**

34.13 Activation écrite: Noms en *-age*

Complétez les phrases suivantes par les mots en *-age* qui conviennent.

1. Je ne nettoie jamais ma chambre. Je déteste le ____________.
2. Je ne sais jamais où garer ma voiture. Je n'ai pas de ____________.
3. Avis aux automobilistes! Attention à la pluie! Roulez lentement pour éviter les ____________.
4. On a toujours froid à la maison. Notre système de ____________ marche très mal.
5. Moi, je préférerais être gardien d'un château en Touraine que d'une tour dans le 15ème! Mais le ____________ n'est pas une profession qui me tente vraiment.

34.14 Observation: Location et propriété

		nom
Si on **loue** une maison ou un appartement,	on devient	**locataire.**
Si on **achète** une maison,	on devient	**propriétaire.**
Si on **achète** un appartement dans un immeuble,	on devient	**co-propriétaire.**

location	*propriété*
Si on loue, si on est locataire, si on est en location, on paie un **loyer.**	Si on est propriétaire, on paie des **impôts.** Si on est co-propriétaire, si on est en co-propriété, on paie des **charges.** (On paie aussi des **impôts!)**

34.15 Activation écrite: Location et propriété

Complétez le premier paragraphe par des termes qui se rapportent à la location, et le deuxième paragraphe par des termes qui se rapportent à la propriété.

1. Mme Dupin n'a pas acheté le cottage en Normandie où elle habite; elle le ____________. Elle est ____________ depuis 4 ans. Elle paie un ____________ très peu cher. Même si elle pouvait, elle ne voudrait pas l'acheter! Elle préfère rester ____________ jusqu'à la fin de ses jours!
2. M. Lemercier, en revanche (ils sont divorcés et Mme Dupin a repris son nom de jeune fille), a acheté un chalet dans les Alpes; il est ____________. Avant, il avait acheté un bel appartement dans une tour près de l'hôtel Nikko, à Paris; il était donc ____________. Mais il ne s'entendait pas du tout avec les 1589 autres ____________. Alors il a choisi les Alpes pour être seul au milieu des neiges.

34.16 Observation: Transformation; *rendre* + adjectif

	rendre	*adjectif*
Quand ils l'ont achetée, la maison des Belleau n'était pas		habitable.
Ils ont beaucoup travaillé pour la	**rendre**	habitable.

34.17 Activation orale: Transformation; *rendre* + adjectif

Répondez selon l'exemple.

Exemple:
Vous entendez: 1. Depuis qu'il est tombé sur la tête, il est un peu bizarre.
Vous dites: Ça l'a rendu un peu bizarre.

2. Ne mangez pas ça! Vous allez être malade!
3. Ils ont perdu leur chien. Depuis, ils sont très tristes.
4. Marie-Laure ne va plus à l'école depuis deux jours parce qu'elle a mal à la gorge. Depuis, elle est infernale.
5. Si vous continuez à écouter cette musique, vous allez devenir sourd!
6. Ils ont retapissé leur salle à manger. Elle est beaucoup plus agréable.
7. Ils ont mis le chauffage. Depuis, leur maison est presque habitable.
8. Depuis qu'il a rencontré cette fille, il est devenu idiot.

34.18 Observation: Verbes à changement vocalique (révision et extension)

Vous vous rappelez qu'il y a un changement de voyelle dans le radical de certains verbes comme *acheter, se promener*, et se *lever*. *Enlever* appartient à la même catégorie.

infinitif	*présent*		*imparfait*		*participe passé*
acheter	nous	achetons	j'	achetais	acheté
mener	vous	menez	tu	menais	mené
amener	nous	amenons	il	amenait	amené
emmener	vous	emmenez	nous	emmenions	emmené
promener	nous	promenons	vous	promeniez	promené
lever	vous	levez	ils	levaient	levé
enlever	nous	enlevons	elles	enlevaient	enlevé

présent		*futur*		*conditionnel*	
j'	achète	j'	achèterai	j'	achèterais
tu	mènes	tu	mèneras	tu	mènerais
elle	amène	elle	amènera	elle	amènerait
il	emmène	il	emmènera	il	emmènerait
on	promène	on	promènera	on	promènerait
elles	lèvent	elles	lèveront	elles	lèveraient
ils	enlèvent	ils	enlèveront	ils	enlèveraient

☊ 34.19 Activation orale: Verbes à changement vocalique

Répondez selon l'exemple.

Exemple:
Vous entendez: 1. Vous emmenez Minouche en voyage?
Vous dites: Oui, je l'emmène toujours.

Continuez oralement avec l'enregistrement.

34.20 Observation: Délégation; sens causatif du verbe *faire*

	faire *infinitif*
Les Belleau n'ont pas amené l'eau eux-mêmes. Ils ont demandé à des ouvriers spécialisés de le faire: Ils ont	**fait** **amener** l'eau.

Comparez.

	amener	
Ils ont	**amené**	l'eau eux-mêmes.
faire	**amener**	
Ils ont **fait**	**amener**	l'eau **par les ouvriers.**

	pronom	
Ils		ont **fait** amener **l'eau.**
Ils	**l'**	ont **fait** amener.

Remarquez qu'il n'y a pas d'accord du participe passé du verbe *faire* employé dans ce sens.

☊ 34.21 Activation orale: Délégation; sens causatif du verbe *faire*

Répondez selon l'exemple.

Exemple:
Vous entendez: 1. Vous avez fait repeindre votre chambre?
Vous dites: Oui, nous l'avons fait repeindre.

Continuez oralement avec l'enregistrement.

☊ 34.22 Activation orale: Délégation; sens causatif du verbe *faire*

Répondez selon l'exemple.

Exemple:
Vous entendez: 1. Il fallait amener l'eau?
Vous dites: Oui, on l'a fait amener.

Continuez oralement avec l'enregistrement.

☊ 34.23 Activation orale: Délégation; sens causatif du verbe *faire*

Répondez selon l'exemple.

Exemple:
Vous entendez: 1. Les Belleau ont amené l'eau eux-mêmes?
Vous dites: Non, ils l'ont fait amener par des ouvriers.

Continuez oralement avec l'enregistrement. Choisissez le nom du métier approprié dans la liste suivante: un peintre; un maçon; le charpentier; un plombier; l'électricien; la bonne; le garagiste.

34.24 Activation écrite: Le temps passé: imparfait et passé composé (révision)

Voici la suite (et fin!) de la rencontre fascinante de nos deux personnages principaux. Mettez-la au passé.

1. Robert invite Mireille à prendre quelque chose à la Closerie des Lilas.
   Robert ____________________ Mireille à prendre quelque chose à la Closerie des Lilas.
2. Elle accepte. (Elle le trouve plutôt sympathique.)
   Elle ____________________. (Elle ____________________ plutôt sympathique.)
3. Ils y vont à pied. (Ce n'est pas loin.)
   Ils y ____________________ à pied. (Ce ____________________ loin.)
4. Ils traversent le Luxembourg. (C'est très agréable.)
   Ils ____________________ le Luxembourg. (____________________ très agréable.)
5. Ils passent devant l'Institut d'Art et d'Archéologie.
   Ils ____________________ devant l'Institut d'Art et d'Archéologie.
6. Mireille le montre à Robert, parce qu'elle y suit un cours.
   Mireille ____________________ à Robert, parce qu'elle y ____________________ un cours.
7. Ils arrivent à la Closerie.
   Ils ____________________ à la Closerie.
8. Ils s'asseyent à la terrasse. (Il fait beau; c'est une belle matinée de printemps.)
   Ils ____________________ à la terrasse. (Il ____________________ beau;
   ____________________ une belle matinée de printemps.)
9. Ils commandent un kir.
   Ils ____________________ un kir.
10. Ils reprennent la conversation.
    Ils ____________________ la conversation.
11. Comme midi approche, Robert invite Mireille à déjeuner. (Il commence à avoir faim.)
    Comme midi ____________________, Robert ____________________ Mireille à déjeuner.
    (Il ____________________ à avoir faim.)
12. Malheureusement, elle ne peut pas accepter parce que ses parents l'attendent.
    Malheureusement, elle ____________________ accepter parce que ses parents ____________________.
13. Robert va téléphoner aux Courtois.
    Robert ____________________ téléphoner aux Courtois.
14. C'est Mme Courtois qui répond.
    C'est Mme Courtois qui ____________________.
15. Il lui demande s'il peut aller les voir le lendemain.
    Il lui ____________________ s'il ____________________ aller les voir le lendemain.
16. Elle répond que ce n'est pas possible, parce que son chat est malade.
    Elle ____________________ que ce ____________________ possible, parce que son chat
    ____________________ malade.

17. Il faut l'emmener chez le vétérinaire.

    Il ______________________ l'emmener chez le vétérinaire.

18. Robert ne comprend pas.

    Robert ______________________.

19. Mais il ne demande pas d'explications.

    Mais il ______________________ d'explications.

20. Mme Courtois lui demande de venir le surlendemain.

    Mme Courtois lui ______________________ de venir le surlendemain.

21. Robert demande à Mireille d'aller chez les Courtois le même jour.

    Robert ______________________ à Mireille d'aller chez les Courtois le même jour.

22. Elle promet d'essayer.

    Elle ______________________ d'essayer.

23. Ils se quittent.

    Ils ______________________.

☊ 34.25 Activation orale: Dialogue entre Mme Belleau et Marie-Laure

Vous allez entendre une conversation entre Mme Belleau et Marie-Laure. Ecoutez bien. Vous allez apprendre les réponses de Marie-Laure.

MME BELLEAU: Tu aurais dû m'appeler, voyons! Cette pauvre bonne soeur. . . .
MARIE-LAURE: **Bah, ce n'était pas une vraie!**
MME BELLEAU: Comment ça?
MARIE-LAURE: **Ben non, c'était une fausse bonne soeur.**
MME BELLEAU: Comment le sais-tu?
MARIE-LAURE: **Elle avait de la moustache.**

Libération de l'expression

34.26 Mots en liberté

Où peut-on habiter?

On peut habiter à l'hôtel, à la Cité Universitaire, dans un prieuré du XVIème siècle, dans une loge de concierge, dans une chaumière, dans un pavillon de chasse, à Provins, au Quartier Latin, au dernier étage de la Tour Montparnasse. . . .

Trouvez au moins dix autres possibilités.

34.27 Mise en scène et réinvention de l'histoire

1. M. Belleau parle de l'appartement des Belleau à Paris et de leur résidence secondaire.

Ici, nous ne louons pas. Nous sommes en (. . .). Chaque co-propriétaire. . . . Mais nous avons aussi (. . .). Ça nous sert de (. . .). C'était une petite maison (. . .). Quand nous l'avons achetée, les portes (. . .). Il n'y avait plus (. . .). Nous avons fait (. . .). Il a fallu (. . .). On a fait les (. . .). On a fait amener (. . .).

2. Hubert fait son numéro sur les propriétés de la famille Pinot-Chambrun.

Ma famille possédait autrefois (. . .). Mais maintenant, c'est (. . .) avec (. . .) et surtout (. . .) On n'est plus (. . .)!

34.28 Mise en scène et réinvention de l'histoire

Imaginez une nouvelle version de l'épisode de la bonne soeur. Vous pouvez utiliser les suggestions ci-dessous, mais, évidemment, vous pouvez aussi inventer autre chose.

On sonne. Marie-Laure va ouvrir.

LA BONNE SOEUR:

Bonsoir, Salut, Mes hommages, Chut,	Mademoiselle. ma petite! pas un mot! charmante enfant! ma petite demoiselle!

MARIE-LAURE:

Bonsoir,	ma soeur. Mademoiselle. chère Madame. Monsieur.	Qu'est-ce que c'est? Qu'est-ce qui se passe? Qui êtes-vous? Je suis heureuse de vous voir. Je ne vous connais pas! Je ne vous reconnais pas. Vous êtes en retard. Ça va, depuis l'an dernier?

LA BONNE SOEUR:

Je suis Je me suis	la soeur	de la gardienne. du propriétaire.
	la nouvelle	bonne. locataire. jeune fille au pair.
	la locataire de l'étage au-dessus. le plombier. fille unique! l'infirmière. le pompier de service. pressée. changée. perdue dans le métro.	

MARIE-LAURE:

Qu'est-ce que vous voulez?
Qu'est-ce qui se passe?
De quoi s'agit-il?
Il y a un problème?

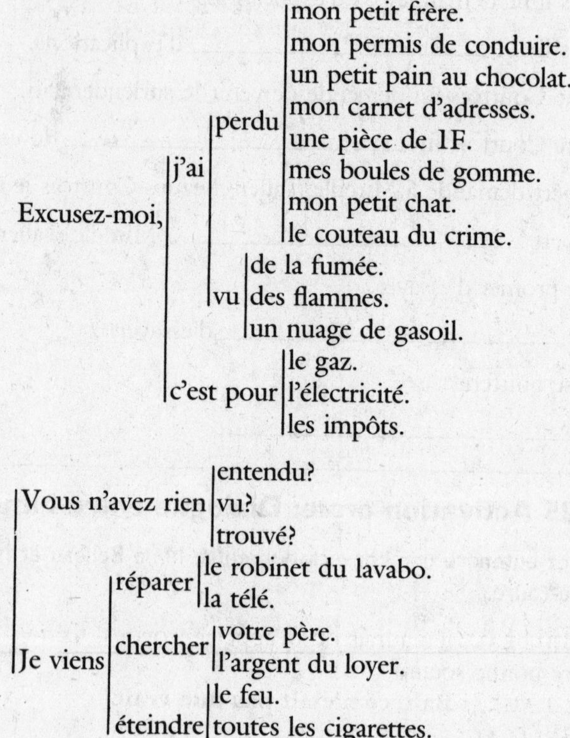

LA BONNE SOEUR:

Excusez-moi,	j'ai	perdu	mon petit frère. mon permis de conduire. un petit pain au chocolat. mon carnet d'adresses. une pièce de 1F. mes boules de gomme. mon petit chat. le couteau du crime.
		vu	de la fumée. des flammes. un nuage de gasoil.
	c'est pour		le gaz. l'électricité. les impôts.

Vous n'avez rien		entendu? vu? trouvé?
Je viens	réparer	le robinet du lavabo. la télé.
	chercher	votre père. l'argent du loyer.
	éteindre	le feu. toutes les cigarettes. l'électricité.

Je peux entrer?

MARIE-LAURE:

Non!	Nous sommes	co-propriétaires! protestants. juifs. en train de dîner. musulmans.
	Ils vont	se douter de quelque chose. vous reconnaître. vous voir. tout comprendre.
	Ce serait trop dangereux. Restons sur le palier.	

LA BONNE SOEUR:

Vous n'avez pas 20 francs?
Vous voulez des billets de loterie?
J'ai un message pour vous.
Je vous apporte quelque chose.
Tu as tout préparé?
Tu as le couteau?

Tu as / Vous avez | prévenu | la police? / nos amis? / l'hôpital?

J'ai de très beaux | aspirateurs. / réfrigérateurs. / téléviseurs. / prieurés / chalets | à louer. / à vendre. / à réparer. | Vous voulez voir?

MARIE-LAURE:

Oui, mais / Non; |
c'est pour acheter des boules de gomme.
il ne coupe pas.
ils sont à maman.
où est mon argent?
qui va le tuer?
je n'ai pas l'habitude des crimes.
j'en ai peur.
je ne gagne jamais.
je n'ai pas de chance.
j'ai tout dépensé.
je n'ai pas pu.
ça ne nous intéresse pas.
nous avons déjà | une résidence secondaire. / un château dans le Périgord. / quatre téléviseurs. / deux réfrigérateurs. / trois aspirateurs.

LA BONNE SOEUR:

Au revoir! / A plus tard! / A demain! | Et surtout pas un mot à votre mère!

Marie-Laure revient à table.

MME BELLEAU:

Qu'est-ce que c'était?

MARIE-LAURE:

Tante Georgette.
La concierge.
Un agent de police.
Un représentant de commerce.
Une vendeuse d'aspirateurs.
Un masseur.
Une fausse bonne soeur.
Une bonne soeur.
Une amie de l'école.
Une veuve.
Mon institutrice.

MME BELLEAU:

Qu'est-ce qu' | il / elle | voulait?

MARIE-LAURE:

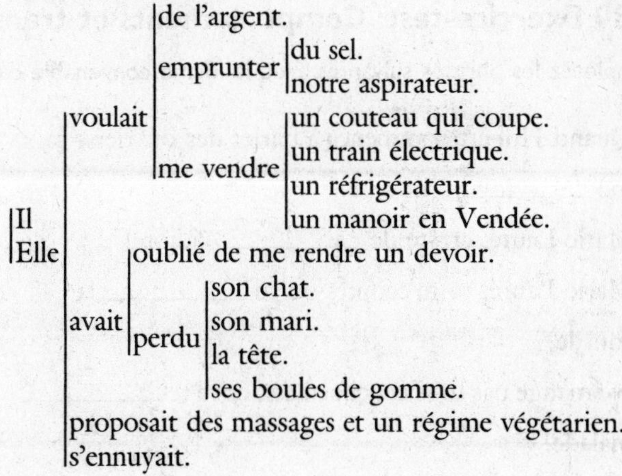
Il / Elle |
voulait | emprunter | de l'argent. / du sel. / notre aspirateur.
voulait | me vendre | un couteau qui coupe. / un train électrique. / un réfrigérateur. / un manoir en Vendée.
avait | oublié de me rendre un devoir.
avait | perdu | son chat. / son mari. / la tête. / ses boules de gomme.
proposait des massages et un régime végétarien.
s'ennuyait.

MME BELLEAU:

Qu'est-ce que tu as fait?

MARIE-LAURE:

J'ai refermé la porte.

Je lui ai dit | que / de / d' |
je ne la croyais pas.
nous ne voulions rien.
nous n'avions plus de sel.
Colette avait passé le sel à Hubert.
nous n'avions rien vu.
notre aspirateur était en panne.
c'était trop dangereux.
je préférais les bateaux à voile.
personne n'avait mal au dos.
nous ne mangions que des légumes.
tout mon argent était à la banque.
nous étions pauvres.
revenir | demain. / l'année prochaine.
nous écrire / téléphoner | à la fin de l'année.
aller voir Tonton Guillaume.

Exercices-tests

34.29 Exercice-test: Le temps qu'il faut

Complétez les phrases suivantes avec la forme convenable du verbe *falloir, mettre,* ou *prendre.*

1. On ________ cinq minutes pour aller de la rue de Vaugirard à la Sorbonne.
2. Il m'a ________ un moment pour comprendre.
3. Tu as ________ combien de temps pour retapisser la salle de bain?
4. Ça m'a ________ une demi-journée.
5. Il te ________ une heure pour venir de Provins?
6. Oui, ça ________ une heure s'il n'y a pas de circulation.

Vérifiez. Si vous avez fait des fautes, travaillez les sections 34.6 à 34.9 dans votre cahier d'exercices.

34.30 Exercice-test: Comportements et transformations

Complétez les phrases suivantes avec la forme convenable du verbe *faire* ou *rendre.*

1. Quand Hubert commence à parler des ouvriers, ça me ________ furieuse.
2. Marie-Laure, arrête de ________ l'idiote!
3. Marie-Laure, tu m'écoutes ou tu ________ la sourde?
4. Ne mange pas tous ces chocolats, ça va te ________ malade!
5. Il est tombé du quatrième étage et ça l'a ________ idiot.

Vérifiez. Si vous avez fait des fautes, travaillez les sections 34.10, 34.11, 34.16, et 34.17 dans votre cahier d'exercices.

34.31 Exercice-test: Délégation; sens causatif du verbe *faire*

Complétez les réponses aux questions suivantes.

1. C'est vous qui avez remis des vitres aux fenêtres?
   Non, nous les ________________ un vitrier.
2. Vous avez repeint tous les murs?
   Non, nous les ________________ un peintre.
3. C'est toi qui as retapissé la salle à manger?
   Non, je l'________________ un tapissier.
4. Tu as construit ce mur?
   Non, je l'________________ un maçon.

Vérifiez. Si vous avez fait des fautes, travaillez les sections 34.20 à 34.23 dans votre cahier d'exercices.

Leçon 35

Assimilation du texte

☊ 35.1 Mise en oeuvre

Ecoutez le texte et la mise en oeuvre dans l'enregistrement sonore. Répétez et répondez suivant les indications.

☊ 35.2 Compréhension auditive

Phase 1: Regardez les images et répétez les énoncés que vous entendez.

1 ___ 2 ___ 3 ___ 4 ___ 5 ___ 6 ___

Phase 2: Ecrivez la lettre de chaque énoncé sous l'image qui lui correspond le mieux.

☊ 35.3 Production orale

Ecoutez les dialogues suivants. Dans chaque dialogue vous allez jouer le rôle du personnage indiqué.

1. (Marie-Laure et Mireille) Vous allez être Mireille.
2. (Marie-Laure et Mireille) Vous allez être Mireille.
3. (Hubert et M. Belleau) Vous allez être M. Belleau.
4. (M. Belleau et Robert) Vous allez être Robert.
5. (Robert et Mme Belleau) Vous allez être Mme Belleau.

Ω 35.4 Compréhension auditive et production orale

Ecoutez les énoncés suivants. Après chaque énoncé vous allez entendre une question. Répondez à la question.

1. Pourquoi les Belleau sont-ils tellement attachés à leur maison de Dreux?
2. Comment Marie-Laure sait-elle que c'est le frère de la bonne soeur qui a sonné?
3. Quel est le rêve de beaucoup de Français?
4. En quoi est le toit de la maison des Belleau?
5. En quoi sont la plupart des maisons en France?
6. Où habitent les étudiants qui ont la chance d'avoir leurs parents à Paris?
7. Où les étudiants étrangers peuvent-ils habiter?

Préparation à la communication

Ω 35.5 Activation orale: Prononciation; la semi-voyelle /j/ (révision)

Ecoutez et répétez.

Elle dev*i*ent v*ie*ille.
Elle v*ie*illit.
Elle v*ie*illit b*ie*n.
En v*ie*illissant, elle dev*i*ent très b*ie*n.
Elle n'est pas mar*i*ée.

Elle habite dans une v*ie*ille
chaum*i*ère en p*i*erre.
Je cro*y*ais que vous lou*i*ez deux
p*i*èces chez des particul*i*ers.
Ah la la, ce qu'on *y* a trava*i*llé!

Nous av*i*ons l'intent*i*on de prendre
pens*i*on chez des Canad*i*ens.
Vous avez pris l'Or*i*ent-Express?
Cette quest*i*on!

35.6 Observation: *Prendre des repas, prendre pension*

Vous vous souvenez qu'on peut
prendre un repas,
prendre le petit déjeuner,
prendre le thé.

On peut aussi
prendre pension dans une famille.

Si on **prend** la pension complète,
on **prend** tous les repas avec la famille.
Si on **prend** la demi-pension,
on **prend** en général le petit déjeuner et un repas (le déjeuner ou le dîner).

35.7 Observation: Habitat

Possibilités d'habitats:

loyer ou impôts à payer (ordre de grandeur approximatif)	*en ville (grande ville)*	*en banlieue (ou petite ville)*	*à la campagne*
100	un palais		un palais
50	un hôtel particulier		un château
20			un manoir
			une gentilhommière
10	une maison	une villa	un prieuré
6		une maison	une maison
5	un appartement dans une tour	un pavillon	un mas
	un appartement dans un immeuble	un appartement	un cottage
	un appartement dans une maison		un chalet
1,5	un HLM	un HLM	une maison de paysan
1	un logement ouvrier	un logement ouvrier	
0,5	un taudis		une chaumière
0	sous les ponts		une grotte

35.8 Observation: Matières

	en *matière*
Les chalets sont faits	**en bois.**
On construit des maisons	**en brique.**
Le toit est	**en ardoise.**

En quoi?		**en** *matière*		**du / de la / des** *matière*	
En quoi est-ce?	C'est	**en**	**bois;**	c'est **du**	**bois.**
C'est **en quoi?**	C'est	**en**	**brique;**	c'est **de la**	**brique.**

☊ 35.9 Activation orale: Matières

Répondez selon l'exemple.

Exemple:
Vous entendez: 1. C'est du bois, votre table, là?
Vous répondez: Oui, c'est une table en bois.

Continuez oralement avec l'enregistrement.

35.10 Observation: Intensifs

		intensif	*adjectif*
C'est lourd?	Oui, c'est	**joliment**	lourd!
	Oui, c'est	**drôlement**	lourd!
	Oui,	**drôlement!**	
		C'est fou ce que c'est	lourd!

Vous ne pouvez pas imaginer comme il est beau!

verbe	*intensif*
On s'amuse	**drôlement.**

intensif	*verbe*
C'est fou ce qu'	on s'amuse!
Tu ne peux pas imaginer comme	on s'amuse!

35.11 Observation: Intensifs; *tellement*

	intensif		*adjectif*	
L'ardoise est	**tellement**	plus	distinguée!	(. . . que je la préfère à la tuile)
Il est	**tellement**		spirituel!	(. . . que c'est un régal de l'écouter)

☊ 35.12 Activation orale: Intensifs

Répondez selon l'exemple.

Exemple:
Vous entendez: 1. Elle était en si mauvais état que ça, votre maison?
Vous dites: Oui, elle était drôlement en mauvais état!

Continuez oralement avec l'enregistrement.

35.13 Observation: Ce *que c'est* / *qui c'est*

choses			*personnes*
	Qu'est-ce que c'est?		**Qui est-ce?**
Je me demande	**ce que** c'est.		. . . **qui** c'est.
Je sais	**ce que** c'est.		. . . **qui** c'est.
Je devine	**ce que** c'est.		. . . **qui** c'est.
Tu sais	**ce que** c'est?		. . . **qui** c'est?
Va voir	**ce que** c'est.		. . . **qui** c'est.

35.14 Activation écrite: Ce *que c'est* / *qui c'est*

Complétez.

1. Tiens, quelqu'un a sonné. Je me demande

   ____________________.

2. Un cadeau pour moi! Je me demande

   ____________________.

3. Quelqu'un est à la porte. Va voir

   ____________________.

4. Il est fameux, ce vin. Tu sais ____________________?

5. J'ai quelque chose pour toi. Devine

   ____________________.

6. Quelqu'un te demande au téléphone. Devine

   ____________________.

7. Ta marraine vient de laisser ça pour toi. Je ne sais pas

   ____________________.

8. L'homme en noir . . . est-ce qu'on saura un jour

   ____________________?

35.15 Observation: Commencement; *commencer à*

	commencer	**à**	*infinitif*
Je	**commence**	**à**	comprendre.
Des voix	**commencent**	**à**	protester.
Robert	**commençait**	**à**	mourir de faim.

Notez que *commencer* peut être suivi de la préposition *à* et d'un **infinitif**.

☊ 35.16 Activation orale: Commencement; *commencer à*

Répondez selon l'exemple.

Exemple:
Vous entendez: 1. Eh bien, on dirait qu'il pleut!
Vous dites: Oui, il commence à pleuvoir.

Continuez oralement avec l'enregistrement.

35.17 Observation: Cause et occasion; *en* + participe présent

en	*participe présent*
En vieillissant, je commence à comprendre.	

Vieillissant est une forme du verbe *vieillir*. C'est un **participe**. Il y a deux participes:

un participe présent = *vieillissant*
un participe passé = *vieilli*

Les participes ne se conjuguent pas: il n'y a pas de terminaisons différentes correspondant aux différentes personnes. (L'indicatif, l'impératif, et le conditionnel sont des modes du verbe qui se conjuguent. L'infinitif et le participe sont des modes qui ne se conjuguent pas.) La terminaison du participe présent est *-ant*. Le radical du participe présent est en général le même que celui de la 1ère personne du pluriel de l'indicatif:

nous **vieilliss**ons en **vieilliss**ant

Il y a évidemment quelques exceptions: *avoir, en ayant; être, en étant; savoir, en sachant.*

☊ 35.18 Activation orale et écrite: Cause et occasion; *en* + participe présent

Répondez selon l'exemple.

Exemple:
Vous entendez: 1. Robert est allé à Provins et il s'est perdu.
Vous voyez: 1. Il s'est perdu ________ à Provins.
Vous dites: Il s'est perdu en allant à Provins.
Vous écrivez: en allant

2. Elle a accroché une voiture ________ éviter un cycliste.
3. Robert a vu une Alpine ________ de l'autoroute.
4. Mireille a crevé ________ à Provins.
5. Elle est tombée en panne ________ de Paris.
6. Marie-Laure est tombée ________ attraper son bateau.
7. Robert est tombé du balcon ________.
8. Il est tombé du balcon ________ au pompier.

35.19 Observation: Evolution

adjectif féminin	*verbe*	
	présent	*infinitif*
elle devient vieille	elle vieillit	vieillir
elle devient grosse	elle grossit	grossir
elle devient maigre	elle maigrit	maigrir
elle devient épaisse	elle épaissit	épaissir
elle devient rouge	elle rougit	rougir
elle devient noire	elle noircit	noircir
elle devient dure	elle durcit	durcir

Notez que ces verbes qui indiquent une évolution ont un infinitif en *-ir*.

présent	*imparfait*	*participe présent*
elle vieillit	elle vieillissait	
je vieillis	je vieillissais	
tu vieillis	tu vieillissais	
nous vieillissons	nous vieillissions	en vieillissant
vous vieillissez	vous vieillissiez	
ils vieillissent	ils vieillissaient	

Notez le *-ss-* aux personnes du pluriel du présent de l'indicatif, à l'imparfait et au participe présent, comme dans le verbe *finir*.

35.20 Activation écrite: Evolution

Complétez.

1. —Oh, que tu es *grande*, Marie-Laure!
   —Oui, elle ________________ beaucoup, en ce moment.
2. —J'ai trouvé que les Courtois avaient l'air bien *vieux*.
   —Oui, ils ________________, comme nous tous!
3. —Ils ont beaucoup de cheveux *blancs*, tous les deux.
   —Eh, oui, ils ________________.
4. —Je l'ai trouvé bien *gros*, lui.
   —Oui, c'est vrai. Il ________________.
5. —Elle a la taille bien *épaisse*.
   —Oui, elle ________________.
6. —Par contre, j'ai trouvé Georgette bien *maigre*.
   —Ah, oui. Elle ________________.

35.21 Observation: Négation; *ni . . . ni . . .*

	ne *verbe*	**ni**		**ni**
Je	**ne** suis	**ni** veuve		**ni** retraitée.
Robert	**n'** a	**ni** frères		**ni** soeurs.

Ne . . . ni . . . ni . . . est une négation multiple. (On peut utiliser autant de *ni* qu'on veut: Mireille n'était *ni* au Flore, *ni* aux Deux Magots, *ni* au Drugstore, *ni* chez Lipp, *ni* chez Vagenende, *ni* au Tabou. . . .)

Notez que lorsque la négation porte sur des noms non-définis (*ni frères ni soeurs*) il n'y a aucun article devant ces noms. (Mais il y a un article si les noms sont définis: Nous ne connaissons *ni* la mère *ni* le père de Robert.)

☊ 35.22 Activation orale: Négation; *ni . . . ni . . .*

Répondez selon les exemples.

Exemples:

Vous entendez: 1. Aimez-vous les pieds de porc et la tête de veau?
Vous dites: Non, je n'aime ni les pieds de porc ni la tête de veau.

Vous entendez: 2. Vous prenez du café ou du thé le matin?
Vous dites: Je ne prends ni café ni thé. (Je prends du chocolat.)

Continuez oralement avec l'enregistrement.

35.23 Observation: Nécessité; *avoir besoin*

	avoir		besoin	*objet*
Ils	**ont**		**besoin**	d'argent.
Ils	**ont**		**besoin**	de gagner de l'argent.
Elle n'	**a**	pas	**besoin**	qu'on lui trouve des amis.

	nom partitif	
Il leur faut	**de l'**	argent.
Ils ont besoin	**d'**	argent.

L'objet d'*avoir besoin* peut être un nom (*argent*) ou une proposition (*gagner de l'argent*). Quand l'objet est un nom ou une proposition infinitive (*gagner de l'argent*), le nom ou l'infinitif est introduit par la préposition *de*.

Notez que lorsque l'objet d'*avoir besoin* représente une notion partitive (*de l'argent*), le nom est introduit par la préposition *de* **sans** article partitif (*du, de la, des*).

☊ 35.24 Activation orale: Nécessité; *avoir besoin*

Répondez selon l'exemple.

Exemple:
Vous entendez: 1. Il te faut de l'argent?
Vous dites: Oui, j'ai besoin d'argent.

Continuez oralement avec l'enregistrement.

☊ 35.25 Activation orale: Dialogue entre Mme Belleau et Marie-Laure

Vous allez entendre un dialogue entre Mme Belleau et Marie-Laure. Ecoutez attentivement. Vous allez apprendre les réponses de Marie-Laure.

MME BELLEAU: Alors, qu'est-ce que c'était?
MARIE-LAURE: **Le frère de la bonne soeur de tout à l'heure.**

MME BELLEAU: Qu'est-ce que c'est que cette histoire?
MARIE-LAURE: **Ben, oui! Il avait la même moustache qu'elle.**

Libération de l'expression

35.26 Mots en liberté

Où peut-on habiter si on est étudiant à Paris?

On peut habiter à la Cité Universitaire, sous un pont, chez un plombier, en banlieue, Boulevard Saint-Germain, Place de la Sorbonne, dans un grand appartement, au 44ème étage de la Tour Montparnasse. . . .

Trouvez encore au moins six possibilités.

35.27 Mise en scène et réinvention de l'histoire

Reconstituez une conversation entre Mireille, Robert, et Hubert au sujet de la résidence secondaire des Belleau.

MIREILLE: Nous avons une maison à la campagne, près de Dreux.
ROBERT: Vous l'avez fait construire?
MIREILLE: Non, c'était (. . .).
HUBERT: Vous savez, le rêve de Mireille, ça a toujours été une chaumière et (. . .).
MIREILLE: Notre maison n'est pas une chaumière! Le toit (. . .).
HUBERT: De la tuile? Vous ne préférez pas (. . .).
ROBERT: L'ardoise, ça doit être (. . .).
HUBERT: Evidemment, ce serait (. . .).
ROBERT: Vous n'avez pas de maisons en bois, en France?
MIREILLE: Non (. . .). Ici, on construit (. . .). On aime (. . .).

35.28 Mise en scène et réinvention de l'histoire

Décrivez la maison que vous aimeriez habiter.

Ce serait
- une tour
- une petite maison
- une villa
- une chaumière abandonnée
- un château
- un pavillon de chasse
- un mas provençal

en / à / sur
- ville
- la campagne
- la mer
- une île
- montagne

dans / à / au / en / sur
- Paris
- Bretagne
- Portugal
- les Alpes
- Sologne
- la Côte d'Azur
- l'Himalaya

parce que j'aime / je n'aime pas
- les vues imprenables.
- les huîtres.
- pêcher des crevettes.
- le porto.
- la neige.
- faire du ski. / bateau.
- la pluie.
- le vent.
- la chasse.
- la solitude.
- l'altitude.
- les rues animées.

Je serais
- co-propriétaire
- propriétaire
- locataire
- domestique
- concierge

parce que j'aime / je n'aime pas / je veux / je ne veux pas
- avoir des domestiques.
- parler aux gens.
- lire le courrier des autres.
- savoir ce qui se passe.
- les responsabilités.
- payer un loyer.
- payer des impôts.
- payer des charges.
- dépenser mon argent.
- gagner de l'argent.
- travailler.

La maison serait
- ancienne mais en bon état
- ancienne et en mauvais état
- neuve mais en mauvais état
- neuve et en bon état
- à construire

parce que j'aime / je n'aime pas
- construire.
- le moderne.
- travailler avec mes mains.
- faire des changements.
- faire des réparations.

Elle aurait des portes / murs / fenêtres / vitres / tuiles / ardoises qu'il faudrait
- réparer.
- remplacer.
- refaire.
- peindre.
- retapisser.

Elle serait / ne serait pas construite en
- pierre
- briques
- bois
- blocs de ciment
- verre
- papier

parce que
- ça dure.
- c'est plus solide. / plus joli. / plus léger. / facile à réparer. / dangereux à cause du feu.
- j'aime la lumière. / le rose.

Le toit serait
- en chaume
- en tuiles
- en verre
- en terrasse
- en ardoise

parce que
- c'est plus joli.
- j'aime prendre des bains de soleil.
- j'aime le soleil.
- je veux profiter de la vue.

Il y aurait un / une / 7 / 19 / 23 / 154
- lit dans la salle de séjour
- chambre
- chambres

parce que j'aurais / je n'aurais pas / je veux avoir / je ne veux pas avoir
- beaucoup de / beaucoup d' / six / dix-neuf / vingt-trois / onze
- invités. / amis. / enfants. / cousins. / domestiques. / chats. / chiens.

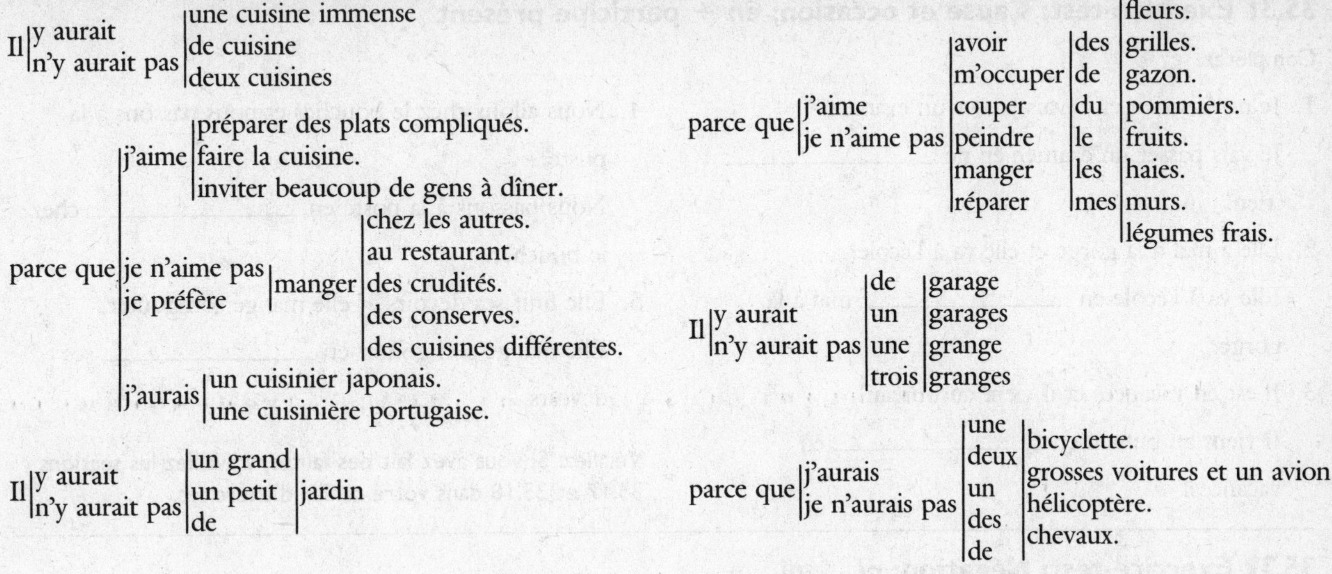

Il y aurait / n'y aurait pas une cuisine immense / de cuisine / deux cuisines
parce que j'aime préparer des plats compliqués. / faire la cuisine. / inviter beaucoup de gens à dîner.
parce que je n'aime pas / je préfère manger chez les autres. / au restaurant. / des crudités. / des conserves. / des cuisines différentes.
j'aurais un cuisinier japonais. / une cuisinière portugaise.
Il y aurait / n'y aurait pas un grand / un petit / de jardin
parce que j'aime / je n'aime pas avoir / m'occuper / couper / peindre / manger / réparer des / de / du / le / les / mes fleurs. / grilles. / gazon. / pommiers. / fruits. / haies. / murs. / légumes frais.
Il y aurait / n'y aurait pas de / un / une / trois garage / garages / grange / granges
parce que j'aurais / je n'aurais pas une / deux / un / des / de bicyclette. / grosses voitures et un avion. / hélicoptère. / chevaux.
Mais de toute façon, je n'irais que pour les week-ends, parce que j'habiterais chez ma maman.

Exercices-tests

☊ 35.29 Exercice-test: Habitat

Dans chacune des phrases que vous allez entendre, déterminez si l'habitation est en ville ou à la campagne. Cochez la case qui convient.

	1	2	3	4	5	6	7	8
en ville								
à la campagne								

Vérifiez. Si vous avez fait des fautes, travaillez la section 35.7 dans votre cahier d'exercices.

☊ 35.30 Exercice-test: *Ce que c'est / qui c'est*

Dans chaque phrase que vous allez entendre, déterminez si on parle d'une personne ou d'une chose. Cochez la case appropriée.

	1	2	3	4	5	6	7	8	9	10
une personne										
une chose										

Vérifiez. Si vous avez fait des fautes, travaillez les sections 35.13 et 35.14 dans votre cahier d'exercices.

35.31 Exercice-test: Cause et occasion; *en* + participe présent

Complétez.

1. Je ne sais rien et je vais passer un examen.
   Je vais passer un examen en ne ________________ rien.
2. Elle a mal à la gorge et elle va à l'école?
   Elle va à l'école en ________________ mal à la gorge?
3. Il est en vacances et il vient au bureau.
   Il vient au bureau en ________________ en vacances!
4. Nous allons chez le boucher et nous passons à la poste.
   Nous passons à la poste en ________________ chez le boucher.
5. Elle finit ses devoirs et elle mange son goûter.
   Elle mange son goûter en ________________ ses devoirs.

Vérifiez. Si vous avez fait des fautes, travaillez les sections 35.17 et 35.18 dans votre cahier d'exercices.

35.32 Exercice-test: Négation; *ni . . . ni . . .*

Répondez négativement aux questions suivantes.

1. Robert a des frères et des soeurs?
   Non, il ________________________________ soeurs.
2. Vous prenez du lait et du sucre dans votre café?
   Non, je ________________________________ sucre.
3. Vous aimez le thé et le café?
   Non, je ________________________________ café.
4. Vous avez une cuisine et une salle de bain?
   Non, nous ________________________________ salle de bain.
5. Vous connaissez le père et la mère de Robert?
   Non, je ________________________________ de Robert.

Vérifiez. Si vous avez fait des fautes, travaillez les sections 35.21 et 35.22 dans votre cahier d'exercices.

Leçon 36

Assimilation du texte

☊ 36.1 Mise en oeuvre

Ecoutez le texte et la mise en oeuvre dans l'enregistrement sonore. Répétez et répondez suivant les indications.

☊ 36.2 Compréhension auditive

Phase 1: Regardez les images et répétez les énoncés que vous entendez.

1 ___

2 ___

3 ___

4 ___

5 ___

6 ___

7 ___

Phase 2: Ecrivez la lettre de chaque énoncé que vous allez entendre sous l'image qui lui correspond le mieux.

36.3 Production orale

Ecoutez les dialogues suivants. Dans chaque dialogue vous allez jouer le rôle du personnage indiqué.

1. (Robert et Mireille) Vous allez être Mireille.
2. (Robert et Mireille) Vous allez être Mireille.
3. (Robert et Mireille) Vous allez être Mireille.
4. (Mireille et Robert) Vous allez être Robert.
5. (Mireille et Robert) Vous allez être Robert.
6. (Robert et Mireille) Vous allez être Mireille.

36.4 Compréhension auditive et production orale

Ecoutez les dialogues suivants et répondez aux questions.

1. Pourquoi Colette a-t-elle peur de rater son train? Quelle heure est-il?
2. Comment sont classés les films, dans le *Pariscope?*
3. Comment est le japonais de Robert?
4. Pourquoi est-ce que *Trash*, ça ne va pas, d'après Mireille?
5. Qu'est-ce qui se passe quand on appuie sur le bouton de la minuterie?

Préparation à la communication

36.5 Activation orale: Prononciation; la voyelle /y/ et la semi-voyelle /ɥ/ (révision)

Ecoutez et répétez.

une inf*u*sion
la m*u*sique
une habit*u*de
la min*u*terie
C'est instr*u*ctif.
C'est éd*u*catif.

T*u* vas être déç*u*.
On constr*u*it les m*u*rs en d*u*r et les toits en t*u*iles pour que ça d*u*re.
Il faut que *tu* p*u*isses aller en S*u*isse pour passer ton permis de cond*u*ire.

T*u* as passé la n*u*it dans la c*u*isine?
App*u*ie! Il faut app*u*yer s*u*r le bouton.

36.6 Observation: Lumière; *allumer, éteindre* (révision et extension)

On peut:
allumer
la **lumière,**
illuminer les monuments.

On peut allumer ou éteindre:
la lumière
la minuterie
l'électricité
la télévision
une lampe
un feu
une cigarette

36.7 Observation: *Eteindre, peindre*

Comparez.

présent		*imparfait*	
j' **éteins**	je **peins**	j' **éteignais**	je **peignais**
tu **éteins**	tu **peins**	tu **éteignais**	tu **peignais**
il **éteint**	il **peint**	il **éteignait**	il **peignait**
nous **éteignons**	nous **peignons**	nous **éteignions**	nous **peignions**
vous **éteignez**	vous **peignez**	vous **éteigniez**	vous **peigniez**
ils **éteignent**	ils **peignent**	ils **éteignaient**	ils **peignaient**

futur			
j'	**éteindrai**	je	**peindrai**
tu	**éteindras**	tu	**peindras**
il	**éteindra**	il	**peindra**
nous	**éteindrons**	nous	**peindrons**
vous	**éteindrez**	vous	**peindrez**
ils	**éteindront**	ils	**peindront**

passé composé						*participe présent*	
j'	ai	**éteint**	j'	ai	**peint**	en **éteignant**	en **peignant**
tu	as	**éteint**	tu	as	**peint**		
il	a	**éteint**	il	a	**peint**		
nous	avons	**éteint**	nous	avons	**peint**		
vous	avez	**éteint**	vous	avez	**peint**		
ils	ont	**éteint**	ils	ont	**peint**		

36.8 Activation orale et écrite: Lumière; *allumer, éteindre*

Dites les phrases suivantes en ajoutant (et en écrivant) les mots qui manquent.

1. S'il vous plaît! Vous pourriez ____________ votre cigarette? La fumée me dérange. . . .
2. Hé, là! On n'y voit rien! C'est toi qui as ____________ la lumière? ____________, s'il te plaît!
3. Marie-Laure, ____________ la télévision, et va faire tes devoirs!
4. Ça, tu vois, c'est la minuterie. Quand tu appuies sur le bouton, la lumière s'____________. Elle reste ____________ deux minutes, et puis elle s'____________.

36.9 Observation: Question d'habitude

	avoir / **prendre** / **perdre**	**l'habitude**	**de**		*infinitif*
Nous	**avions**	**l'habitude**	**de**		passer nos vacances aux Bermudes.
Nous	**avons**	**l'habitude**	**de**	nous	coucher tôt
Nous avons	**pris**	**l'habitude**	**de**	nous	coucher tôt
Nous avons	**perdu**	**l'habitude**	**de**	nous	coucher tard.

D'habitude,	nous nous couchons tôt.
C'est une habitude.	
C'est notre habitude.	

☊ 36.10 Activation orale: Question d'habitude; *avoir, prendre une habitude*

Répondez selon l'exemple.

Exemple:
Vous entendez: 1. Tu te couches tôt tous les soirs?
Vous dites: Oui, j'ai l'habitude de me coucher tôt.

Continuez oralement avec l'enregistrement.

36.11 Observation: *Il se fait tard; c'est l'heure d'aller au lit*

M. BELLEAU: Nous nous levons tôt, alors nous nous couchons tôt.

MME BELLEAU:
Marie-Laure, va te coucher!
Va au lit!
Va dormir!
Bonne nuit, dors bien!
Bonne nuit, dormez bien, les enfants!

MME BELLEAU: Tu as sommeil!
MARIE-LAURE: Non, je n'ai pas sommeil!
MME BELLEAU: Si, tu tombes de sommeil!

TANTE AMELIE: Il est temps d'aller prendre un peu de repos. Allons nous reposer.
TONTON GUILLAUME: Allez! Au pieu!

☊ 36.12 Activation écrite: Dictée; *il se fait tard; c'est l'heure d'aller au lit*

Complétez.

1. Bien sûr que je me ____________ tôt, c'est parce que j'ai l'habitude de me ____________ tôt aussi!
2. Marie-Laure, tu tombes de ____________. Va te ____________!
3. Il est temps d'aller prendre un peu de repos. Nous allons nous ____________.
4. Allez les enfants, bonne nuit! ____________ bien!

36.13 Observation: *Se mettre en congé; prendre congé*

	notion de vacances	
M. Belleau ne va pas au bureau:	**Il est**	**en congé.**
	Il a cinq semaines	**de congé.**
Robert a décidé de partir en vacances:	**Il s'est mis**	**en congé.**
	Il a pris	**un congé.**
	notion d'adieu et de départ	
Hubert a dit au revoir et il est parti:	**Il a pris**	**congé.**

Notez la différence entre *prendre congé* (dire au revoir et partir) et *prendre **un** congé* (prendre des vacances).

36.14 Observation: Détermination; indéfini + *de* + adjectif (révision)

	expression indéfinie		de	*adjectif*
Ils ne font	**rien**		**de**	bien fascinant.
	Quoi		**d'**	autre?
	Qu'est-ce que	tu vois	**d'**	intéressant?
Tu vois	**quelque chose**		**d'**	intéressant?
C'est	**ce que**	nous avons	**de**	moins cher.
	Qui		**d'**	autre?
	Qui est-ce que	tu vois	**d'**	intéressant?
C'est	**quelqu'un**		**d'**	intéressant.
Je ne vois	**personne**		**d'**	intéressant.

De + adjectif est utilisé pour préciser une expression indéfinie.

☊ 36.15 Activation orale: Détermination; indéfini + *de* + adjectif

Répondez selon les exemples.

Exemples:

Vous entendez: 1. Tiens, c'est curieux. . . .
Vous dites: Voilà quelque chose de curieux. . . .

Vous entendez: 2. Il est sympathique?
Vous dites: Oui, c'est quelqu'un de sympathique. . . .

Continuez oralement avec l'enregistrement.

☊ 36.16 Activation orale: Détermination; indéfini + *de* + adjectif

Répondez selon les exemples.

Exemples:

Vous entendez: 1. Ils font des choses intéressantes?
Vous dites: Non, ils ne font rien d'intéressant.

Vous entendez: 2. Il y a des gens intéressants dans ton cours d'italien?
Vous dites: Non, il n'y a personne d'intéressant.

Continuez oralement avec l'enregistrement.

36.17 Observation: Introduction au subjonctif

indicatif	que		*subjonctif*		*indicatif*		
Tu veux	**qu'**	on y	**aille**	demain?	Bon, on	**ira**	demain.
J' ai peur	**que**	tu	**sois**	déçu.	Tu	**seras**	déçu.
Il faut	**que**	je	**puisse**	comprendre!	Je	**peux**	comprendre.
Il faut	**que**	je	**descende**	en deux minutes?	Je	**descends**	en deux minutes?
Il faut	**que**	tu	**comprennes**	ça!	Tu ne	**comprends**	rien!

Les verbes *aille, sois, puisse, descende,* et *comprennes* sont des formes des verbes *aller, être, pouvoir, descendre,* et *comprendre*. Ce sont des formes du **subjonctif** de ces verbes. Le subjonctif est un **mode,** comme l'indicatif, l'impératif, et le conditionnel.

Remarquez que les phrases de la première colonne ont toutes deux parties, deux propositions: une proposition principale (*tu veux, j'ai peur, il faut*), et une proposition subordonnée introduite par la conjonction *que*. Les verbes au subjonctif sont tous dans les **propositions subordonnées** introduites par *que*.

Remarquez que quand Mireille dit, "Il faut que tu comprennes," elle n'indique pas que Robert comprend, ou ne comprend pas, ou va comprendre; le verbe *comprendre* n'est pas à l'indicatif, il est au **subjonctif**. Mais Mireille indique la nécessité de comprendre (*il faut*); *il faut* est à l'**indicatif**.

36.18 Observation: Formation du subjonctif; formes régulières

Comparez:

présent de l'indicatif	Mes parents ne me **comprennent** pas.
présent du subjonctif	Il faut qu' ils **comprennent!** Il faut que tu **comprennes!** Il faut que je **comprenne!** Il faut qu'elle **comprenne!**

Du point de vue du son, la 3ème personne du pluriel et les trois personnes du singulier du subjonctif sont identiques à la 3ème personne du pluriel de l'indicatif. Cela est vrai pour la très grande majorité des verbes.

Comparez:

imparfait de l'indicatif	Nous **comprenions.**
présent du subjonctif	Il faut que nous **comprenions.**
imparfait de l'indicatif	Vous **compreniez.**
présent du subjonctif	Il faut que vous **compreniez!**

Les 1ère et 2ème personnes du pluriel du présent du subjonctif sont identiques aux 1ère et 2ème personnes de l'imparfait de l'indicatif. Cela est vrai pour la majorité des verbes.

☊ 36.19 Activation orale: Formation du subjonctif; formes régulières

Répondez selon les exemples.

Exemples:

Vous entendez: 1. Pourquoi est-ce qu'ils ne disent rien?
Vous dites: Il faut qu'ils disent quelque chose!

Vous entendez: 2. Pourquoi est-ce qu'ils ne viennent pas?
Vous dites: Il faut qu'ils viennent!

Continuez oralement avec l'enregistrement.

☊ 36.20 Activation orale: Formation du subjonctif; formes régulières

Répondez selon les exemples.

Exemples:

Vous entendez: 1. Ils disent où ils vont.
Vous dites: Il faut que tu dises où tu vas, toi aussi.

Vous entendez: 2. Ils viennent.
Vous dites: Il faut que tu viennes, toi aussi.

Continuez oralement avec l'enregistrement.

☊ 36.21 Activation orale: Formation du subjonctif; formes régulières

Répondez selon l'exemple.

Exemple:

Vous entendez: 1. Pourquoi n'écoutiez-vous pas?
Vous dites: Il faut que vous écoutiez!

Continuez oralement avec l'enregistrement.

ℌ 36.22 Activation orale: Formation du subjonctif; formes régulières

Répondez selon l'exemple.

Exemple:
Vous entendez: 1. Descends!
Vous dites: Il faut que tu descendes!

Continuez oralement avec l'enregistrement.

ℌ 36.23 Activation orale: Formation du subjonctif; formes régulières

Répondez selon l'exemple.

Exemple:
Vous entendez: 1. Descendez!
Vous dites: Il faut que vous descendiez!

Continuez oralement avec l'enregistrement.

ℌ 36.24 Activation orale: Dialogue entre Mireille et Robert

Vous allez entendre un dialogue entre Mireille et Robert. Ecoutez attentivement. Vous allez apprendre les réponses de Robert.

MIREILLE: Tu as deux minutes pour descendre.
ROBERT: **Deux minutes? Il faut que je descende en deux minutes? Qu'est-ce que c'est que cette histoire?**
MIREILLE: Eh bien, oui! Quand tu appuies sur le bouton, la lumière reste allumée deux minutes, et puis elle s'éteint. On a l'habitude de l'économie, en France. Il faut que tu comprennes ça!
ROBERT: **Ils sont fous, ces Français!**

Libération de l'expression

36.25 Mots en liberté

Quand on est à Paris et qu'on a des loisirs, où est-ce qu'on peut aller?

On peut aller au concert, à l'Opéra, au ballet, voir une exposition de Matisse, de manuscrits carolingiens. . . .

Trouvez encore au moins six possibilités.

Qu'est-ce qu'on peut faire pour faire des économies?

On peut ne pas allumer le chauffage, installer un chauffage solaire, acheter une bicyclette, vendre sa Rolls-Royce, rester chez soi, manger des pommes de terre, habiter sous les ponts, donner congé aux domestiques. . .

Trouvez encore au moins cinq possibilités.

36.26 Mise en scène et réinvention de l'histoire

A. Reconstituez un dialogue entre Mireille et Robert qui parlent d'aller au cinéma.

MIREILLE: Passe-moi le *Pariscope*.
ROBERT: Le *Pariscope*? Qu'est-ce que c'est?
MIREILLE: C'est un magazine qui (. . .). Les films sont classés (. . .).
ROBERT: Par genre? Qu'est-ce que ça veut dire?
MIREILLE: Ça veut dire qu'ils sont classés en (. . .).
ROBERT: Ah, bon. Qu'est-ce que tu vois d'intéressant?
MIREILLE: Il y a un film japonais en version (. . .).
ROBERT: Mon japonais est un peu (. . .). Quoi d'autre?
MIREILLE: *L'Amour l'après-midi*.
ROBERT: Oh, ça, c'est un beau (. . .). Allons voir ça. Ça (. . .).

B. Reconstituez un dialogue entre Mireille et Robert sur le palier. Robert va s'en aller.

ROBERT: Bonsoir.
MIREILLE: Au revoir. Le bouton (. . .).
ROBERT: Pourquoi deux minutes?
MIREILLE: Parce que (. . .).
ROBERT: (. . .).

36.27 Mise en scène et réinvention de l'histoire

Après le dîner, M. et Mme Belleau sont allés se coucher. Colette est partie. Il reste Hubert, Robert, et Mireille. Il se fait tard, et Hubert ne semble pas avoir l'intention de partir avant Robert. Imaginez une conversation entre les trois personnages.

MIREILLE:
Eh bien, Hubert, comment vont les affaires?

HUBERT:
- Ah! Ce sont mes oncles qui s'en occupent maintenant.
- Sache que je vais bientôt être directeur général!
- Je compte faire des choses intéressantes un de ces jours . . . mais dans le cinéma.
- Je ne m'intéresse pas à la construction.

Je vais
- devenir
  - Président de la République.
  - peintre.
  - paysan.
- prendre
  - deux ans de congé.
  - ma retraite.
- me débrouiller.

ROBERT:

Vraiment?
- Comme c'est intéressant!
- Cette conversation est presque aussi intéressante qu'une exposition de manuscrits carolingiens.
- C'est aussi fascinant qu'un film de Godard.
- Comme c'est spirituel!

MIREILLE:
- N'est-ce pas qu'il est spirituel!
- Robert, voyons! Tais-toi!
- C'est vrai, Hubert, tu nous ennuies!
- Mais Robert, c'est intéressant, ce que dit Hubert!
- Vous êtes deux idiots.
- Je m'amuse énormément!
- C'est mortel, cette conversation.
- Vous êtes ennuyeux comme la pluie.

ROBERT:
Parlons d'autre chose, si vous voulez bien.

Parlons
- du / de la / des
  - cinéma.
  - vins de Bourgogne.
  - films japonais.
  - vide-ordures.
  - télévision française.

HUBERT:
- Vous vous moquez de nous, cher ami!
- Vous n'avez rien de mieux à proposer?
- Ce n'est pas très intéressant.
- Ils sont fous, ces Américains!
- Tout ça, ce n'est pas bien neuf!

MIREILLE:
- Robert, tu n'es pas fatigué, avec le décalage horaire?
- Mes parents ont bien fait d'aller se coucher.
- Vous avez vu l'heure qu'il est?
- Robert, tu n'as pas un rendez-vous à 8h du matin?
- Hubert, je crois que tu as pris l'habitude de te coucher tôt?

HUBERT / ROBERT:
Oui, mais tant pis.

Je voudrais vous parler de
- mon / ma / mes
  - grands-parents.
  - mère.
  - voyage en Bourgogne.
  - complexes.
  - chasses.
  - ancêtre, Gilles de Rais.
  - cousine.
  - soeur.
  - idées sur les Suédois.

J'ai tout mon temps.
La conversation m'intéresse et je voudrais la continuer.
Je n'ai pas sommeil.
Il n'est pas tard.
Je commence à m'amuser.
Chez moi, aux Etats-Unis, il n'est que 6h du soir.
Je crois que je ne vais pas me coucher cette nuit.
Je ne suis pas pressé.

HUBERT / ROBERT:

- Vos / Votre
  - famille
  - problèmes
  - voyage
  - Suédois
- ne nous
  - intéresse
  - intéressent
- pas.

Moi, je
- n'ai pas de temps à perdre.
- commence à m'ennuyer.
- prendrais bien un peu de Grand Marnier.

Eh bien,
- allez-y!
- il fallait y rester!

MIREILLE:
Vous allez rater le dernier métro.

HUBERT / ROBERT:

Oh, moi,
- je ne prends plus le métro!
- je ne prends jamais le métro.
- mon chauffeur m'attend en bas.
- j'ai mon Alpine.
- j'aime bien marcher la nuit!
- j'ai besoin de marcher.
- je préfère prendre un taxi.

Exercices-tests

36.28 Exercice-test: Détermination; indéfinis (*quelqu'un, quelque chose, rien, personne*) + adjectifs

Complétez les réponses aux questions suivantes.

1. Qu'est-ce que tu vois?
   Je vois ______________________ bizarre!
2. Qui est-ce que tu as rencontré?
   J'ai rencontré ______________________ très sympathique.
3. Qu'est-ce qu'ils font?
   Oh, ils ne font ______________________ intéressant. . . .
4. Qui est-ce que vous avez vu?
   Oh, nous n'avons vu ______________________ intéressant.
5. Qu'est-ce que tu manges?
   Je mange ______________________ exquis!

Vérifiez. Si vous avez fait des fautes, travaillez les sections 36.14 à 36.16 dans votre cahier d'exercices.

☊ 36.29 Exercice-test: Formes régulières du subjonctif

Répondez selon l'exemple.

Exemple:
Vous entendez: Vous n'êtes pas encore partis?
Vous dites: Il faut que vous partiez.
Vous écrivez: partiez

1. Il faut que vous ______________.
2. Il faut que tu ______________.
3. Il faut que je ______________.
4. Il faut que nous ______________.
5. Il faut qu'elles ______________.
6. Il faut qu'on ______________.
7. Il faut que tu ______________.
8. Il faut qu'ils ______________.
9. Il faut qu'il ______________.
10. Il faut que je ______________.

Vérifiez. Si vous avez fait plus de deux fautes, travaillez les sections 36.17 à 36.23 dans votre cahier d'exercices.

Leçon 37

Assimilation du texte

37.1 Mise en oeuvre

Ecoutez le texte et la mise en oeuvre dans l'enregistrement sonore. Répétez et répondez suivant les indications.

37.2 Compréhension auditive

Phase 1: Regardez les images et répétez les énoncés que vous entendez.

1 ___

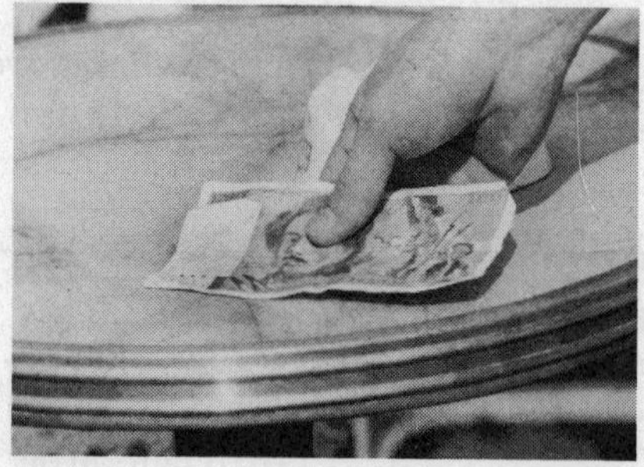

2 ___

3 ___

4 ___

5 ___

6 ___

Phase 2: Ecrivez la lettre de chaque énoncé que vous allez entendre sous l'image qui lui correspond le mieux.

37.3 Production orale

Ecoutez les dialogues suivants. Dans chaque dialogue vous allez jouer le rôle du personnage indiqué.

1. (Mireille et Robert) Vous êtes Robert.
2. (L'ouvreuse et Robert) Vous êtes Robert.
3. (Robert et Mireille) Vous êtes Mireille.
4. (Robert et Mireille) Vous êtes Mireille.
5. (Robert et Mireille) Vous êtes Mireille.

♫ 37.4 Compréhension auditive et production orale

Ecoutez les dialogues suivants. Après chaque dialogue, vous allez entendre une question. Répondez à la question.

1. A quelle heure le film commence-t-il?
2. Pourquoi Mireille et Robert doivent-ils attendre un peu?
3. Pourquoi l'ouvreuse n'était-elle pas contente?
4. Qu'est-ce que Robert est venu voir?
5. Qui est le héros de ce film? Quel âge a-t-il?

Préparation à la communication

♫ 37.5 Observation: Prononciation; l'enchaînement consonantique

Observez comment la phrase "C'est une habitude idiote" est divisée en syllabes.

C'es	t u	ne ha	bi	tu	de i	diote.
1	2	3	4	5	6	7

Cette phrase forme un groupe rythmique: une unité de sens. A l'intérieur de ce groupe rythmique tous les mots sont enchaînés. Au point de vue du son, le groupe rythmique est divisé en syllabes et non en mots. Une syllabe peut s'étendre sur deux mots; c'est le cas des syllabes 2, 3, et 6 dans le groupe ci-dessus. Quand une syllabe s'étend sur deux mots, ces deux mots sont enchaînés.

Vous vous souvenez qu'en français, la plupart des syllabes sont **ouvertes**, c'est à dire qu'elles se terminent par un son de voyelle et non par un son de consonne. A l'intérieur d'un groupe rythmique, si un mot qui se termine par un son de consonne est suivi par un mot qui commence par un son de voyelle, la consonne finale du premier mot est prononcée avec le mot suivant pour former une syllabe ouverte; les deux mots sont alors "enchaînés"; par exemple:

par exemple

♫ 37.6 Activation orale: Prononciation; l'enchaînement consonantique

Ecoutez et répétez.

par exemple
pour un mois
Cet idiot s'est perdu!
Il a du mal à suivre.
Il est stupide!
Elle est stupide!
Qu'il est mal élevé!
avec Hubert
avec elle
seul avec elle
cet après-midi
Quel idiot!
Il y va.
Elle y va.

37.7 Observation: Ages

	article	*nombre* + **-aine**	
Un monsieur	d'une	**quarantaine**	d'années.
Il doit avoir	une	**cinquantaine**	d'années.
Il doit avoir	la	**cinquantaine.**	
Il ne doit pas être loin de	la	**soixantaine.**	
—Quel âge avez-vous?			
—Pas loin de	la	**cinquantaine.**	

♫ 37.8 Activation orale: Ages

Répondez selon l'exemple.

Exemple:
Vous entendez: 1. Ce monsieur doit avoir près de cinquante ans.
Vous dites: Oui, il ne doit pas être loin de la cinquantaine.

Continuez oralement avec l'enregistrement.

37.9 Observation: Répétitions et retours en arrière; re-

répétition	*retour en arrière*
Robert part (en avant). Il s'arrête. Puis il **re**part (en avant).	Il part (en avant). Il s'arrête. Puis il **re**vient (en arrière).
Il a vu Mireille le 29 mai. Il l'a **re**vue le lendemain.	—Apportez-moi une côtelette. —**Ra**pportez-moi cette côtelette à la cuisine!
Il a téléphoné vers midi. Il a **re**téléphoné vers midi et demi.	Colette est arrivée vers 6 heures. Elle est **re**partie à 11 heures.

	préfixe **re-** *devant consonne* **r-** *devant voyelle*
Dans la maison de campagne des Belleau, les peintures étaient en mauvais état. Il a fallu tout	**re**peindre.
Les tapisseries étaient en mauvais état. Il a fallu	**re**tapisser.
Marie-Laure avait perdu son *Astérix*. Elle l'a	**re**trouvé sous le divan.
Après le dîner, M. Courtois a	**re**conduit Robert et Mireille.
Mme Courtois est sortie vers 11 heures. Elle est	**r**entrée vers midi.
Quand elle a entendu le coup de frein, Mireille a fermé les yeux. Quand elle les a	**r**ouverts, Robert était à côté d'elle.

♫ 37.10 Activation orale: Répétitions et retours en arrière; re-

Répondez selon l'exemple.

Exemple:
Vous entendez: 1. Tu veux que je fasse la vaisselle? Mais je l'ai déjà faite!
Vous dites: Eh bien, refais-la!

Continuez oralement avec l'enregistrement.

37.11 Observation: Coups

	coup *déterminant*	
Mireille a donné	**un coup de volant**	à droite pour éviter un cycliste.
L'automobiliste a donné	**un coup de frein**	pour éviter Robert.
Hubert donne	**un coup de sonnette**	pour annoncer son arrivée.
Robert donne	**un coup de téléphone**	aux Courtois.
On peut aussi donner	**un coup de pied,**	
	un coup de sabre,	
	un coup de couteau.	
On peut tirer	**un coup de revolver,**	
	un coup de canon.	

Un coup, c'est un mouvement rapide, soudain, quelquefois violent.

37.12 Activation écrite: Coups

Complétez les phrases suivantes par le coup qui convient.

1. A la porte de l'appartement des Belleau, Robert a donné un coup de __________. Colette lui a ouvert tout de suite.
2. M. Lemercier a fait sortir son chien à coups de __________.
3. Robert a donné un coup de __________ à Mme Courtois pour lui demander à quelle heure il devait venir dîner.
4. Mireille a donné un coup de __________ à gauche pour éviter le cycliste.
5. Pour la fête du 14 juillet, on tire des coups de __________.

37.13 Observation: Le temps qui passe; *en deux minutes, dans deux minutes*

	projection dans le futur = **dans**
La séance de cinéma commence à 2h. Il est 2h moins 10.	Ça commence **dans** dix minutes.

	à l'intérieur d'une certaine durée = **en**
Quand on appuie sur le bouton de la minuterie, la lumière reste allumée deux minutes.	Il faut descendre **en** deux minutes.

☊ 37.14 Activation orale: Le temps qui passe; *dans deux minutes*

Répondez selon l'exemple.

Exemple:
Vous entendez: 1. Il est 10h moins 5, et le train part à 10h!
Vous dites: Vite! Il part dans cinq minutes!

Continuez oralement avec l'enregistrement.

☊ 37.15 Activation orale: Le temps qui passe; *en deux minutes*

Répondez selon l'exemple.

Exemple:
Vous entendez: 1. Robert a seulement deux minutes pour descendre.
Vous dites: Il doit descendre en deux minutes?

Continuez oralement avec l'enregistrement.

37.16 Activation écrite: Le temps qui passe; *en deux minutes, dans deux minutes*

Ajoutez *en* ou *dans* aux phrases suivantes.

1. Nous sommes allés à Chartres ______ une heure.
2. En train, on va de Paris à Orléans ______ une heure.
3. C'est un roman très court; je l'ai lu ______ une heure.
4. J'ai tout fini ______ une heure.
5. Dépêche-toi, on part ______ une heure.
6. Je retéléphonerai ______ une heure.
7. Nous avons fait six kilomètres à pied ______ une heure.

37.17 Observation: Verbes à changement vocalique; *jeter, acheter* (révision)

Vous vous rappelez (voir leçons 16 et 26) que dans les verbes comme *acheter, se promener, se lever,* et *appeler,* la deuxième voyelle du radical change suivant la terminaison. Comparez la conjugaison de *jeter* avec celle d'*acheter.*

présent de l'indicatif			
j'achète tu achètes il achète ils achètent	je jette tu jettes il jette ils jettent	nous achetons vous achetez	nous jetons vous jetez
futur		*imparfait*	
j'achèterai tu achèteras	je jetterai tu jetteras	j'achetais tu achetais	je jetais tu jetais
conditionnel		*participe passé*	
j'achèterais tu achèterais	je jetterais tu jetterais	acheté	jeté
subjonctif		*participe présent*	
que j'achète que tu achètes	que je jette que tu jettes	achetant	jetant

Le changement de voyelle est le même pour *acheter* et *jeter.* La seule différence est celle de la représentation orthographique:

è dans le verbe *acheter: j'achète*
e + double consonne dans les verbes *appeler* (*j'appelle*) et *jeter* (*je jette*).

☊ 37.18 Activation orale: Verbes à changement vocalique

Répondez selon l'exemple.

Exemple:
Vous entendez: 1. Qu'est-ce que vous faites? Vous vous promenez?
Vous dites: Oui, je me promène.

Continuez oralement avec l'enregistrement.

37.19 Observation: Place des pronoms personnels (révision et extension)

	pronoms	*verbe*	
L'ouvreuse a pris les tickets. Elle	**les**	a pris.	
Elle **t'**		a rendu	les tickets?
Elle **te**	**les**	a rendus?	
Oui, elle **me**	**les**	a rendus.	

Vous vous rappelez que les pronoms personnels objets directs *le, la,* et *les* sont placés **devant** le verbe. Les pronoms personnels objets indirects *me, te, nous,* et *vous* sont aussi placés **devant** le verbe. Quand il y a à la fois un pronom objet direct et un pronom objet indirect, *me, te, nous,* ou *vous* est placé **devant** *le, la,* ou *les.*

☊ 37.20 Activation orale: Place des pronoms personnels

Répondez selon l'exemple.

Exemple:
Vous entendez: 1. L'ouvreuse a pris les tickets?
Vous dites: Oui, elle les a pris.

Continuez oralement avec l'enregistrement.

☊ 37.21 Activation orale: Place des pronoms personnels

Répondez selon l'exemple.

Exemple:
Vous entendez: 1. L'ouvreuse t'a rendu les tickets?
Vous dites: Oui, elle m'a rendu les tickets.

Continuez oralement avec l'enregistrement.

37.22 Activation écrite: Place des pronoms personnels

Complétez.

1. Robert t'a demandé ton numéro?
   Oui, il ______________ a demandé.
2. Vous me recommandez le sorbet au cassis?
   Ah, oui! Je ______________ recommande.
3. Tu m'as donné ton numéro de téléphone?
   Mais bien sûr, je ______________ ai donné!
4. Ils t'ont payé ton voyage?
   Oui, ils ______________ ont payé.
5. Tu me prêtes ta voiture?
   D'accord, je ______________ prête. Mais fais attention, hein?
6. Tu me paies le ciné?
   D'accord, je ______________ paie.

37.23 Observation: Subjonctifs irréguliers; *aller, pouvoir, savoir, avoir, être*

subjonctif			*infinitif*
Tu veux qu' on y	**aille?**		**aller**
Il faut que je	**puisse**	comprendre.	**pouvoir**
Comment veux-tu que je le	**sache?**		**savoir**
Il faut que tu	**aies**	un peu de patience.	**avoir**
J'ai peur que tu	**sois**	déçu.	**être**

Il faut que . . .

aller	pouvoir	savoir	avoir	être
j' aille	je puisse	je sache	j' aie	je sois
tu ailles	tu puisses	tu saches	tu aies	tu sois
elle aille	elle puisse	elle sache	elle ait	elle soit
nous allions	nous puissions	nous sachions	nous ayons	nous soyons
vous alliez	vous puissiez	vous sachiez	vous ayez	vous soyez
ils aillent	ils puissent	ils sachent	ils aient	ils soient

☊ 37.24 Activation orale: Subjonctifs irréguliers

Répondez selon l'exemple.

Exemple:
Vous entendez: 1. Il faut que j'aille à la bibliothèque.
Vous dites: Nous aussi, il faut que nous allions à la bibliothèque.

Continuez oralement avec l'enregistrement.

☊ 37.25 Activation orale: Subjonctifs irréguliers

Répondez selon l'exemple.

Exemple:
Vous entendez: 1. Nous ne savons pas où Mireille habite.
Vous dites: Il faudrait que nous sachions où elle habite!

Continuez oralement avec l'enregistrement.

☊ 37.26 Activation orale: Subjonctifs irréguliers

Répondez selon l'exemple.

Exemple:
Vous entendez: 1. Tu crois qu'il va bien?
Vous dites: Non, j'ai peur qu'il n'aille pas bien.

Continuez oralement avec l'enregistrement.

37.27 Observation: Subjonctif passé

	auxiliaire au présent du subjonctif		*participe passé*	
Dommage que nous n'	**ayons**	pas	**pu**	venir hier.
Dommage que vous ne	**soyez**	pas	**venus**	hier.

Le passé du subjonctif est un temps composé. Il est formé avec l'auxiliaire *avoir* ou *être* au présent du subjonctif et le participe passé du verbe. Le choix de l'auxiliaire et l'accord du participe se font comme pour tous les autres temps composés.

☊ 37.28 Activation orale: Subjonctif passé

Répondez selon l'exemple.

Exemple:
Vous entendez: 1. Vous avez raté votre train? Ah, c'est bête!
Vous ajoutez: C'est (vraiment) bête que vous ayez raté votre train.

Continuez oralement avec l'enregistrement.

☊ 37.29 Activation orale: Dialogue entre Mireille et Robert

Ecoutez cette conversation entre Mireille et Robert. Vous allez apprendre les répliques de Robert.

MIREILLE: Tu sais, l'ouvreuse s'attendait à ce que nous lui donnions un pourboire!
ROBERT: **Ah, bon? Il faut donner un pourboire aux ouvreuses?**
MIREILLE: Ben oui, c'est l'habitude.
ROBERT: **Tu aurais dû me le dire! Pourquoi ne me l'as-tu pas dit? Comment voulais-tu que je le sache?**

Libération de l'expression

37.30 Mots en liberté

Qu'est-ce qu'on peut faire pour être au courant?

On peut parler avec sa concierge, aller discuter avec des amis dans un café, écouter la radio. . . .

Trouvez encore au moins deux possibilités.

Qu'est-ce qu'on peut porter si on est un homme assis à la terrasse d'un café?

On peut porter des chaussures marron, des chaussettes vertes, des lunettes noires. . . .

Trouvez encore au moins six possibilités.

37.31 Mise en scène et réinvention de l'histoire

Reconstituez un dialogue entre Mireille et Robert au sujet du pourboire à l'ouvreuse.

ROBERT: Il faut donner un pourboire aux ouvreuses?
MIREILLE: (. . .).
ROBERT: Je (. . .). Tu aurais dû (. . .). Pourquoi est-ce que (. . .). Comment voulais-tu (. . .). Je ne sais pas (. . .).
MIREILLE: Ce n'est pas bien grave!

37.32 Mise en scène et réinvention de l'histoire

Robert et Mireille vont au cinéma. Imaginez une version différente de celle de l'histoire. Par exemple:

Robert
s'est trompé
de jour.
d'heure.
de cinéma.
de café.
de ligne de métro.
de direction.
de station de métro.

a rencontré
Colette.
Mme Courtois.
Mme Belleau.
une vieille femme avec un sac de pommes de terre.
une jeune femme de l'Armée du Salut.
la bonne des Courtois.

Il
s'est retrouvé
à la Sorbonne.
à Saint-Germain-des-Prés.
dans le train de Chartres.
à Montmartre.

l'a accompagnée
jusque chez elle.
dans un salon de thé.
dans les taudis de la banlieue.
dans les magasins.
jusqu'au Portugal.
chez le vétérinaire.

attend Mireille
dans la bibliothèque / cour de la Sorbonne.
au café de Flore.
à la gare Montparnasse.
au Home Latin.

Il
passe par hasard devant le café où Mireille l'attend.
voit un programme des cinémas
sur un tableau d'affichage.
dans le métro.
vérifie l'adresse du cinéma dans un *Pariscope*.
rencontre Marie-Laure qui lui dit que Mireille l'attend.

Il
prend
un kir.
le métro.
un taxi.
se dépêche.
court.

Il arrive
en retard.
en avance parce que . . .

. . . Mireille
a oublié qu'ils devaient aller au cinéma.
s'est trompée d'heure.
est partie avec l'homme en noir.
est passée
chez Dior.
à Prisunic.
a rencontré
Hubert.
Tante Georgette.
Tonton Guillaume.

Mireille arrive
avec
trois quarts d'heure de retard.
Hubert.
Tante Georgette.
Fido.
très émue.
toute rouge.
comme une fleur.

Quand ils arrivent au cinéma, ils n'ont pas assez d'argent

parce que
Robert a
tout dépensé.
oublié son argent dans sa chambre.
perdu son argent dans le métro.
Mireille a acheté deux robes.
ce n'est pas lundi.
il n'y a pas de prix spéciaux pour étudiants.
la carte d'étudiant de Robert est
américaine.
fausse.
trop vieille.

Quand ils entrent dans la salle, le film est
commencé.
presque fini.

L'ouvreuse n'est pas contente

parce que Robert
lui a donné
un bouton.
un jeton.
un ticket de métro.
ne lui a rien donné.

L'ouvreuse dit
"On pourrait faire mieux!"
"Merci!" d'un ton pas très aimable.
"Les toilettes sont de l'autre côté."
"Il n'y a pas de téléphone dans la salle."
"La station est au bout de la rue."
"Je suis très déçue!"

Robert ne comprend pas. Il demande: "Pourquoi est-ce qu'elle a dit ça?"

MIREILLE:

Elle s'attendait à ce que | le film soit meilleur. / tu l'invites à dîner. / nous lui donnions un pourboire.

On ne voit rien et presque toutes les places sont prises.
Robert et Mireille doivent rester debout.
Mireille se trouve assise à côté d'un jeune Suédois.
L'ouvreuse vient s'asseoir entre Robert et Mireille.
Robert s'assied sur les genoux d'une dame qui proteste.

A la sortie, l'homme en noir vient parler à l'ouvreuse. Il lui demande: "Eh bien, qu'est-ce qu'ils ont fait?"

L'OUVREUSE:

Ils ont | vu un film | chinois en V.O. / turc.
Ils ont | mangé | des bonbons. / des esquimaux. / des escargots.

Ils se sont levés comme des ressorts dès que les lumières se sont allumées.

L'HOMME EN NOIR:

Je voulais que | tu les tues dans le noir. / Robert soit tenté. / les bonbons les tuent tout de suite. / Mireille tue Robert avant la fin du film. / la police arrive avant la fin du film.

Vous n'êtes pas obligés de vous arrêter là....

Exercices-tests

37.33 Exercice-test: Le temps qui passe; *dans une heure, en une heure*

Complétez les phrases suivantes.

1. La séance commence ______ cinq minutes.
2. S'il n'est pas là ______ deux minutes, je m'en vais!
3. En métro, on peut aller du Home Latin à Montparnasse ______ dix minutes.
4. Ce film a été tourné ______ quelques semaines.
5. Rohmer a fait deux films ______ un an.

Vérifiez. Si vous avez fait des fautes, travaillez les sections 37.14 à 37.16 dans votre cahier d'exercices.

37.34 Exercice-test: Place des pronoms personnels

Complétez les réponses aux questions suivantes.

1. Mireille a donné l'adresse à Robert?
   Oui, elle ____________ a donnée.
2. Elle t'a donné l'adresse?
   Oui, elle ____________ a donnée.
3. Vous avez montré vos cartes à la caissière?
   Oui, nous ____________ avons montrées.
4. Elle a rendu la monnaie à Mireille?
   Oui, elle ____________ a rendue.
5. Elle vous a rendu vos billets?
   Oui, elle ____________ a rendus.

Vérifiez. Si vous avez fait des fautes, travaillez les sections 37.19 à 37.22 dans votre cahier d'exercices.

37.35 Exercice-test: Subjonctifs irréguliers

Complétez.

1. Je ne suis pas encore allé au cinéma. Il faut que j'y ________ un de ces jours.
2. Vous n'êtes pas encore allé au cinéma? Il faut absolument que vous y ________!
3. Je peux te donner un peu de monnaie, mais je ne pense pas que je ________ te prêter 100F.
4. Je peux le faire, à moins que vous ________ le faire vous-même.
5. Robert sait que nous avons rendez-vous, mais je ne suis pas sûre qu'il ________ à quelle heure.
6. Vous savez beaucoup de choses, mais ça, ça m'étonnerait que vous le ________!
7. Vous qui avez vu tellement de films, ça m'étonne que vous n'________ pas vu *L'Amour l'après-midi.*
8. Tu as lu beaucoup de choses, mais ça me surprendrait beaucoup que tu ________ lu Lacan!
9. Vous n'êtes jamais à l'heure, mais cette fois-ci, il faut vraiment que vous ________ là à deux heures pile.
10. Il n'est pas chez lui; ça ne m'étonnerait pas qu'il ________ au cinéma.

Vérifiez. Si vous avez fait des fautes, travaillez les sections 37.23 à 37.27 dans votre cahier d'exercices.

Leçon 38

Assimilation du texte

☊ 38.1 Mise en oeuvre

Ecoutez le texte et la mise en oeuvre dans l'enregistrement sonore. Répétez et répondez suivant les indications.

☊ 38.2 Compréhension auditive

Phase 1: Regardez les images et répétez les énoncés que vous entendez.

Phase 2: Ecrivez la lettre de chaque énoncé que vous allez entendre sous l'image qui lui correspond le mieux.

1 ___

2 ___

3 ___

4 ___

5 ___

6 ___

7 ___

8 ___

☊ 38.3 Production orale

Ecoutez les dialogues suivants. Dans chaque dialogue vous allez jouer le rôle du personnage indiqué.

1. (Robert et Mireille) Vous allez être Mireille.
2. (Mireille et Robert) Vous allez être Robert.
3. (Mireille et Robert) Vous allez être Robert.
4. (Mireille et Robert) Vous allez être Robert.
5. (Mireille et Robert) Vous allez être Robert.
6. (Robert et Mireille) Vous allez être Mireille.

☊ 38.4 Compréhension auditive et production orale

Vous allez entendre des fragments de dialogues suivis de questions. Répondez aux questions.

1. Que dit Tante Georgette?
2. Pourquoi Mireille n'aime-t-elle pas *Ma Nuit chez Maud*?
3. Qu'est-ce que le vrai cinéma, pour Mireille?
4. Quand est-ce que Robert a loué une voiture?
5. Est-ce que Robert a perdu son passeport?

Préparation à la communication

☊ 38.5 Observation: Prononciation; l'enchaînement consonantique (révision et extension)

Observez ce qui se passe quand on dit:

Robert et Mireille

Le -*t* à la fin de *Robert* ne se prononce pas. Mais le *r* se prononce. C'est le /r/ qui est enchaîné avec la voyelle du mot suivant, *et*.

☊ 38.6 Activation orale: Prononciation; l'enchaînement consonantique

Ecoutez et répétez.

Robert et Mireille
Hubert et Mireille
C'est toujours intéressant.
Alors il m'a dit . . .
C'est de l'art abstrait.
L'institut d'Art et d'Archéologie
Ça a d'abord été Montmartre.

38.7 Observation: Surprise (révision et extension)

expression de la surprise		
Ça, alors! Vous m'étonnez! Pas possible!	Sans blague! Ce n'est pas vrai!	Comme c'est bizarre! Quelle idée!

Notez que *Comme c'est bizarre!* et *Quelle idée!* indiquent un certain degré de désaccord.

38.8 Observation: Incitation au calme

incitation au calme		
Eh, là! Qu'est-ce qui te prend? Ça ne va pas?	Tu y vas un peu fort! Du calme!	Ne t'énerve pas! Pas de violence!

☊ 38.9 Activation: Compréhension auditive; surprise / incitation au calme

Vous allez entendre une série d'énoncés. Pour chaque énoncé, déterminez s'il s'agit d'une surprise ou d'une incitation au calme, en cochant la case appropriée.

	1	2	3	4	5	6	7	8	9	10	11	12
surprise												
incitation au calme												

38.10 Observation: Indication de lieu; *c'est là que*

C'est là que		*verbe*	
C'est là que	j'	ai loué	une voiture.
C'est là que	nos députés	préparent	les projets de loi.
C'est là que	maman	veut	que je me marie.
C'est là qu'	il	faudra	que tu ailles.

	là que		*verbe*			*nom*	**où**
C'est	**là que**	j'	ai loué	une voiture.	C'est	le garage	**où** j'ai loué une voiture.
C'est	**là que**	maman	veut	que je me marie.	C'est	l'église	**où** maman veut que je me marie.

☊ 38.11 Activation orale: Indication de lieu; *c'est là que, c'est. . . où*

Répondez selon l'exemple.

Exemple:
Vous entendez: 1. Ça, c'est l'Assemblée Nationale. On y prépare les projets de loi.
Vous dites: C'est là qu'on prépare les projets de loi.

Continuez oralement avec l'enregistrement.

☊ 38.12 Activation orale: Indication de lieu; *c'est là que, c'est. . . où*

Répondez selon l'exemple.

Exemple:
Vous entendez: 1. Tu vois cette maison? J'y suis né.
Vous dites: C'est la maison où je suis né.

Continuez oralement avec l'enregistrement.

38.13 Observation: Place de *jamais, toujours, souvent*

		verbe	*adverbe*		*auxiliaire*	*adverbe*	*participe passé*	
Je ne	me	trompe	**jamais!**	Je n'	ai	**jamais**	dit	ça!
Tu	te	trompes	**souvent!**	J'	ai	**souvent**	dit	ça!
Il	se	trompe	**toujours!**	J'	ai	**toujours**	dit	ça!

38.14 Activation orale: Place de *jamais*

Répondez selon les exemples.

Exemples:

Vous entendez: 1. Tu vas au cinéma quelquefois?
Vous dites: Non, je ne vais jamais au cinéma.

Vous entendez: 2. Tu as entendu parler de la *Ruée vers l'Or*?
Vous dites: Non, je n'ai jamais entendu parler de la *Ruée vers l'Or*.

Continuez oralement avec l'enregistrement.

38.15 Activation orale: Place de *toujours*

Répondez selon les exemples.

Exemples:

Vous entendez: 1. Mireille déjeune avec ses parents?
Vous dites: Oui, elle déjeune toujours avec ses parents.

Vous entendez: 2. Mireille a voulu être actrice?
Vous dites: Oui, elle a toujours voulu être actrice.

Continuez oralement avec l'enregistrement.

38.16 Activation orale: Place de *souvent*

Répondez selon les exemples.

Exemples:

Vous entendez: 1. Tu vas au cinéma quelquefois?
Vous dites: Oui, je vais souvent au cinéma.

Vous entendez: 2. Tu as entendu parler de la *Ruée vers l'Or*?
Vous dites: Oui, j'ai souvent entendu parler de la *Ruée vers l'Or*.

Continuez oralement avec l'enregistrement.

38.17 Observation: Place des pronoms *le, la, les, lui, leur*

		objet direct	objet indirect	verbe
Mireille montre à Robert les cafés littéraires.	Elle	**les**	**lui**	montre.
Robert montre à Mireille le garage où. . . .	Il	**le**	**lui**	montre.
Mireille montre à Robert la statue de Balzac.	Elle	**la**	**lui**	montre.
L'ouvreuse rend leurs tickets à Robert et Mireille.	Elle	**les**	**leur**	rend.

Quand il y a à la fois un pronom objet direct et un pronom objet indirect devant le verbe, les pronoms *le, la,* et *les* sont placés avant les pronoms *lui* et *leur*.

38.18 Activation orale: Place des pronoms *le, la, les, lui, leur*

Répondez selon l'exemple.

Exemple:

Vous entendez: 1. Robert a demandé son numéro de téléphone à Mireille?
Vous dites: Oui, il le lui a demandé.

Continuez oralement avec l'enregistrement.

38.19 Observation: Verbes en *-yer* (révision et extension)

s'ennuyer	essayer	envoyer
présent		
nous nous ennuyons vous vous ennuyez je m' ennuie tu t' ennuies elle s' ennuie ils s' ennuient	nous essayons vous essayez j' essaie tu essaies elle essaie ils essaient	nous envoyons vous envoyez j' envoie tu envoies elle envoie ils envoient
imparfait		
nous nous ennuyions vous vous ennuyiez je m' ennuyais tu t' ennuyais elle s' ennuyait ils s' ennuyaient	nous essayions vous essayiez j' essayais tu essayais elle essayait ils essayaient	nous envoyions vous envoyiez j' envoyais tu envoyais elle envoyait ils envoyaient
futur		
nous nous ennuierons vous vous ennuierez je m' ennuierai tu t' ennuieras elle s' ennuiera ils s' ennuieront	nous essaierons vous essaierez j' essaierai tu essaieras elle essaiera ils essaieront	nous enverrons vous enverrez j' enverrai tu enverras elle enverra ils enverront
subjonctif		
que nous nous ennuyions que vous vous ennuyiez que je m' ennuie que tu t' ennuies qu' elle s' ennuie qu' ils s' ennuient	que nous essayions que vous essayiez que j' essaie que tu essaies qu' elle essaie qu' ils essaient	que nous envoyions que vous envoyiez que j' envoie que tu envoies qu' elle envoie qu' ils envoient
participe passé		
ennuyé	essayé	envoyé
participe présent		
ennuyant	essayant	envoyant

☊ 38.20 Activation orale: Verbes en *-yer*

Répondez selon l'exemple.

Exemple:
Vous entendez: 1. Appuyez sur le bouton.
Vous dites: Appuie sur le bouton.

Continuez oralement avec l'enregistrement.

☊ 38.21 Activation orale: Verbes en *-yer* (et *croire*)

Répondez selon l'exemple.

Exemple:
Vous entendez: 1. Vous ne nettoyez pas les vitres?
Vous dites: Pourquoi est-ce que je les nettoierais?

Continuez oralement avec l'enregistrement.

38.22 Observation: Subjonctif irrégulier; *faire*

Il faut que tu fasses connaissance avec le quartier des artistes.
Il fallait que je fasse un peu d'exercice.

subjonctif de **faire**			
que je	**fasse**	que nous	**fassions**
que tu	**fasses**	que vous	**fassiez**
qu' elle	**fasse**	qu'ils	**fassent**

☊ 38.23 Activation orale: Subjonctif irrégulier; *faire*

Répondez selon l'exemple.

Exemple:
Vous entendez: 1. Il ne fait pas attention!
Vous dites: Il faudrait qu'il fasse attention!

Continuez oralement avec l'enregistrement.

☊ 38.24 Activation orale: Subjonctifs irréguliers

Répondez selon l'exemple.

Exemple:
Vous entendez: 1. Tu n'as pas de patience!
Vous dites: Il faudrait que tu aies de la patience!

Continuez oralement avec l'enregistrement.

38.25 Activation écrite: Subjonctifs irréguliers

Cet exercice va vous donner une occasion de réinventer l'histoire pour la mettre davantage à votre goût. Voici ce que vous avez à faire.

L'histoire dit: 1. Robert est américain.
Vous écrivez: Je préférerais que Robert soit suédois (ou italien, ou irlandais . . .).

Laissez toute liberté à votre imagination.

2. Mireille est française.

C'est dommage qu'elle ______________________

______________________.

3. Mireille a les cheveux blonds et les yeux bleus.

Il serait préférable qu'elle ______________________

______________________.

4. Les parents de Robert sont divorcés.
   C'est dommage qu'ils ____________________
   ____________________.

5. Robert sait très bien le français.
   Il vaudrait mieux qu'il ____________________
   ____________________.

6. Les parents de Mireille ne savent pas l'anglais.
   Il serait plus drôle qu'ils ____________________
   ____________________.

7. Mireille et Robert font connaissance dans la cour de la Sorbonne.
   Il serait plus dramatique qu'ils ____________________
   ____________________.

8. Ils vont se promener au Luxembourg.
   Il serait plus amusant qu'ils ____________________
   ____________________.

9. Mireille ne peut pas déjeuner avec Robert.
   Je préférerais qu'elle ____________________
   ____________________.

10. Mireille fait des études d'histoire de l'art.
    Il faudrait plutôt qu'elle ____________________
    ____________________.

☊ 38.26 Activation orale: Dialogue entre Mireille et Robert

Vous allez entendre un dialogue entre Mireille et Robert. Ecoutez attentivement. Vous allez apprendre les réponses de Robert.

MIREILLE: Alors, qu'est-ce que tu as pensé du film? Ça t'a plu?

ROBERT: **Oui, bien sûr . . . mais à choisir, je crois que je préfère *Ma nuit chez Maud.***

MIREILLE: Ah, oui? Quelle idée! Ça, alors! Pas moi! *Ma nuit chez Maud*, c'est un peu trop chaste. Il ne se passe rien. Il n'y a pas d'action. C'est intéressant, remarque, mais ce n'est pas du cinéma!

ROBERT: **Pourquoi? Parce que pour toi, le cinéma, c'est la violence et l'érotisme?**

MIREILLE: Mais non, pas du tout! Je n'ai jamais dit ça! Mais je me demande si le vrai cinéma, ce n'était pas le muet. . . .

ROBERT: **Ah, bon! Alors, tu es contre le cinéma parlant! Et contre la couleur aussi, je suppose!**

Libération de l'expression

38.27 Mots en liberté

Qu'est-ce qu'on peut perdre?
On peut perdre 3000F à la roulette, son temps, un pari, la tête, la guerre, un match de rugby. . . .

Trouvez encore trois possibilités.

Qu'est-ce qu'on peut préparer?
On peut préparer un examen, un coup d'état, une révolution, un spectacle. . . .

Trouvez encore deux possibilités.

Qu'est-ce qu'on peut ouvrir?
On peut ouvrir les oreilles, la fenêtre, un journal, une bouteille de muscadet, un magasin. . . .

Trouvez encore trois possibilités.

38.28 Mise en scène et réinvention de l'histoire

Reconstituez un dialogue entre Robert et Mireille qui marchent dans Paris, de Montparnasse à la place de la Concorde.

MIREILLE: Tiens, allons du côté de Montparnasse. Il faut que tu fasses connaissance avec (. . .) le quartier des (. . .).

ROBERT: Tiens, tu vois, ce garage, c'est là que (. . .) quand je (. . .).

MIREILLE: Voilà l'Assemblée Nationale. C'est là que (. . .). Ensuite ils les envoient (. . .). A droite, c'est le musée d'Orsay. Autrefois (. . .). Là-bas, en face, au fond de la rue Royale, c'est l'église de la Madeleine. C'est là que Maman veut (. . .) à cause de (. . .). Et ça, c'est l'ambassade américaine. C'est là que tu devras aller quand (. . .).

38.29 Mise en scène et réinvention de l'histoire

Imaginez que les deux militaires en permission ne sont pas de vrais militaires en permission.

Ce sont des
- agents secrets / intellectuels / artistes / prêtres / philosophes / metteurs en scène / architectes
- suédois. / russes. / bulgares. / grecs. / australiens. / turcs.

Ce sont des disciples de
- Lénine.
- Jean-Paul Sartre.
- Trotsky.
- Picasso.
- Pascal.
- Charlot.
- Eisenstein.
- Lacan.
- Bouddha.

Ils sont à Paris pour mettre au point
- un projet de
  - modernisation de Notre-Dame.
  - film.
  - loi.
  - transformation
    - du système d'éducation.
    - du Louvre.
    - de l'économie.
- une grève des
  - gardiens de musée.
  - chemins de fer.
  - ouvreuses.
  - garçons de café.
  - églises.

Ils vont étudier
- les hiéroglyphes égyptiens.
- la circulation de Paris.
- les effets du seersucker sur les militaires de l'armée de terre.
- les représentations de Balzac dans les arts plastiques.

Ils sont contre
- le cinéma
  - parlant.
  - en couleur.
  - bourgeois.
- la violence au cinéma.
- les jeux de hasard.
- le pari de Pascal.
- la religion.
- le marxisme.
- Robert et Mireille.
- l'homme en noir.

Malheureusement pour eux, ils ne connaissent pas
- les découvertes de Wittgenstein.
- le karaté.
- le seersucker.
- les talents de Mireille.
- le français.

Ils vont
- se faire écraser par
  - un camion de vingt tonnes.
  - un motocycliste.
  - la chute de l'Obélisque.
- rentrer chez eux.
- changer d'opinion.
- envoyer Robert
  - rouler dans la poussière.
  - à l'hôpital.
- être amenés à l'hôpital en hélicoptère par la gendarmerie.
- prendre un an de vacances.
- découvrir le secret
  - de l'Univers.
  - de l'homme en noir.
  - de fabrication des boules de gomme.

Exercices-tests

38.30 Exercice-test: Indication de lieu

Complétez.

1. Voilà le banc ____ je m'asseois toujours.
2. C'est là ____ je suis mon cours d'art grec.
3. C'est ici ____ Robert a failli se faire écraser.
4. C'est le garage ____ Robert a loué une voiture.

Vérifiez. Si vous avez fait des fautes, travaillez les sections 38.10 à 38.12 dans votre cahier d'exercices.

38.31 Exercice-test: Place des pronoms *le, la, les, lui, leur*

Récrivez les phrases suivantes en remplaçant les noms par des pronoms.

1. Tu rends sa voiture à Tonton Guillaume?
   Tu ____________ rends?
2. Je donne mes chocolats à Marie-Laure.
   Je ____________ donne.
3. Tu fais voir le *Pariscope* à Robert?
   Tu ____________ fais voir?
4. C'est vous qui avez apporté ces roses aux Belleau?
   C'est vous qui ____________ apportées?

Vérifiez. Si vous avez fait des fautes, travaillez les sections 38.17 et 38.18 dans votre cahier d'exercices.

♫ 38.32 Exercice-test: Verbes en *-yer*

Ecoutez et complétez.

1. Est-ce qu'ils ______________, au moins?
2. J'______________ de venir.
3. Tu m'______________ des cartes postales?
4. Ça, c'est ______________!
5. Je ne veux pas que vous vous ______________. . .

Vérifiez. Si vous avez fait des fautes, travaillez les sections 38.19 à 38.21 dans votre cahier d'exercices.

38.33 Exercice-test: Subjonctif du verbe *faire*

Complétez.

1. Fais attention! Il faut que tu ____________ attention!
2. Faites attention! Il faut que vous ____________ attention!
3. Ils ne font pas attention. Il faudrait qu'ils ____________ plus attention.

Vérifiez. Si vous avez fait des fautes, travaillez les sections 38.22 et 38.23 dans votre cahier d'exercices.

Leçon 39

Assimilation du texte

☊ 39.1 Mise en oeuvre

Ecoutez le texte et la mise en oeuvre dans l'enregistrement sonore. Répétez et répondez suivant les indications.

☊ 39.2 Compréhension auditive

Phase 1: Regardez les images et répétez les énoncés que vous entendez.

1 ___

2 ___

3 ___

4 ___

5 ___

6 ___

Phase 2: Ecrivez la lettre de chaque énoncé que vous allez entendre sous l'image qui lui correspond le mieux.

☊ 39.3 Production orale

Ecoutez les dialogues suivants et jouez le rôle du personnage indiqué.

1. (Robert et Mireille) Vous allez être Mireille.
2. (Robert et Mireille) Vous allez être Mireille.
3. (Hubert et Mireille) Vous allez être Hubert.
4. (Jean-Pierre et Robert) Vous allez être Robert.
5. (Mireille et Hubert) Vous allez être Hubert.

☊ 39.4 Compréhension auditive et production orale

Ecoutez les fragments de dialogues suivants et répondez aux questions.

1. Qu'est-ce que Robert attend de Mireille?
2. Combien y a-t-il de théâtres à Paris?
3. Pourquoi est-ce qu'il est difficile à Mireille de conseiller Robert?
4. Où le jeune homme avait-il rencontré Mireille?
5. Selon Hubert, qu'est-ce que la publicité?

Préparation à la communication

☊ 39.5 Activation orale: Prononciation; liaison et enchaînement consonantique (récapitulation)

Ecoutez et répétez.

Un autre Gini!
Un inconnu.
Un illustre inconnu.
Un opéra.
J'en ai entendu parler!
Les Champs-Elysées.

Tu en as pour ton argent!
Des histoires!
C'est une honte!
Vos impressions?
Tout en noir.
Pas encore.

Un pourboire aux ouvreuses.
Ça doit être intéressant.
Bof! C'est une histoire idiote!
La mise en scène.
Avec insistance.
Ça ne sert à rien!

39.6 Observation: Restriction; *ne . . . que* (révision)

	ne	*verbe*	que	
Je	**ne**	fais	**que**	de très légères réserves.
Il	**n'**	y a	**qu'**	une centaine de places.
On	**ne**	joue pas	**que**	des pièces classiques.
Personne	**ne**	s'en plaint	**que**	toi.
Il	**n'**	y a	**que**	dans la fiction que les énigmes se résolvent.
Elles	**ne**	servent	**qu'**	à déranger les gens.
Ça	**ne**	sert	**qu'**	à créer des besoins artificiels.

☊ 39.7 Activation orale: Restriction; *ne . . . que*

Répondez selon l'exemple.

Exemple:
Vous entendez: 1. Vous allez voir seulement des films français?
Vous dites: Mais non, je ne vais pas voir que des films français!

Continuez oralement avec l'enregistrement.

Ω 39.8 Activation orale: Restriction; *ne . . . que*

Répondez selon l'exemple.

Exemple:
Vous entendez: 1. Tu as vu beaucoup de pièces d'Arrabal?
Vous voyez: Non, une seule.
Vous dites: Non, je n'en ai vu qu'une.

2. Non, deux seulement.
3. Non, trois seulement.
4. Non, une seule.
5. Non, deux seulement.
6. Non, trois ou quatre seulement.

39.9 Activation écrite: Formes du subjonctif (révision)

Mireille est allée rendre visite à sa tante Georgette. Elle rend compte de sa visite à ses parents. Georgette se répète un peu. Nous avons enlevé de son discours les formes des verbes au subjonctif. Rétablissez-les.

1. Tante Georgette était en grande forme critique, aujourd'hui. Un peu incohérente, mais vigoureuse. Je sonne. Sa radio marchait à plein volume. Je *sonne* trois fois, de toutes mes forces. La porte s'ouvre. "Il faudrait que tu ________________ plus fort. Je n'*entends* plus rien. C'est triste qu'avec l'âge on n' ________________ plus. J'avais l'oreille fine quand j'étais jeune fille. . . .

2. "Eh bien, on peut dire que tu ne *viens* pas souvent me voir! Ça me fait de la peine que tu ne ________________ pas plus souvent. Et encore, toi, tu *viens* de temps en temps; mais tes parents, eux, je ne pense pas qu'ils ________________ plus d'une fois par an. Pourtant, vous n'*habitez* pas loin! Ça ne m'avance pas beaucoup que vous ________________ de l'autre côté de la cour! Vous ne vous *rendez* pas compte combien je suis seule. Il faudrait quand même que vous vous ________________ compte de ma solitude.

3. "Oui, je sais, ta mère *travaille*. Mais, entre nous, je ne comprends pas qu'elle ________________ . . . . Ton père gagne assez d'argent chez Renault. Oui, bien sûr, vous avez voulu *acheter* cette maison de campagne. J'ai toujours trouvé absurde que vous ________________ ça!

4. "Et toi, quand est-ce que tu vas *finir* tes études? Il est tout de même temps que tu les ________________! Tu ne songes pas à te *marier*? Là aussi, il est temps que tu te ________________. . . . "

5. Pour changer de conversation, je lui ai proposé de l'emmener faire un tour dans la voiture de Tonton Guillaume. "Jamais! Tu *conduis* trop vite! Je ne monterai pas en voiture avec toi avant que tu ________________ d'une façon plus civilisée. D'ailleurs, vous ne *marchez* pas assez, dans la famille. Il faudrait que vous ________________ davantage. Tu es toute pâle; tu ne *prends* pas soin de ta santé. Il faudrait que tu ________________ mieux soin de toi, ma petite!

6. "Tiens, voilà Fido qui veut *sortir*! Non, il ne faut pas qu'il ________________, le petit chien-chien à sa mémère! Oui, il est beau, ce chien-chien! Oui, il est beau. . . . Qu'est-ce qu'il veut faire? Il a soif? Il veut aller à la cuisine *boire* son eau Perrier? Non, il ne faut pas qu'il ________________! Il boit trop d'eau Perrier, ce n'est pas bon pour lui! Tu ne trouves pas, Mireille, qu'il est beau, mon Fido? C'est vrai que vous n'*aimez* pas les chiens, dans la famille. C'est scandaleux que vous n'________________ pas les chiens. Ils sont tellement plus fidèles que les hommes! Ce n'est pas étonnant que nous, qui connaissons les hommes, qui avons souffert, nous ________________ mieux les chiens que les hommes. N'est-ce pas, Fido?"

39.10 Observation: Nécessité, obligation

expression de nécessité			*subjonctif*	
Il **faut**	**que**	tu me le	**dises.**	
Il **faudra**	**que**	j'	**aille**	au théâtre.
Il **faudrait**	**que**	j'y	**aille**	un de ces jours.
Il **fallait**	**que**	Marie-Laure	**aille**	à son cours de danse.
Il a fallu	**que**	je	**parte**	avant la fin.

Notez que toutes les expressions de nécessité ci-dessus (*falloir* à différents temps) sont suivies du subjonctif.

☊ 39.11 Activation orale: Nécessité, obligation

Répondez selon l'exemple.

Exemple:
Vous entendez: 1. Il faudra que vous fassiez les courses, ce soir.
Vous dites: Oui, il faudra que je les fasse.

Continuez oralement avec l'enregistrement.

39.12 Observation: Subjonctifs irréguliers; *aller, falloir, valoir, vouloir* (révision et extension)

aller			valoir		
Ça m'étonnerait que j'	**aille**	voir ça.	Ça m'étonnerait que je	**vaille**	plus.
Ça m'étonnerait que tu	**ailles**	voir ça.	Ça m'étonnerait que tu	**vailles**	plus.
Ça m'étonnerait qu'il	**aille**	voir ça.	Ça m'étonnerait qu'il	**vaille**	plus.
Ça m'étonnerait que nous	**allions**	voir ça.	Ça m'étonnerait que nous	**valions**	plus.
Ça m'étonnerait que vous	**alliez**	voir ça.	Ça m'étonnerait que vous	**valiez**	plus.
Ça m'étonnerait qu'ils	**aillent**	voir ça.	Ça m'étonnerait qu'ils	**vaillent**	plus.

falloir			vouloir		
Ça m'étonnerait qu'il	**faille**	attendre.	Ça m'étonnerait que je	**veuille**	voir ça.
			Ça m'étonnerait que tu	**veuilles**	voir ça.
			Ça m'étonnerait qu'il	**veuille**	voir ça.
			Ça m'étonnerait que nous	**voulions**	voir ça.
			Ça m'étonnerait que vous	**vouliez**	voir ça.
			Ça m'étonnerait qu'ils	**veuillent**	voir ça.

☊ 39.13 Activation orale: Subjonctifs irréguliers; *aller, falloir, valoir, vouloir*

Répondez selon l'exemple.

Exemple:
Vous entendez: 1. Tante Georgette n'ira sûrement pas au cinéma.
Vous ajoutez: Ça m'étonnerait qu'elle aille au cinéma.

Continuez oralement avec l'enregistrement.

39.14 Observation: Réserve; *on ne peut pas dire que*

on ne peut pas dire que		*subjonctif*	
On ne peut pas dire que	ce	**soit**	du théâtre d'avant-garde.

☊ 39.15 Activation orale: Réserve; *on ne peut pas dire que*

Répondez selon l'exemple.

Exemple:
Vous entendez: 1. C'est du théâtre d'avant-garde?
Vous dites: Non, on ne peut pas dire que ce soit (vraiment) du théâtre d'avant-garde.

Continuez oralement avec l'enregistrement.

39.16 Observation: Doute

expression de doute				*subjonctif*	
Je	**doute**	**que**	ça	**vaille**	la peine.
Je ne	**pense pas**	**que**	tu	**veuilles**	voir ça.
Je ne	**crois pas**	**qu'**	il y	**ait**	cent places.
Ça m'étonnerait		**que**	ça te	**plaise.**	

Notez que toutes les expressions de doute ci-dessus sont suivies par un subjonctif.

☊ 39.17 Activation orale: Doute

Répondez selon l'exemple.

Exemple:
Vous entendez: 1. Vous pensez que ça vaut la peine? [1]
Vous dites: Oh, non; je doute que ça vaille la peine.

Continuez oralement avec l'enregistrement.

39.18 Observation: Effets; *ça fait* + infinitif

	faire	*infinitif*
C'est profond!	Ça **fait**	**penser!**
	Ça **fait**	**réfléchir!**
	Ça **fait**	**dormir....**
Ce n'est pas très profond.	Ça **fait**	**passer** le temps.
	Ça **fait**	**rire....**

☊ 39.19 Activation orale: Effets; *ça fait* + infinitif

Choisissez, parmi les verbes suivants, celui qui convient et complétez les phrases que vous entendez.

pleurer digérer réfléchir
rire dormir

Exemple:
Vous entendez: 1. Les pièces de Molière, c'est drôle, mais c'est profond aussi. . . .
Vous ajoutez: Ça fait réfléchir!

Continuez oralement avec l'enregistrement.

39.20 Observation: Place des pronoms personnels (récapitulation)

		objet direct	*objet indirect 3ème personne*	
Mireille a fait découvrir *L'Amour l'après-midi* à Robert.	Elle	**le**	**lui**	a fait découvrir.
Mireille a fait découvrir *L'Amour l'après-midi* à ses parents.	Elle	**le**	**leur**	a fait découvrir.

		objet indirect 1ère ou 2ème personne	*objet direct*	
Mireille m' a fait découvrir *L'Amour l'après-midi*.	Elle	**me**	**l'**	a fait découvrir.
Mireille t' a fait découvrir *L'Amour l'après-midi*?	Elle	**te**	**l'**	a fait découvrir?
Mireille nous a fait découvrir *L'Amour l'après-midi*.	Elle	**nous**	**l'**	a fait découvrir.
Mireille vous a fait découvrir *L'Amour l'après-midi*?	Elle	**vous**	**l'**	a fait découvrir?

39.21 Activation écrite: Place des pronoms personnels

Complétez.

1. Tu as fait découvrir *L'Amour l'après-midi* à Robert?
   Oui, je ________________ ai fait découvrir.
2. Elle t'a fait découvrir *L'Amour l'après-midi*?
   Oui, elle ________________ a fait découvrir.
3. Elle t'a montré les Champs-Elysées?
   Oui, elle ________________ a montrés.
4. Tu as donné l'*Officiel des spectacles* à Robert?
   Oui, je ________________ ai donné.
5. Mireille a présenté Robert à ses parents?
   Oui, elle ________________ a présenté.
6. Mireille a présenté ses parents à Robert?
   Oui, elle ________________ a présentés.
7. Elle t'a présenté ses parents?
   Oui, elle ________________ a présentés.
8. Robert a raconté à Marie-Laure son voyage en Bourgogne?
   Oui, il ________________ a raconté.
9. Elle vous a montré le Guignol du Luxembourg?
   Oui, elle ________________ a montré.
10. L'ouvreuse vous a rendu les billets?
    Oui, elle ________________ a rendus.

☊ 39.22 Activation orale: Dialogue entre Hubert et Robert

Ecoutez attentivement cette petite conversation entre Hubert et Robert, et apprenez les répliques de Robert.

HUBERT: Mais vous ne vous quittez plus, tous les deux! Avec un guide comme Mireille, vous allez bientôt connaître la France à fond, cher Monsieur!

ROBERT: **Mais je l'espère bien!**

HUBERT: Et quelles sont vos impressions?

ROBERT: **Oh, excellentes, jusqu'à présent. . . . Mireille vient de me faire découvrir *L'Amour l'après-midi*.**

HUBERT: Ah, bon?

ROBERT: **Vous connaissez? Vous aimez? Ce n'est pas mal. . . . Je dois dire que, dans l'ensemble, la France me plaît assez.**

Libération de l'expression

39.23 Mots en liberté

De quoi peut-on se plaindre, quand on est de mauvaise humeur?

On peut se plaindre du gouvernement, de sa santé, des impôts, du prix des places de théâtre, du mauvais jeu des acteurs. . . .

Trouvez encore au moins quatre possibilités.

Qu'est-ce qu'on peut voir un soir à Paris?

On peut voir Notre-Dame illuminée, un vieux film de Godard, une pièce du répertoire classique. . . .

Trouvez encore trois possibilités.

Qu'est-ce qui peut être considéré comme un scandale?

Les ménages à trois, les spectacles de music-hall, les abus de confiance, le vol, le viol, la dégradation, les crimes, le sans-gêne des gens. . . .

Trouvez encore au moins cinq possibilités.

39.24 Mise en scène et réinvention de l'histoire

Reconstituez un dialogue entre Mireille et Robert au sujet du théâtre.

ROBERT: Il faudrait que j'aille au théâtre; qu'est-ce que tu me conseilles?

MIREILLE: Eh bien, tu pourrais commencer (. . .).

ROBERT: Qu'est-ce que c'est que ça?

MIREILLE: (. . .).

ROBERT: La Comédie-Française, c'est bien? Ça vaut la peine d'y aller?

MIREILLE: Oh, oui! Evidemment, on ne peut pas dire (. . .). Mais la mise en scène (. . .). C'est de la bonne qualité. Tu en as (. . .).

39.25 Mise en scène et réinvention de l'histoire

Imaginez une discussion entre Hubert et l'homme en noir. Par exemple:

Ils parlent	de la du de l' des d'un	révolution. capitalisme. marxisme. religion. cinéma. pourboire. projet de loi. informatique.

HUBERT:

C'est	la l' le	seul seule —	fin solution avenir rêve salut	de la de de l' des	culture. littérature. tous nos problèmes. guerres. humanité.
	une nouvelle forme			de d'	vie. art. intelligence.

L'HOMME EN NOIR:

un scandale.
une honte.
C'est le drogue.
la viol des consciences.
l' dégradation de l'esprit humain.

HUBERT:

vrai.
beau.
de utile.
Mais non, pas du tout. Il n'y a que ça d' intelligent.
qui marche.
vaille la peine.
m'intéresse.

L'HOMME EN NOIR:

ennuyer
abrutir
agacer
déranger
Ça ne sert qu'à aveugler les gens.
embêter
gêner
tromper
dégrader

HUBERT:

monde meilleur.
plus haut degré de civilisation.
nouvelle culture.
victoire de l'intelligence.
un triomphe du goût.
une nouvelle morale.
Ça mène à / amènera la
l' fin de tous les problèmes.
le des grèves.
de la race chevaline.
qualité de la vie.
amélioration des rapports entre patrons et ouvriers.

L'HOMME EN NOIR:
Pas du tout!

l'économie.
mort de l'art.
la liberté.
la culture.
un horreurs.
mène à une catastrophe.
Ça amènera l' fin du monde.
ne donnera que la guerre.
des abrutissement général.
nouvelle forme d' esclavage.
oppression.
ruine de l'économie.
stupidités.

HUBERT:

la guerre.
L'important, c'est de gagner du argent.
de l' temps.
sympathie du public.

L'HOMME EN NOIR:

acteurs connus.
argent.
sous-titres.
un peu d'héroïne.
On ne peut pas réussir / n' arrivera à rien / n' peut rien faire sans violence.
une bonne guerre.
révolution.
canons.
ordinateurs.

HUBERT:
Cher Monsieur,

oppresseur du Moyen-Age.
imbécile.
esclave.
vous avez une mentalité de réactionnaire.
d' capitaliste.
monstre préhistorique.
cuisinier.
anarchiste.

L'HOMME EN NOIR:

Je doute que vous connaissiez bien la question.
ça vaille la peine de discuter avec vous.
vous sachiez de quoi vous parlez.

Il est évident que vous ne vous y connaissez pas du tout.
vous ne connaissez rien à la question.
ce n'est pas votre rayon.
vous dites n'importe quoi.
vous n'êtes pas du tout au courant.

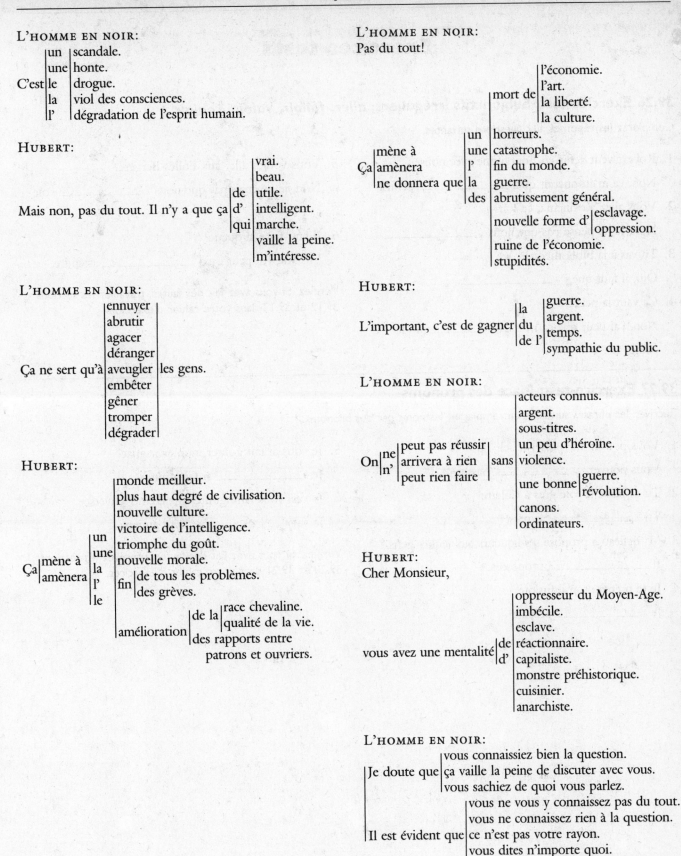

Exercices-tests

39.26 Exercice-test: Subjonctifs irréguliers; *aller, falloir, valoir, vouloir*

Complétez les réponses aux questions suivantes.

1. Robert veut venir en Bourgogne avec nous?
   Non, ça m'étonnerait qu'il ______________ venir!
2. Vous allez au cinéma, ce soir?
   Non, je ne pense pas que nous y ______________.
3. Tu vas à la bibliothèque?
   Oui, il faut que j'y ______________.
4. Ça vaut la peine?
   Non, j'ai peur que ça ne ______________ pas la peine.
5. Vous voulez aller aux Folies-Bergère?
   Non, je ne crois pas que nous ______________ voir ça.
6. Il faut faire la queue?
   Eh, oui; j'ai peur qu'il ______________ attendre.

Vérifiez. Si vous avez fait des fautes, travaillez les sections 39.12 et 39.13 dans votre cahier d'exercices.

39.27 Exercice-test: Place des pronoms

Récrivez les phrases suivantes en remplaçant les noms par des pronoms.

1. Vous pouvez me passer le sel?
   Vous pouvez ______________ passer?
2. Tu as passé le foie gras à Colette?
   Tu ______________ as passé?
3. M. Belleau a proposé ses liqueurs aux jeunes gens.
   Il ______________ a proposées.
4. Je te prépare ton infusion?
   Je ______________ prépare?
5. Je vous ai fait goûter mon armagnac?
   Je ______________ ai fait goûter?
6. Je vais vous faire goûter ma crème renversée.
   Je vais ______________ faire goûter.

Vérifiez. Si vous avez fait des fautes, travaillez les sections 39.20 et 39.21 dans votre cahier d'exercices.

Leçon 40

Assimilation du texte

☊ 40.1 Mise en oeuvre

Ecoutez le texte et la mise en oeuvre dans l'enregistrement sonore. Répétez et répondez suivant les indications.

☊ 40.2 Compréhension auditive

Phase 1: Regardez les images et répétez les énoncés que vous entendez.

1 ___ 2 ___ 3 ___ 4 ___ 5 ___ 6 ___

Phase 2: Ecrivez la lettre de chaque énoncé que vous entendez sous l'image qui lui correspond le mieux.

☊ 40.3 Production orale

Ecoutez les dialogues suivants. Dans chaque dialogue vous allez jouer le rôle du personnage indiqué.

1. (Jean-Pierre et Mireille) Vous allez être Mireille.
2. (Mireille et Jean-Pierre) Vous allez être Jean-Pierre.
3. (Hubert et Jean-Pierre) Vous allez être Jean-Pierre.
4. (Jean-Pierre et Hubert) Vous allez être Hubert.
5. (Robert et Jean-Pierre) Vous allez être Jean-Pierre.
6. (Hubert et Mireille) Vous allez être Mireille.
7. (Mireille et Jean-Pierre) Vous allez être Jean-Pierre.
8. (Jean-Pierre et Mireille) Vous allez être Mireille.
9. (Mireille et Jean-Pierre) Vous allez être Jean-Pierre.
10. (Mireille et Jean-Pierre) Vous allez être Jean-Pierre.

☊ 40.4 Compréhension auditive et production orale

Ecoutez les fragments de dialogues suivants. Après chaque dialogue, vous entendrez une question. Répondez à la question.

1. Quel est l'avenir du théâtre, d'après Jean-Pierre?
2. Pourquoi est-ce que Mireille préfère le théâtre au cinéma?
3. D'après Jean-Pierre, quel est l'avantage particulier du cinéma?
4. Pourquoi est-ce que Mireille n'aime pas les films doublés?
5. Qu'est-ce qui intéresse Jean-Pierre?
6. Hubert, lui, n'aime pas le cirque. Qu'est-ce qu'il préfère?
7. Pourquoi est-ce que Jean-Pierre trouve que le music-hall est intéressant?

Préparation à la communication

☊ 40.5 Observation: Prononciation; caractéristique générale des consonnes françaises

D'une façon générale, les consonnes françaises sont plus courtes, plus rapides que les consonnes correspondantes anglaises. La différence de prononciation entre les consonnes françaises et anglaises est particulièrement claire dans les groupes de consonnes:

- En français, les deux consonnes se succèdent plus rapidement. Elles sont plus étroitement liées l'une à l'autre.
- En anglais, il y a souvent un "espace" entre les deux consonnes. Cet "espace" est même souvent représenté par un e dans l'orthographe.

Comparez, par exemple, la prononciation des mots français suivants avec celle des mots anglais correspondants:

théâtre monstre ministre membre

☊ 40.6 Activation orale: Prononciation; caractéristique générale des consonnes françaises

Ecoutez et répétez.

novem*bre*	il en*tre*	ta*ble*	on*cle*
décem*bre*	au théâ*tre*	ca*ble*	specta*cle*
som*bre*	un mons*tre*	fa*ble*	obsta*cle*
so*bre*	un spec*tre*	admira*ble*	exem*ple*
sa*bre*	un minis*tre*	ensem*ble*	tem*ple*
fi*bre*	sinis*tre*	dou*ble*	peu*ple*
ti*gre*	ten*dre*	terri*ble*	cou*ple*

40.7 Observation: Coiffures

		coiffure
L'homme en noir	porte	**un chapeau.**
Les Basques	portent	**des bérets.**
Les Bretonnes	portent	**des coiffes.**
Les Martiniquaises	portent	**des foulards.**
Les bonnes soeurs	portent	**des cornettes.**
Les motocyclistes	portent	**des casques.**

☊ 40.8 Activation: Discrimination auditive; coiffures

Essayez de deviner de qui il s'agit (probablement) dans chacune des phrases que vous allez entendre. Faites attention à la coiffure que porte chaque personne.

Ça devait être . . .	1	2	3	4	5	6
une bonne soeur						
un motocycliste						
une Bretonne						
une Martiniquaise						
un Basque						
l'homme en noir						

40.9 Observation: Critiques

Ça, je m'en passerais!
Quelle horreur!
Je déteste ça!

C'est bien vulgaire!
Vous ne préférez pas. . . .

Il n'y a rien de plus faux! / ennuyeux! / stupide!

40.10 Observation: Affectation d'indifférence

Reprenons la conversation

. . . comme si de rien n'était.
. . . comme si nous ne l'avions pas vu.

. . . sans faire attention à lui.
. . . sans nous occuper de lui.

40.11 Observation: Appréciation

C'est absolument génial!
C'est tellement mieux!

C'est tellement plus intéressant!
L'avenir est là!

L'avenir est à. . . .

☊ 40.12 Activation: Compréhension auditive; critique, affectation d'indifférence, appréciation

Pour chaque énoncé que vous entendez, déterminez s'il s'agit d'une critique, d'une affectation d'indifférence, ou d'une appréciation. Cochez la case appropriée.

	1	2	3	4	5	6	7	8	9	10
critique										
affectation d'indifférence										
appréciation										

40.13 Observation: Renforcement de l'expression

	expression renforcée
C'est mieux.	C'est **tellement** mieux!
C'est génial.	C'est **absolument** génial!
Je suis d'accord.	Je suis **on ne peut plus** d'accord!
Vous avez raison.	Vous avez **tout à fait** raison!

40.14 Observation: *Personne, rien*; sujets et objets directs (révision)

sujet **ne** *verbe*	*objet*
On **ne** voit	**personne.**
On **ne** voit	**rien.**

sujet	**ne** *verbe*	
Personne	**ne** pourra	plus jamais voir ça.
Rien	**ne** pourra	jamais remplacer ça.

Notez que *rien* et *personne* peuvent être sujets ou objets du verbe. Dans les deux cas, ils sont utilisés avec *ne*.

☊ 40.15 Activation orale: *Personne, rien*; sujets et objets directs

Répondez négativement selon l'exemple.

Exemple:
Vous entendez: 1. Tu vois quelque chose?
Vous dites: Non, je ne vois rien.

Continuez oralement avec l'enregistrement.

☊ 40.16 Activation orale: *Personne, rien*; sujets et objets directs

Répondez négativement selon les exemples.

Exemples:
Vous entendez: 1. Quelqu'un fait de l'oeil à Mireille?
Vous dites: Mais non, personne ne fait de l'oeil à Mireille!

Vous entendez: 2. Quelque chose est cassé?
Vous dites: Non, rien n'est cassé.

Continuez oralement avec l'enregistrement.

☊ 40.17 Activation orale: Futur et pronoms personnels (révision)

L'année prochaine, vous vous mettrez en congé pour un an, et vous irez en France. Les choses se passeront à peu près comme elles se sont passées pour Robert. Racontez ce qui se passera.

Exemple:
Vous entendez: Robert s'est mis en congé pour un an.
Vous dites: Je me mettrai en congé pour un an.

Vous pouvez apporter toutes les variantes que vous voulez, à condition de rester dans les limites de ce que vous pouvez dire sans faire de fautes. Par exemple, vous pouvez imaginer que vous rencontrerez dans la cour de la Sorbonne un jeune homme au lieu d'une jeune fille. Vous pouvez imaginer que ce jeune homme portera un short bleu et un pull blanc, qu'il sera professeur de karaté, etc., selon ce que vous préférez.

Robert est arrivé à Paris un dimanche.
Il est descendu dans un hôtel du Quartier Latin.
C'était un petit hôtel pas cher, mais propre.
Le lendemain, il s'est levé vers huit heures.
Il a pris son petit déjeuner dans un café.
Puis, il est allé se promener sur le Boul'Mich.
Il faisait très beau.
Il n'y avait pas un nuage.
Mais il y avait une grève d'étudiants, évidemment.
Il a vu des manifestants.
Il n'a pas compris ce qu'ils disaient.
Il les a suivis.
Il est entré avec eux dans la cour de la Sorbonne.
Il a vu une jeune fille.
Elle portait une jupe rouge et un pull blanc.
Elle avait les yeux bleus.
Elle lui a plu tout de suite.
Il ne lui a pas déplu.
Il s'est approché d'elle.
Il lui a souri.
Elle lui a rendu son sourire.
Il lui a parlé.
Elle s'appelait Mireille.
Elle était étudiante.
Elle faisait de l'histoire de l'art.
Elle suivait des cours à l'Institut d'Art et d'Archéologie.
Elle lui a dit qu'il n'avait pas d'accent du tout.
Elle ne pouvait pas croire qu'il était américain.
Elle était très impressionnée.
Ils sont allés s'asseoir au Luxembourg.
Puis, ils sont allés à la Closerie.
Ils ont bu un kir.
Robert a invité Mireille à déjeuner.
Mais elle n'a pas voulu.
Elle a dit non.
Robert a déjeuné seul.
Au dessert, il a pris un sorbet fraise.
Le lendemain, ils sont allés à Chartres.
Puis, Robert est allé chez les Belleau.
Ils l'ont retenu à dîner.

☊ 40.18 Activation orale: Conditionnel (révision)

Si vous vous mettiez en congé pour un an, l'année prochaine, vous iriez en France. Tout se passerait à peu près comme pour Robert. Imaginez ce qui se passerait.

Exemple:
Vous entendez: Robert s'est mis en congé pour un an.
Vous dites: Je me mettrais en congé pour un an.

Pour une liste des faits, reportez-vous à l'exercice précédent.

40.19 Activation orale et écrite: pronoms, *y*, et *en*

Répondez aux questions suivantes par une phrase complète. Utilisez des pronoms, *y*, et *en* chaque fois que possible. Utilisez les indications fournies par les passages cités en italiques.

Exemple:
Vous voyez: 1. *Robert et Mireille sont à la terrasse du Fouquet's.*
Vous voyez la question: Est-ce qu'ils vont au Fouquet's?
Vous dites et vous écrivez: Non, ils y sont.

2. ROBERT: *Il va falloir que j'aille au théâtre un de ces jours.*
Est-ce que Robert est déjà allé au théâtre, à Paris?

____

3. ROBERT: *J'ai acheté un* Pariscope, *ce matin.*
Robert n'avait pas de *Pariscope* hier soir. Comment se fait-il qu'il en ait un maintenant?

____

4. ROBERT: *C'est fou ce qu'il y a de théâtres à Paris!*
Est-ce qu'il y a beaucoup de théâtres à Paris?

____

5. MIREILLE: *Une quarantaine, je pense.*
Combien y a-t-il de théâtres à Paris, d'après Mireille?

____

6. MIREILLE: *Je ne pense pas que ça vaille la peine d'aller au Folies-Bergère.*
Est-ce que Mireille conseille les Folies-Bergère à Robert?

____

7. ROBERT: *Qui est-ce qui t'a dit que j'allais au théâtre pour penser?*
Est-ce que Robert a dit à Mireille qu'il allait au théâtre pour penser?

____

8. ROBERT: *Je crois que je vais prendre une autre bière.*
Est-ce que Robert a déjà bu une bière?

____

9. LE JEUNE HOMME: *Mais, nous nous connaissons, Mademoiselle!*
Est-ce que Mireille connaît le jeune homme? Est-ce que le jeune homme connaît Mireille?

10. ROBERT: *La France me plaît assez, dans l'ensemble.*
Quelle est l'opinion de Robert sur la France?

11. ROBERT: *Je trouve scandaleux que les ouvreuses vous vendent le programme, au théâtre.*
Est-ce que les ouvreuses vous donnent le programme, au théâtre?

12. MIREILLE: *Mais voyons, Hubert! Personne ne se plaint de la publicité! Il n'y a que toi!*
Est-ce qu'Hubert se plaint de la publicité ou est-ce qu'il l'approuve?

☊ 40.20 Activation orale: Dialogue entre Mireille et Hubert

Vous allez entendre un dialogue entre Mireille et Hubert. Ecoutez attentivement. Vous allez apprendre les réponses d'Hubert.

MIREILLE: Qu'est-ce qu'il y a?
HUBERT: **Tu as vu les yeux du type, à côté?**
MIREILLE: Et bien quoi? Qu'est-ce qu'ils ont, ses yeux? Il a un oeil qui dit zut à l'autre, comme mon oncle Victor?
HUBERT: **Non, non, ce sont les deux! Ce sont ses deux yeux qui disent *zut*... à je ne sais pas qui....**
MIREILLE: Comment ça?
HUBERT: **En morse!**
MIREILLE: Qu'est-ce que c'est que cette histoire?
HUBERT: **Si, si, regarde! Il cligne d'un oeil, c'est un point. Il cligne des deux yeux, c'est un trait.**

Libération de l'expression

40.21 Mots en liberté

Qu'est-ce qu'on peut faire sauter?
On peut faire sauter un gouvernement, une charge d'explosifs, une ambassade, un lapin coupé en morceaux dans l'huile très chaude, un bébé sur ses genoux....

Trouvez encore au moins trois possibilités.

Qu'est-ce qu'on peut mettre dans un film?
On peut mettre toutes sortes de trucages, beaucoup de gros plans, 357 espions, un ballet, des acteurs inconnus, deux ou trois crimes....

Trouvez encore au moins quatre ou cinq possibilités.

40.22 Mise en scène et réinvention de l'histoire

Reconstituez une conversation entre Mireille, Robert, Hubert, et Jean-Pierre.

ROBERT: Quel est l'avenir du théâtre?
JEAN-PIERRE: Nul! L'avenir (...).
HUBERT: C'est faux! Rien ne pourra jamais remplacer (...).
MIREILLE: Hubert a raison. Le cinéma (...). tandis qu'au théâtre (...).

40.23 Mise en scène et réinvention de l'histoire

Imaginez quelques nouvelles hypothèses sur l'homme en noir. Par exemple:

C'est	un le —	espion metteur en scène Jean-Luc Godard monstre prince charmant Yves Montand père de Robert	suisse. russe. canadien. péruvien. sud-africain. hawaïen. —.

Il fait de l'oeil	à Mireille. à Robert. au public. à votre professeur de français. à Hubert. à un autre espion dans un café en face.

Après "Zut," il dit, en morse:

"On va	faire sauter incendier tourner en vidéo tuer	*Hamlet*, de Shakespeare." la Tour Eiffel." Beaubourg." le Home Latin." le Ministère de la Santé." sa mère."

"Je suis	votre un	concierge." psychiatre." père." prince charmant." voyeur." meilleur ami." avenir." destin." serviteur."

Un peu plus tard, il quitte le restaurant avec	Hubert Mireille Robert

qui est son	client. agent secret. gardien de nuit. fils. chauffeur.

Ils vont directement	à dans en aux	les plaines de Russie. Beaubourg. la Tour Eiffel. Ukraine. Folies-Bergère. Versailles. Argentine. Normandie. Alsace.

Là, ils	dirigent l'armée		russe. française. polonaise. autrichienne.
	font	une du l' des	cidre. choucroute garnie. dessins animés pour la télévision. amour l'après-midi.
	disparaissent.		
	organisent		des manifestations contre le roi Ubu. des ballets. une nouvelle religion.
	sauvent la mère de Robert.		

40.24 Mise en scène et réinvention de l'histoire

Imaginez une visite de l'homme en noir chez le psychiatre.

L'HOMME EN NOIR:

Bonjour, Docteur. Je m'appelle	Charles de Gaulle. Napoléon Bonaparte. Victor Hugo. Vercingétorix.

J'ai	2038 42 21 53 32	ans, et je suis	divorcé. célibataire. veuf. mort.

Je suis sûr J'ai l'impression Je trouve	que je suis	absolument fou. le véritable roi Ubu. dangereux. un espion sans le savoir. un monstre. une bonne soeur.

LE PSYCHIATRE:
Pourquoi?

L'HOMME EN NOIR:

Parce que	je ne porte que du noir. j'ai des hallucinations. je cligne d'un oeil tout le temps. la poursuite de Robert et Mireille est ma seule occupation. parfois je porte un costume de bonne soeur.

LE PSYCHIATRE:
Quand vous étiez petit, vous aviez le même problème?

L'HOMME EN NOIR:

Oui, / Non,
- je ne portais que: du blanc. / du rose. / des minijupes de Prisunic.
- je clignais de l'autre oeil, ce n'est pas le même problème.
- je n'avais pas d'hallucinations, je voyais de vrais monstres.
- j'avais d'autres tics: du pied. / de la main gauche. / du nez. / de l'oreille droite.
- je ne connaissais pas: Robert et Mireille. / le morse.
- je n'étais pas: fou. / religieux. / dangereux.

LE PSYCHIATRE:

Monsieur,
- l'avenir est aux fous.
- votre oeil va continuer à dire *zut* à l'autre.
- vous êtes: réellement dangereux. / absolument fou. / tout à fait normal. / un pauvre débile.
- je peux vous sauver, pour 10.000F.

Ça fera 500F pour aujourd'hui. Au revoir.

Exercices-tests

40.25 Exercice-test: *Personne, rien*; sujets et objets directs

Répondez négativement aux questions suivantes.

1. Vous voyez quelque chose?
   Non, je ______________________.
2. Quelqu'un pleure?
   Non, ______________________.
3. Quelque chose est tombé?
   Non, ______________________.
4. Tu connais quelqu'un?
   Non, je ______________________.

Vérifiez. Si vous avez fait des fautes, travaillez les sections 40.14 à 40.16 dans votre cahier d'exercices.

40.26 Exercice-test: Formes du futur

Mettez les phrases suivantes au futur.

1. Tu viens?
   Tu ____________?
2. On va au cinéma.
   On ____________ au cinéma.
3. J'ai pas mal d'argent.
   J'____________ pas mal d'argent.
4. Nous pouvons prendre un verre.
   Nous ____________ prendre un verre.
5. Tu veux te promener?
   Tu ____________ te promener?
6. Nous ne sommes pas pressés.
   Nous ne ____________ pas pressés.

Vérifiez. Si vous avez fait des fautes, travaillez la section 40.17 dans votre cahier d'exercices.

40.27 Exercice-test: Pronoms, y, et *en*

Récrivez les phrases suivantes en remplaçant les noms par des pronoms, *y*, ou *en*.

1. Tu as téléphoné aux Courtois?

   Tu ______ a téléphoné?

2. Tu veux de la mousse au chocolat?

   Tu ______ veux?

3. Tu viens de la bibli?

   Tu ______ viens?

4. Robert a acheté un *Pariscope*?

   Il ______ a acheté ______?

5. On va au Fouquet's?

   On ______ va?

Vérifiez. Si vous avez fait des fautes, travaillez la section 40.19 dans votre cahier d'exercices.

Leçon 41

Assimilation du texte

☊ 41.1 Mise en oeuvre

Ecoutez le texte et la mise en oeuvre dans l'enregistrement sonore. Répétez et répondez suivant les indications.

☊ 41.2 Compréhension auditive

Phase 1: Regardez les images et répétez les énoncés que vous entendez.

Phase 2: Ecrivez la lettre de chaque énoncé que vous entendez sous l'image qui lui correspond le mieux.

1 ___

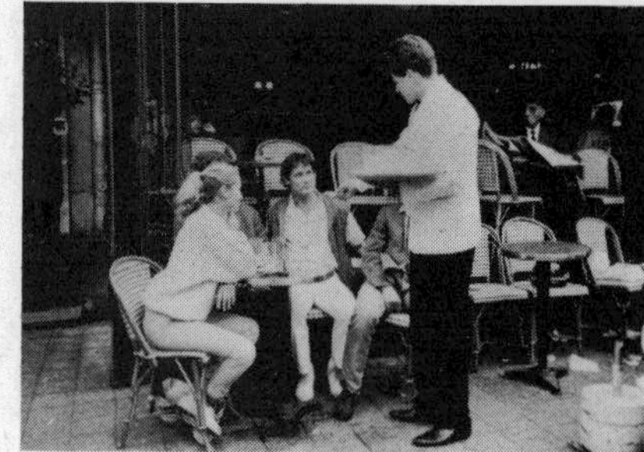

2 ___

3 ___

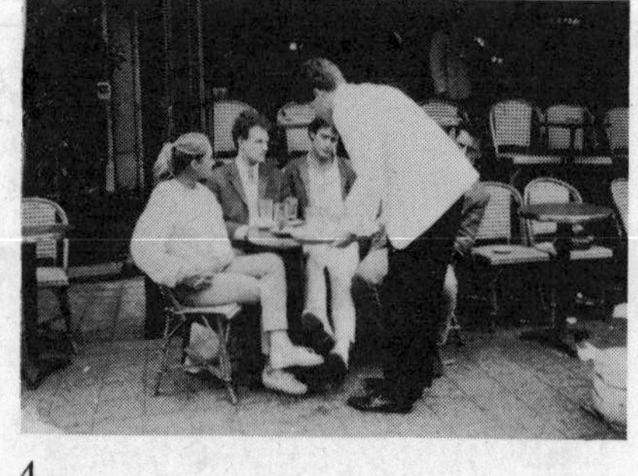

4 ___

5 ___

6 ___

7 ___

8 ___

☊ 41.3 Production orale

Ecoutez les dialogues suivants. Dans chaque dialogue vous allez jouer le rôle du personnage indiqué.

1. (Mireille et le garçon) Vous allez être le garçon.
2. (Robert et le garçon) Vous allez être le garçon.
3. (Robert et Mireille) Vous allez être Mireille.
4. (Robert et Mireille) Vous allez être Mireille.
5. (Robert et Mireille) Vous allez être Mireille.

☊ 41.4 Compréhension auditive et production orale

Ecoutez les dialogues suivants. Après chaque dialogue, vous entendrez une question. Répondez à la question.

1. Pourquoi est-ce que c'est très bien de casser du verre blanc, d'après Mireille?
2. Pourquoi Mireille n'a-t-elle jamais gagné à la loterie?
3. Pourquoi Robert propose-t-il de prendre un billet bien que ce ne soit pas dans ses principes?
4. Pourquoi Robert dit-il que Mireille doit avoir beaucoup de chance en ce moment?
5. Mireille peut-elle prendre n'importe quel numéro?
6. Pourquoi faudra-t-il que Robert achète le journal, jeudi matin?

Préparation à la communication

☊ 41.5 Observation: Prononciation; caractéristiques générales des consonnes françaises

Comparez la prononciation du /f/ dans le mot français *café* et dans le mot anglais correspondant. C'est une consonne; vous savez que toute consonne est produite par une interruption (totale ou partielle) du passage de l'air. Ici, l'interruption (partielle) est produite par la pression de la lèvre inférieure contre les dents supérieures. Cela est vrai, également, pour le /f/ du mot anglais *café*, mais dans le mot français, la pression est plus énergique, surtout plus précise (plus localisée), et plus rapide.

☊ 41.6 Activation orale: Prononciation; caractéristiques générales des consonnes françaises

Ecoutez et répétez les mots suivants.

ca*f*é	mi*n*u*t*e	pa*th*é*t*ique	a*dd*ition	men*t*a*l*ité
arti*f*i*c*iel	no*t*e	con*v*ersation	i*n*itiale	mé*c*a*n*ique
ci*n*é*m*a	kio*sq*ue	or*g*a*n*isation	lo*t*erie	re*m*arque

41.7 Observation: Condescendance

Oui. . . .
Si ça t'amuse! Si ça te fait plaisir! Si tu veux! Si tu y tiens!
Comme tu veux! Comme tu voudras!

☊ 41.8 Activation orale: Condescendance

Ecoutez les dialogues suivants et répétez les réponses (condescendantes) de Mireille.

41.9 Observation: Indifférence; *n'importe*

Où?	*Quand?*	*Comment?*
—Mets ça ailleurs! —Ici ou là? —N'importe où!	N'importe quand!	N'importe comment!
Qui?	*Quoi?*	*Lequel?*
N'importe qui!	N'importe quoi!	N'importe quel billet! N'importe lequel!
Peu importe! Ça n'a pas d'importance!		Ça m'est égal! Ça ne fait rien!

☊ 41.10 Activation orale: Indifférence; *n'importe*

Répondez selon les exemples.

Exemples:

Vous entendez: 1. Qu'est-ce qu'on va faire?
Vous dites: Faisons n'importe quoi, ça m'est égal!

Vous entendez: 2. Quel numéro est-ce qu'on va prendre?
Vous dites: Prenons n'importe lequel! Ça m'est égal!

Continuez oralement avec l'enregistrement.

41.11 Observation: *Tenter, tendre*

Comparez.

tenter			tendre		
Robert	**tente**	sa chance.	Robert	**tend**	un billet au garçon.
Il	**a tenté**	sa chance.	Il	**a tendu**	un billet au garçon.
Il	**tentera**	sa chance.	Il	**tendra**	un billet au garçon.

41.12 Observation: *Gagner sa vie, gagner à la loterie*

	gagner	**de l'argent** **sa vie**
Il faut que les ouvreuses	gagnent	leur vie.
Elles	gagnent	peu.
Mais les psychanalystes	gagnent	beaucoup d'argent.
("Ils	font	leur beurre!")
Le mari de Cécile	gagne	10.000F par mois.

	gagner		**à la loterie** **à un jeu**
Mireille ne	gagne	jamais	à la loterie.
Marie-Laure	gagne	toujours	à la belote.

41.13 Observation: Chance et malchance

TANTE AMELIE:	MARIE-LAURE:
Quelle chance! Ça, c'est de la chance! Vous avez de la chance! Vous avez beaucoup de chance! Vous avez bien de la chance!	Quelle veine! Ça, c'est de la veine Vous avez de la veine! Tu as beaucoup de veine! Tu as bien de la veine!
Quelle malchance! Ça, c'est pas de chance! Vous n'avez pas de chance!	Quelle déveine! Quelle poisse! Ça, c'est pas de veine! Tu n'as pas de veine!

	verbe	*objet*
Je vais essayer; je vais	**tenter**	**ma chance.**
Quand on	**a**	**de la chance,**
il faut **en**	**profiter.**	
Il faut	**profiter**	**de la chance.**
Robert	**a**	**de la chance.**

sujet	*verbe*	
La chance	**sourit**	à Robert.

Tante Amélie dit que . . .
casser du verre blanc, ça porte bonheur, ça porte chance;
casser du verre de couleur, ça porte malheur.[1]

☊ 41.14 Activation: Compréhension auditive; chance et malchance

Mireille emprunte la voiture de Tonton Guillaume pour aller faire un tour du côté de Provins. Déterminez si, dans les aventures qui lui arrivent, elle a de la chance ou de la malchance. Cochez la case appropriée.

	1	2	3	4	5	6	7	8	9	10
chance										
malchance										

1. Mais Tante Amélie dit n'importe quoi! Il ne faut pas faire attention à ce que dit Tante Amélie!

41.15 Observation: Place de *rien* et de *personne* aux temps composés

auxiliaire	**rien**	*participe passé*	**personne**
Je n'ai jamais	**rien**	gagné.	
Je n'ai	**rien**	gagné.	
Je n'ai	**rien**	vu.	
Je n'ai		vu	**personne.**

Dans les phrases ci-contre, *rien* et *personne* sont les objets directs d'un verbe à un temps composé. Remarquez que *rien* est placé avant le participe passé, mais que *personne* est placé après le participe passé.

ℜ 41.16 Activation orale: Place de *rien* et de *personne* aux temps composés

Répondez négativement selon l'exemple.

Exemple:
Vous entendez: 1. Vous avez vu quelqu'un?
Vous répondez: Non, je n'ai vu personne.

Continuez oralement avec l'enregistrement.

41.17 Observation: Préférence et subjonctif

préférence	*subjonctif*
Je préfère	**que** ce **soit** toi qui gardes le billet.
Il vaut mieux	**que** ce **soit** toi qui gardes le billet.
Il vaudrait mieux	**que** ce **soit** toi qui gardes le billet.
J' aime mieux	**que** ce **soit** toi qui gardes le billet.
Je tiens à ce	**que** ce **soit** toi qui gardes le billet.

ℜ 41.18 Activation orale et écrite: Préférence et subjonctif

Répondez selon l'exemple.

Exemple:
Vous entendez: 1. Garde le billet.
Vous voyez: J'aime mieux que tu ________ le billet.
Vous dites et vous écrivez: J'aime mieux que tu <u>gardes</u> le billet.

2. Je tiens à ce que nous ________ notre chance.
3. J'aime mieux que tu ________ avec moi.
4. Je préférerais que tu ________ attention où tu mets les pieds!
5. J'aimerais mieux que tu ne te ________ pas dans la foule.
6. Il vaudrait mieux que nous nous ________ par la main.
7. Je ne veux pas qu'on ________ un taxi.
8. Je tiens à ce que nous y ________ à pied.

41.19 Observation: Condition et subjonctif

	condition		*subjonctif*
Prends n'importe quel numéro	**pourvu**	**que** le total	**fasse** 9.
Prends n'importe quoi	**à condition**	**que** le total	**fasse** 9.

℧ 41.20 Activation orale: Condition et subjonctif

Répondez selon l'exemple.

Exemple:
Vous entendez: 1. J'irai si vous venez.
Vous dites: J'irai pourvu que vous veniez.

Continuez oralement avec l'enregistrement.

℧ 41.21 Activation orale: Condition et subjonctif

Répondez selon l'exemple.

Exemple:
Vous entendez: 1. Je le ferai si vous m'aidez.
Vous dites: Je le ferai à condition que vous m'aidiez.

Continuez oralement avec l'enregistrement.

41.22 Activation écrite: Formes verbales (révision)

Complétez les passages suivants en utilisant la forme du verbe qui convient. Utilisez le même verbe dans chacun des passages. Lisez attentivement les passages; c'est le contexte qui vous donnera la forme du verbe qui convient.

1. ROBERT: Mais qu'est-ce qu'il fait, ce garçon! Ça fait trois fois que je lui *demande* l'addition.

   HUBERT: Ah! Eh bien moi, hier, au Flore, j'ai compté. . . . J'_______________ l'addition sept fois avant qu'il me l'apporte!

   ROBERT: A partir de maintenant, je _______________ toujours l'addition en commandant.

2. ROBERT: J'*ai* drôlement besoin d'argent! En fait, j'_______________ toujours _______________ besoin d'argent. L'an dernier, quand j'étais à l'université, j'_______________ toujours besoin d'argent. Et l'année prochaine, j'_______________ certainement encore plus besoin d'argent si l'inflation continue!

3. MIREILLE: Dans la vie, il faut *tenter* sa chance. Il faudra bien qu'un jour tu _______________ ta chance. Si tu ne _______________ pas ta chance, tu ne gagneras jamais rien. Si j'étais toi, je _______________ ma chance tout de suite. Allez, vas-y, achète un billet. Pense à tout ce verre blanc cassé!

4. ROBERT: Moi, je n'*ai* jamais rien *gagné* à la loterie. Et je crois que je ne _______________ jamais rien. Même si j'achetais dix billets, je suis sûr que je ne _______________ rien. Et pourtant, il faudrait bien que nous _______________ à la loterie si nous voulons partir en voyage, parce qu'il ne reste pas grand-chose sur mon compte en banque.

5. ROBERT: Avec tout l'argent qu'on a, on pourra *descendre* dans des palaces!

   MIREILLE: Dans notre famille, quand nous voyageons, nous _______________ toujours dans l'hôtel le moins cher. En fait, je ne _______________ jamais dans des palaces, ça fait trop nouveau riche. . . .

6. ROBERT: Avec tout l'argent qu'on a, on peut se permettre de *prendre* un taxi.

   MIREILLE: Non, on ne _______________ pas de taxi.

   ROBERT: Pourquoi est-ce que tu ne veux pas qu'on _______________ un taxi?

   MIREILLE: Parce qu'il y a le métro, tiens! On _______________ un taxi quand il y aura une grève de métro!

   ROBERT: Bon, eh bien, si tu y tiens, allons-y! _______________ le métro!

7. ROBERT: Tu as remarqué le nombre de couples qui *se tiennent* par la main? C'est l'habitude en France, de ______________ par la main quand on se promène? Tu veux que nous ______________ par la main?

MIREILLE: Pourquoi? Tu as peur de te perdre si je ne ______________ pas par la main?

ROBERT: Oui, justement. Il faut que tu ______________ par la main, sinon je vais sûrement me perdre dans cette foule.

☊ 41.23 Activation orale: Dialogue entre Robert et Mireille

Vous allez entendre un dialogue entre Robert et Mireille. Ecoutez attentivement. Vous allez apprendre les réponses de Mireille.

ROBERT: Allez, achetons un billet! D'accord?
MIREILLE: **Si ça t'amuse. . . .**
ROBERT: Allez, vas-y, choisis!
MIREILLE: **Non, choisis, toi!**
ROBERT: Non, toi!
MIREILLE: **Non, non, pas moi. Je n'ai pas de chance du tout!**
ROBERT: Mais si, mais si. Tu dois avoir beaucoup de chance en ce moment, tu viens de casser au moins douze verres . . . blancs!
MIREILLE: **Ce n'est pas moi qui les ai cassés, c'est toi!**

Libération de l'expression

41.24 Mots en liberté

De quoi peut-on profiter?

On peut profiter du vent (pour aller faire de la voile), de la bêtise des gens, des vacances (pour aller en Grèce), du beau temps (pour . . .). . . .

Trouvez encore au moins quatre possibilités.

Quelles sont les bonnes actions qu'on peut faire?

On peut donner de l'argent à une bonne oeuvre, téléphoner à sa mère, apporter des fleurs à l'hôpital, adopter un orphelin. . . .

Essayez de trouver au moins trois autres possibilités.

41.25 Mise en scène et réinvention de l'histoire

Reconstituez une conversation entre Mireille et Robert devant un kiosque de la Loterie Nationale.

ROBERT: Dis-moi, est-ce qu'on gagne quelquefois à cette loterie?
MIREILLE: J'imagine que oui, mais moi (. . .). Il faut dire que (. . .).
ROBERT: Ce n'est pas particulièrement (. . .) mais j'aurais bien besoin (. . .). La vie a l'air (. . .). Allez, achetons (. . .).
MIREILLE: Si (. . .). De toute façon, une partie de l'argent (. . .).

41.26 Mise en scène et réinvention de l'histoire

A. Imaginez que Mireille n'a que 17 ans, et qu'elle habite au numéro 17. Qu'est-ce que Robert dirait?

ROBERT: Prends n'importe quel numéro, pourvu que les deux derniers chiffres fassent 8, par exemple (. . .).

B. Débat entre Mireille et Hubert sur la Loterie Nationale. Hubert est plutôt contre.

MIREILLE:
Je n'aime pas beaucoup la loterie.

HUBERT:
Moi non plus! C'est | immoral. / une horreur. / une abomination. / vulgaire. / une tromperie. / la dégradation de l'esprit humain!

C'est contraire | aux principes | de la religion. / du marxisme. | à la dignité humaine.
La loterie, c'est | un vol! / un viol! / un abus de confiance!

MIREILLE:
Tu exagères, Hubert! C'est contre tes principes
parce que tu | es riche. / n'as jamais besoin d'argent.

De toute façon, l'argent va à une bonne oeuvre:

c'est pour | les orphelins. / les tuberculeux. / les espions. / les | descendants / victimes | des oppresseurs du Moyen-Age. / les agents de police.

HUBERT:
Mais est-ce qu'on gagne quelquefois?

MIREILLE:
Oui, bien sûr, on gagne tout le temps.
Oui, absolument; moi, j'ai gagné plusieurs fois.
J'imagine que oui, mais moi, je n'ai jamais gagné.
Je doute fort qu'on gagne.
Jamais. Le gouvernement ramasse l'argent et c'est tout.

HUBERT:
Dans ce cas, | je suis tenté d'acheter | un billet. / une centaine de billets. | je vais tenter ma chance. / si on y réfléchit, cette loterie est un scandale. / je préfère | garder mon argent. / me passer d'argent. / aller jouer aux courses.

Exercices-tests

41.27 Exercice-test: Indifférence

Complétez les réponses aux questions suivantes.

1. Où est-ce que tu aimerais aller?

   Ça m'est égal. N'importe ________.

2. Quand est-ce que tu veux déjeuner?

   N'importe ________.

3. Qu'est-ce que tu veux faire?

   Bof. . . n'importe ________.

4. Quel gâteau est-ce que tu veux?

   Oh, n'importe ________. Ça n'a pas d'importance.

Vérifiez. Si vous avez fait des fautes, travaillez les sections 41.9 et 41.10 dans votre cahier d'exercices.

41.28 Exercice-test: *Personne, rien,* et temps composés

Complétez les réponses aux questions suivantes.

1. Tu as compris quelque chose?

   Non, je ______________________.

2. Est-ce que quelqu'un a compris ce que je viens de dire?

   Non, ______________________ ce que tu viens de dire!

3. Quelque chose s'est cassé?

   Non, ______________________.

4. Tu as rencontré quelqu'un?

   Non, je ______________________.

Vérifiez. Si vous avez fait des fautes, travaillez les sections 41.15 et 41.16 dans votre cahier d'exercices.

41.29 Exercice-test: Préférence, condition

Complétez les réponses aux questions suivantes.

1. Tu prends les billets?

   Non, j'aimerais mieux que tu les __________, toi.

2. On va au Luxembourg?

   Non, je préfère que nous __________ à Montparnasse.

3. Tu sors?

   Oui, à condition que tu __________ aussi.

4. Robert va aller à l'exposition de manuscrits carolingiens?

   Oui, pourvu que Mireille y __________ aussi.

5. Je fais la vaisselle?

   Oui, il vaut mieux que tu la __________, si ça ne t'ennuie pas.

Vérifiez. Si vous avez fait des fautes, travaillez les sections 41.17 à 41.21 dans votre cahier d'exercices.

Leçon 42

Assimilation du texte

♎ 42.1 Mise en oeuvre

Ecoutez le texte et la mise en oeuvre dans l'enregistrement sonore. Répétez et répondez suivant les indications.

♎ 42.2 Compréhension auditive

Phase 1: Regardez les images, et répétez les passages qui leur correspondent.

1 ___

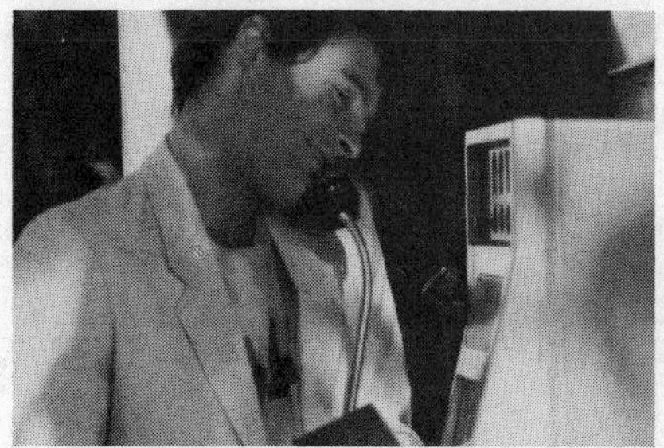

2 ___

3 ___

4 ___

5 ___

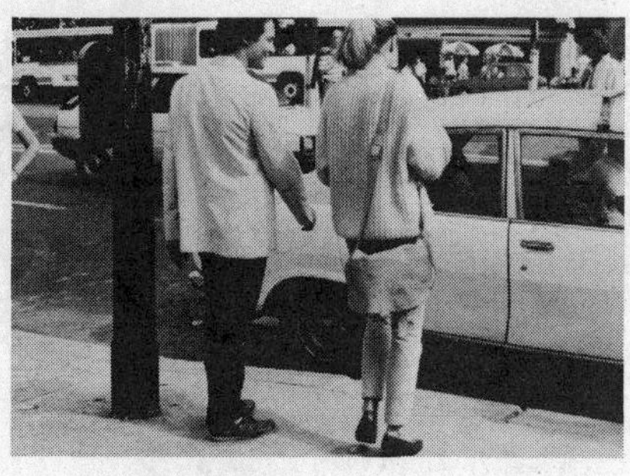

6 ___

Phase 2: Ecrivez la lettre qui identifie chaque passage que vous entendez sous l'image qui lui correspond le mieux.

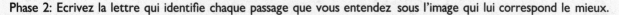

☊ 42.3 Compréhension auditive et production orale

Ecoutez les dialogues suivants. Après chaque dialogue vous allez entendre une question. Répondez à la question.

1. Pourquoi Robert n'a-t-il gagné que 40.000 francs?
2. Comment Robert pourrait-il dépenser son argent?
3. Qu'est-ce qui attirerait davantage Mireille?
4. Quelles solutions Robert propose-t-il pour coucher en voyage?
5. Pourquoi Mireille ne peut-elle pas partir en voyage avant quinze jours?

☊ 42.4 Production orale

Ecoutez les dialogues suivants et jouez le rôle du personnage indiqué.

1. (Mireille et Robert) Vous allez être Robert.
2. (Mireille et Robert) Vous allez être Robert.
3. (Mireille et Marie-Laure) Vous allez être Mireille.
4. (Robert et Mireille) Vous allez être Mireille.
5. (Mireille et Robert) Vous allez être Mireille.

Préparation à la communication

☊ 42.5 Activation orale: Prononciation; timbre des voyelles /e/, /ɛ/, et /i/ (révision)

Dites les mots suivants, en faisant très attention de les prononcer avec un accent français. Faites une distinction très nette entre les trois sons /e/, /ɛ/, et /i/.

à moiti*é* Am*éri*que
gagn*é* enti*er*

Marquez bien la différence entre *entier* (/e/) et *entière* (/ɛ/).

enti*er* enti*è*re
premi*er* premi*è*re
derni*er* derni*è*re

Dans les mots suivants, marquez bien la différence entre /e/ et /ɛ/.

d*é*s*e*rt ça m'int*é*r*e*sse
je pr*é*f*è*re d*é*p*ê*che-toi

☊ 42.6 Activation orale: Prononciation; timbre des voyelles /e/, /ɛ/, et /i/ (révision)

Dans les mots suivants, prononcez un /i/ français, c'est-à-dire un /i/ très nettement distinct de /e/, /ɛ/ ou /ə/.

loter*ie* tax*i*
cavaler*ie* b*i*zarre
mus*i*que horr*i*ble
class*i*que ch*i*c
Pac*ifi*que t*y*pe

Pour bien prononcer le /i/ dans *film*, évitez d'anticiper le /l/:

f*i*-lm

Pour les mots suivants, marquez une distinction très nette entre /e/, /ɛ/, et /i/. Pour cela, respectez la syllabation pour éviter d'anticiper la consonne de la syllabe suivante.

m*é*-ca-n*i*que men-ta-l*i*-t*é*
co-m*é*-d*ie* *i*-n*e*p-t*ie*
t*é*-l*é*-v*i*-sion c*i*-n*é*-ma
é-l*e*c-tr*i*que pu-bl*i*-c*i*-t*é*
pa-th*é*-t*i*que po-ss*i*-b*i*-l*i*-t*é*
d*i*-gn*i*-t*é*

42.7 Observation: Appréciations

degrés	
	40.000F . . .
1	ce n'est pas si mal que ça!
	ce n'est pas si mal!
2	c'est déjà pas mal!
3	c'est déjà assez bien!
4	c'est même très bien!

☊ 42.8 Activation: Compréhension auditive; appréciations

Ecoutez les commentaires suivants sur les différentes sommes gagnées à la Loterie Nationale. Pour chaque commentaire que vous entendez, essayez de deviner à quelle somme il correspond.

sommes gagnées	1	2	3	4
4.000.000F				
400.000F				
4.000F				
400F				

42.9 Observation: Degrés

degrés		
Mireille arrive . . .	**un peu**	endormie.
	à moitié	endormie.
	complètement	endormie.

☊ 42.10 Activation orale: Degrés

Répondez selon l'exemple. Vous choisissez parmi les adjectifs suivants: *sourd*; *endormi*; *mort*; *idiot*.

Exemple:
Vous entendez: 1. Tu crois qu'elle nous entend? Qu'est-ce qu'elle a? Elle n'entend pas?
Vous dites: Non, elle est à moitié sourde.

Continuez oralement avec l'enregistrement.

42.11 Observation: Fractions

1		un		billet entier
1/2	 la moitié	un d'un		demi-billet billet
1/4	 le quart	un d'un	quart de	billet billet
3/4	 les trois quarts	trois d'un	quarts de	billet billet
1/10	 le dixième	un d'un	dixième de	billet billet

☊ 42.12 Activation: Compréhension auditive; fractions

Choisissez la meilleure réponse à chacune des questions que vous allez entendre, et cochez la case appropriée.

	1	2	3	4	5	6
une demi-heure						
une demi-bouteille						
la moitié de la bouteille						
trois quarts d'heure						
la moitié d'un canard rôti						
un dixième						

42.13 Observation: Le temps qui passe

ROBERT: Elle n'est **pas encore** là!
Robert était arrivé **dès** 10h moins 10.

10 heures 05 à la Fontaine Médicis	*10 heures 10 à la Fontaine Médicis*
ROBERT: Elle n'est **pas encore** là! Mireille **n**'est arrivée **qu'à** 10h 10.	MIREILLE: Tu es **déjà** là! Robert était arrivé **dès** 10h moins 10.
(*Elle est en retard.*)	(*Il était en avance.*)

☊ 42.14 Activation: Compréhension auditive; le temps qui passe

Lisez d'abord les phrases qui se trouvent dans la grille ci-dessous.

	1	2	3	4	5
Non, il n'est que 8h.					
Oui, il était arrivé dès 8h.					
Oui, il est déjà 8h.					
Oui, il n'était pas encore arrivé à 8h.					
Non, il est parti dès 8h.					

Maintenant, écoutez les énoncés suivants et, pour chaque énoncé, choisissez la réplique qui lui correspond le mieux.

☊ 42.15 Activation orale: Le temps qui passe; *qu'à 10h*

Répondez selon l'exemple.

Exemple:
Vous entendez: 1. Ils n'ont pas encore fini?
Vous dites: Non, ils ne finiront qu'à midi.

Continuez oralement avec l'enregistrement.

42.16 Observation: Le temps qui passe; place de *déjà* et *encore*

		verbe auxiliaire		
Tu n'es pas parti?	Tu	es	**encore**	là?
Mireille est en retard.	Elle	n'est pas	**encore**	là.
	Elle	n'est pas	**encore**	arrivée.
Robert est en avance.	Il	est	**déjà**	là.
	Il	est	**déjà**	arrivé.

Notez que, dans les phrases ci-dessus, *encore* et *déjà* sont placés après le verbe aux temps simples, et après l'auxiliaire aux temps composés. Vous vous rappelez (voir leçon 38) que cela est vrai, aussi, d'autres adverbes de temps comme *jamais, toujours,* et *souvent.*

☊ 42.17 Activation orale: Le temps qui passe; place de *déjà* et *encore*

Répondez selon l'exemple.

Exemple:
Vous entendez: 1. Alors, ce billet, tu l'as acheté?
Vous dites: Non, je ne l'ai pas encore acheté.

Continuez oralement avec l'enregistrement.

42.18 Observation: Négation; *plus rien*

	verbe			
Elle est au régime!	Elle ne mange **plus!**			
	Elle ne mange **rien!**			
	Elle ne mange **plus rien!**			
	auxiliaire			
Elle s'est arrêtée de manger.	Elle n'	a	**plus**	mangé.
	Elle n'	a	**rien**	mangé.
	Elle n'	a	**plus rien**	mangé.

☊ 42.19 Activation orale: Négation; *plus rien*

Répondez selon l'exemple. Choisissez le verbe de votre réponse dans la liste suivante: *comprendre; faire; acheter; savoir; dire.*

Exemple:
Vous entendez: 1. Elle est au régime.
Vous dites: Elle ne mange plus rien.

Continuez oralement avec l'enregistrement.

42.20 Observation: Négation; *jamais rien*

verbe auxiliaire			
Je n'	ai	**jamais**	gagné.
Je n'	ai	**rien**	gagné.
Je n'	ai	**jamais rien**	gagné.

☊ 42.21 Activation orale: Négation; *jamais rien*

Répondez selon l'exemple.

Exemple:
Vous entendez: 1. Est-ce que vous avez déjà pris quelque chose chez Angélina?
Vous dites: Non, je n'y ai jamais rien pris.

Continuez oralement avec l'enregistrement.

42.22 Observation: Conditions positive et négative; *à moins que, pourvu que*

	condition négative
L'Amérique du Sud? Non, ça ne m'intéresse pas . . .	**à moins que tu viennes!**
	condition positive
Oui, ça m'intéresse	. . . **pourvu que tu viennes!**

42.23 Observation: Subjonctif après *pourvu que* et *à moins que*

	indicatif
1. Prenons ce billet parce que les deux derniers chiffres	font 9.
	subjonctif
2. Prenons n'importe lequel **pourvu que** les deux derniers chiffres	**fassent** 9.
	indicatif
3. L'Amérique du Sud? Ça ne m'intéresse pas; je	connais!
	subjonctif
4. Ça ne m'intéresse pas, **à moins que** tu	**viennes!**

La phrase 1 établit que les deux derniers chiffres font 9. (La conjonction *parce que* indique un fait établi.) Le verbe *font* est à l'indicatif. Par contre, la phrase 2 n'établit pas que tel et tel chiffre fassent 9. (La conjonction *pourvu que* évoque une condition, une possibilité non vérifiée.) Le verbe *fassent* est au subjonctif.

De même, la phrase 3 établit que Robert connaît bien l'Amérique du Sud. Le verbe *connais* est à l'indicatif. Par contre, la phrase 4 n'établit pas que Mireille viendra ou ne viendra pas. (La conjonction *à moins que* introduit une possibilité, une condition non vérifiée.) Le verbe *viennes* est au subjonctif.

☊ 42.24 Activation orale: Condition positive; *pourvu que*

Répondez selon l'exemple.

Exemple:
Vous entendez: 1. J'irai explorer l'Amazone si tu viens.
Vous dites: J'irai, pourvu que tu viennes.

Continuez oralement avec l'enregistrement.

☊ 42.25 Activation orale: Condition négative; *à moins que*

Répondez selon l'exemple.

Exemple:
Vous entendez: 1. Ça ne m'intéresse pas si tu ne viens pas.
Vous dites: Ça ne m'intéresse pas, à moins que tu viennes.

Continuez oralement avec l'enregistrement.

42.26 Observation: Restriction; *bien que*

	restriction
Tu pourrais entretenir une danseuse . . .	**bien que** ça ne se **fasse** plus beaucoup.

Notez que *bien que* est suivi du subjonctif.

ℌ 42.27 Activation orale: Restriction; *bien que*

Répondez selon l'exemple.

Exemple:
Vous entendez: 1. Tu pourrais entretenir une danseuse . . . mais ça ne se fait plus beaucoup.
Vous dites: Tu pourrais entretenir une danseuse, bien que ça ne se fasse plus beaucoup.

Continuez oralement avec l'enregistrement.

ℌ 42.28 Activation orale: Dialogue entre Robert et Mireille

Ecoutez attentivement ce dialogue entre Robert et Mireille. Vous allez apprendre les répliques de Mireille.

ROBERT: Nous avons gagné!
MIREILLE: **Nous avons gagné? Qui est-ce qui a gagné?**
ROBERT: Nous! Toi et moi!
MIREILLE: **Nous avons gagné quelque chose? Qu'est-ce que nous avons gagné?**
ROBERT: 400.000 francs! Oui, c'est dans le journal! Tous les billets qui se terminent par 8127 gagnent 400.000F!
MIREILLE: **400.000 balles? Ce billet de loterie gagne 400.000 francs?**

Libération de l'expression

42.29 Mots en liberté

Qu'est-ce qu'on peut prendre la peine de faire?

On peut prendre la peine de prévenir si on va être en retard; d'écrire à ses parents de temps en temps; d'envoyer des fleurs si on est invité chez quelqu'un; d'envoyer une carte, ou de téléphoner, pour remercier si on a été invité chez quelqu'un; d'envoyer une carte à Mireille ou à Tante Georgette pour leur anniversaire; de s'essuyer les pieds avant d'entrer; de mettre son clignotant si on va tourner. . . .

Essayez de trouver encore trois possibilités.

Qu'est-ce qu'on peut explorer?

On peut explorer la Patagonie, les forêts d'Afrique, l'espace, les égouts de Paris. . . .

Trouvez encore trois possibilités.

Qu'est-ce qu'on peut emporter si on va faire une grande randonnée?

On peut emporter des chaussures montantes, un imperméable ou un ciré, de l'huile solaire, un grand chapeau, un couteau (qui coupe, de l'armée suisse), des conserves, une carte, un sac de couchage. . . .

Essayez de trouver encore cinq possibilités.

42.30 Mise en scène et réinvention de l'histoire

Reconstituez un dialogue entre Robert et Mireille qui viennent de gagner à la Loterie Nationale. Robert propose un voyage. Mireille montre quelque hésitation et présente quelques objections.

ROBERT: Ecoute, on va louer une voiture et on va partir sur les routes!

MIREILLE: Eh là, oh! Doucement! Je (. . .).

ROBERT: Tu ne vas pas me laisser partir tout seul! Tu verras, ce sera très bien; on fera du camping, et puis de temps en temps, on descendra dans des palaces, rien que pour voir la tête des clients quand ils nous verront arriver avec nos sacs à dos et nos barbes de trois semaines.

MIREILLE: Mais je (. . .). Et puis (. . .). En fait, tu sais (. . .).

ROBERT: Pas de problème! On va en acheter. Allons dans un grand magasin.

MIREILLE: Si tu veux, mais (. . .). De toute façon (. . .). Et puis, il faut que je (. . .).

ROBERT: Quels enfants?

MIREILLE: (. . .).

42.31 Mise en scène et réinvention de l'histoire

Dites ce que vous feriez si vous aviez gagné à la loterie.

Si j'avais gagné | 100 / 10.000 / 50.000 / 100.000 / 47,50 | francs,

je trouverais ça | fantastique. / intéressant. / décourageant. / scandaleux. / honteux.

Je / J' | roulerais sur l'or. / serais aussi riche que la grand-mère d'Hubert. / serais furieux. / irais me plaindre. / rapporterais l'argent / écrirais une lettre | d'insultes / de remerciements | au directeur de la loterie.

J'irais faire un tour dans | les / mon | bistros. / égouts. / Jardins du Luxembourg. / jardin. / quartier. / magasins. / agences de voyage.

J'achèterais | 144 / 2000 | bouteilles de | Bordeaux. / Bourgogne. / Champagne. / Muscadet.
J'achèterais | une carte routière. / un guide des bons restaurants. / du matériel de camping.

Puis je partirais | pour / sur | l' / la / le / les / — | Afrique / Japon / Patagonie / Amazonie / Tombouctou / lune / routes / Russie / Samarkande | à / en / par l' | voiture. / train de luxe. / bicyclette. / moto. / Orient-Express. / hélicoptère. / Concorde. / cheval.

Je / J' | descendrais / rencontrerais / entretiendrais / explorerais / attraperais / remonterais | l'Amazone. / des bêtes sauvages. / l'espace. / la Suisse. / une île déserte. / les chutes du Zambèze. / une danseuse / un danseur | des ballets | russes. / de Bali. / yougoslaves. / roumains. / argentins. / luxembourgeois. / de l'Opéra. / une Amazone. / la malaria. / la dyspepsie. / la dysenterie. / un rhume. / un coup de soleil. / des papillons.

42.32 Mise en scène et réinvention de l'histoire

Quand Marie-Laure dit: "La confiture, c'est comme la culture; moins on en a, plus on l'étale," elle cite une maxime. (En fait, elle déforme une maxime qui est: "La culture, c'est comme la confiture; moins on en a, plus on l'étale.") Composez des maximes sur ce modèle.

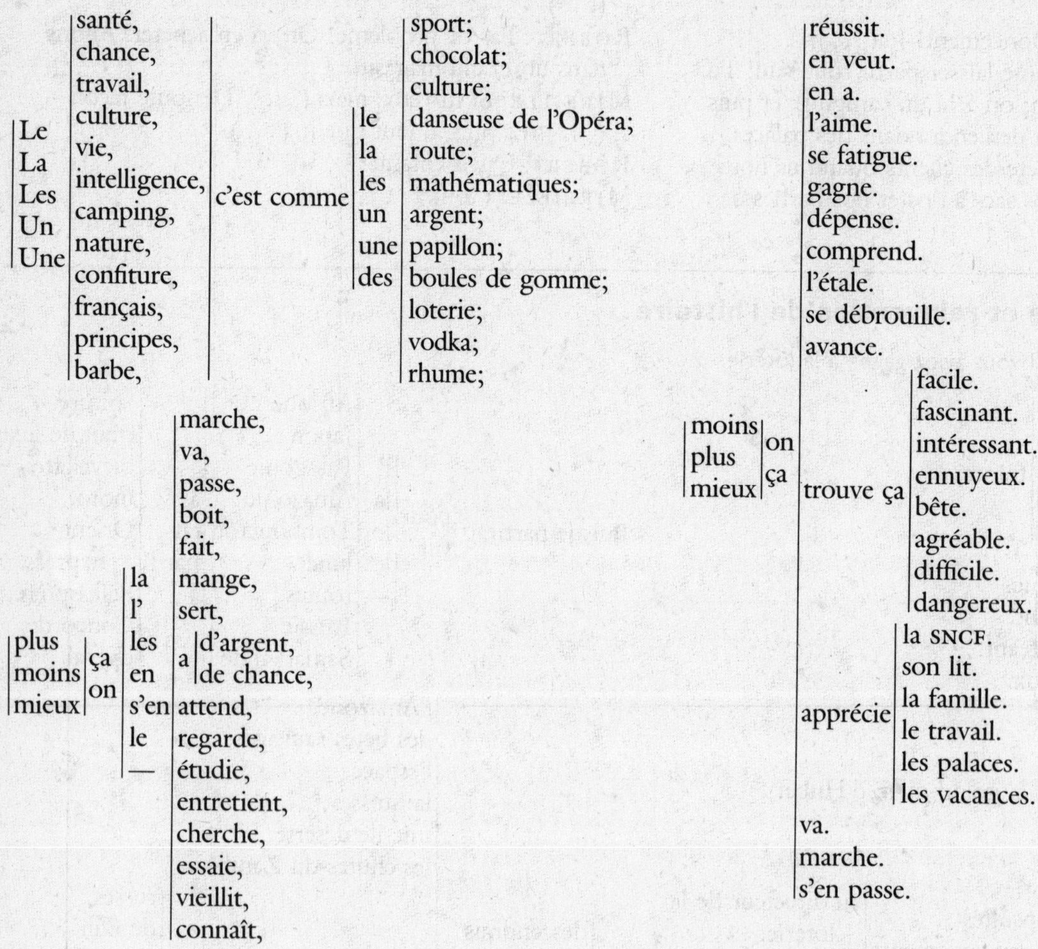

Le / La / Les / Un / Une
santé, chance, travail, culture, vie, intelligence, camping, nature, confiture, français, principes, barbe,
c'est comme
le / la / les / un / une / des
sport; chocolat; culture; danseuse de l'Opéra; route; mathématiques; argent; papillon; boules de gomme; loterie; vodka; rhume;

plus / moins / mieux
ça / on
la / l' / les / en / s'en / le / —
marche, va, passe, boit, fait, mange, sert, a d'argent, a de chance, attend, regarde, étudie, entretient, cherche, essaie, vieillit, connaît,

moins / plus / mieux
on / ça
réussit. en veut. en a. l'aime. se fatigue. gagne. dépense. comprend. l'étale. se débrouille. avance.
trouve ça facile. fascinant. intéressant. ennuyeux. bête. agréable. difficile. dangereux.
apprécie la SNCF. son lit. la famille. le travail. les palaces. les vacances.
va. marche. s'en passe.

Exercices-tests

42.33 Exercice-test: Le temps qui passe; *déjà, encore*

Complétez les réponses aux questions suivantes en utilisant *déjà* ou *encore* selon le cas.

1. Ils sont là? Oui, ils ____________________.
2. Vous avez fini? Non, nous ____________________.
3. Il est arrivé? Oui, il ____________________.
4. Vous y êtes? Non, nous ____________________.

Vérifiez. Si vous avez fait des fautes, travaillez les sections 42.16 et 42.17 dans votre cahier d'exercices.

42.34 Exercice-test: Place de *plus, jamais,* et *rien*

Complétez les réponses aux questions suivantes.

1. Vous avez gagné quelque chose?

   Non, je ____________________.

2. Vous gagnez, quelquefois?

   Non, je ____________________.

3. Vous avez encore gagné quelque chose après ça?

   Non, nous ____________________.

4. Vous gagnez quelque chose, quelquefois?

   Non, je ____________________.

Vérifiez. Si vous avez fait des fautes, travaillez les sections 42.18 à 42.21 dans votre cahier d'exercices.

42.35 Exercice-test: Subjonctif après *bien que, à moins que,* et *pourvu que*

Complétez.

1. Robert n'ira pas explorer l'Amazone, à moins que Mireille y __________ avec lui.
2. Ils ont de grands projets, bien qu'ils n'__________ gagné que 40.000F!
3. Robert viendra, pourvu que Mireille __________ aussi.
4. Vous pouvez le faire quand vous voulez, pourvu que vous le __________.

Vérifiez. Si vous avez fait des fautes, travaillez les sections 42.22 à 42.27 dans votre cahier d'exercices.

Leçon 43

Assimilation du texte

ℌ 43.1 Mise en oeuvre

Ecoutez le texte et la mise en oeuvre dans l'enregistrement sonore. Répétez et répondez suivant les indications.

ℌ 43.2 Compréhension auditive

Phase 1: Regardez les images et répétez les énoncés que vous entendez.

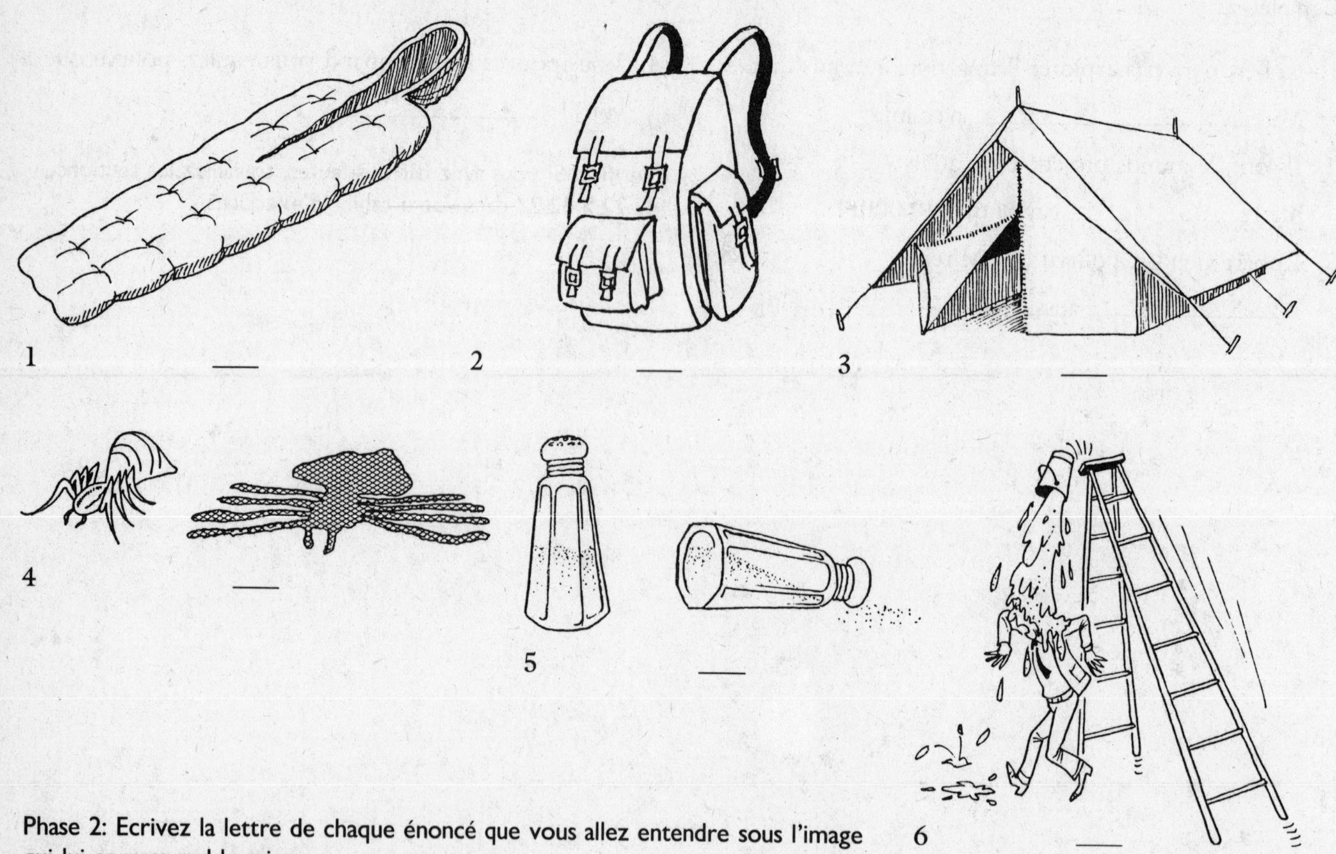

1 ___ 2 ___ 3 ___

4 ___ 5 ___ 6 ___

Phase 2: Ecrivez la lettre de chaque énoncé que vous allez entendre sous l'image qui lui correspond le mieux.

ℌ 43.3 Production orale

Ecoutez les dialogues suivants. Dans chaque dialogue, vous allez jouer le rôle du personnage indiqué.

1. (Robert et le vendeur) Vous allez être le vendeur.
2. (Le vendeur et Robert) Vous allez être Robert.
3. (Mireille et Robert) Vous allez être Robert.
4. (Le vendeur et Mireille) Vous allez être Mireille.
5. (Mireille et Jean-Pierre) Vous allez être Jean-Pierre.
6. (Jean-Pierre et Mireille) Vous allez être Mireille.

ℌ 43.4 Compréhension auditive et production orale

Ecoutez les dialogues suivants. Après chaque dialogue vous allez entendre une question. Répondez à la question.

1. Pourquoi Robert a-t-il besoin d'acheter un sac de couchage?
2. Pourquoi faudra-t-il que Robert revienne au magasin?
3. Pourquoi est-ce que Jean-Pierre trouve Mireille généreuse?
4. Pourquoi Mireille est-elle généreuse?
5. Pourquoi Jean-Pierre ne passe-t-il pas sous les échelles?
6. Pourquoi Jean-Pierre jette-t-il le sel par-dessus son épaule gauche?
7. Que fait Jean-Pierre s'il voit une araignée le matin?

Préparation à la communication

ℌ 43.5 Activation orale: Prononciation; accent tonique (révision)

Ecoutez et répétez les expressions suivantes. Rappelez-vous qu'en français il n'y a d'accent tonique que sur la dernière syllabe d'un groupe rythmique. Il n'y a pas d'accent tonique à l'intérieur d'un mot ou d'un groupe rythmique.

un journal
la nature
un modèle
un profit
Il faut en profiter.
un article
du nylon

Danger!
Elle est curieuse.
à la Loterie Nationale
Imagine!
Il est équipé.
C'est une occasion.
Excusez-moi.

C'est indépendant.
C'est synthétique.
C'est pathétique.
Il est superstitieux.
en descendant
C'est classique.

43.6 Observation: Grands et petits déplacements

Marie-Laure va faire **un tour** au Luxembourg.
Le dimanche nous faisons **une promenade** à la campagne.
Robert et Mireille sont allés faire **une excursion** à Chartres.
Robert et Mireille vont faire **une grande randonnée** en France.
Les Belleau ont fait **un voyage** en Europe Centrale.

déplacement	*moyen de locomotion*	*durée*
un tour	à pied, à vélo, en voiture	une demi-heure ou une heure
une promenade	à pied, à vélo, en voiture, à cheval	une heure ou deux
une excursion	à pied, en voiture, en autocar, en train	un jour ou deux
une randonnée	à pied, à vélo, à ski, à cheval	d'un jour à une ou deux semaines
un voyage	en train, en avion, en bateau, en voiture	de quelques jours à quelques semaines

43.7 Activation écrite: Grands et petits déplacements

Complétez.

1. Si j'avais le temps (et l'argent!), je ferais un long ______________ en Amérique du Sud pour explorer les sources de l'Amazone.
2. J'irais en Patagonie, et je ferais des ______________ de plusieurs jours à ski puisque, là-bas, l'été c'est l'hiver.
3. Tiens, j'ai une demi-heure avant mon cours d'italien. Si on allait faire un ______________ au Luxembourg?
4. —Qu'est-ce qu'il y a comme ______________ au départ de Paris?
   —Eh bien, vous pouvez aller à Chartres, à Fontainebleau, à Chantilly, à Versailles. . . .
5. Justement, dans la Forêt de Fontainebleau, on peut faire des ______________ sensationnelles et de l'alpinisme, aussi!
6. Prenons un bateau-mouche ce soir. . . . J'adore les ______________ en bateau!

43.8 Observation: Divisions

	divisions
La France	est divisée en **départements.**
Paris	est divisé en **arrondissements.**
Un immeuble	est divisé en **appartements.**
Un appartement	est divisé en **pièces.**
Un grand magasin	est divisé en **rayons.**

Dans un grand magasin on trouve beaucoup d'articles divers. On trouve des parfums au rayon de parfumerie, des pantalons au rayon des vêtements pour hommes, des robes au rayon des vêtements pour dames, des tentes au rayon des articles de sport, etc. Chaque rayon est spécialisé dans une sorte d'article.

43.9 Activation écrite: Divisions

Complétez.

1. La rue de Vaugirard, c'est dans quel ______________?
2. Quel grand appartement! Combien de ______________ avez-vous?
3. Non, vous ne trouverez pas de caleçons ici, c'est le ______________ des vêtements pour dames!
4. Nous sommes en co-propriété. Il y a six ______________ dans notre immeuble; chaque propriétaire paie sa part pour les services et l'entretien.
5. L'Arc de Triomphe? C'est dans le 8ème ______________, je crois.
6. On a divisé la France en ______________ après la Révolution.

43.10 Observation: Compétence et incompétence

compétence	*incompétence*
Ça, c'est mon rayon.	Ce n'est pas mon rayon.
Je m'y connais.	Je ne m'y connais pas.
Je m'y connais très bien.	Je n'y connais rien.

☊ 43.11 Activation orale: Compétence et incompétence

Répondez selon l'exemple.

Exemple:
Vous entendez: 1. Vous pourriez m'aider à programmer cette saloperie d'ordinateur qui ne veut pas marcher?
Vous répondez: Moi, vous savez, les ordinateurs . . . ce n'est pas mon rayon.

Continuez oralement avec l'enregistrement.

☊ 43.12 Activation orale: Compétence et incompétence

Répondez selon l'exemple.

Exemple:
Vous entendez: 1. Vous voulez acheter un poisson rouge pour votre fille? Demandez à Jean-Luc. . . .
Vous dites: Il s'y connaît!

Continuez oralement avec l'enregistrement.

43.13 Observation: Rapports qualité-prix

prix exceptionnel, momentanément baissé

Cet article est **en solde.**
Cet article est **soldé.**
C'est **une bonne occasion.**
C'est **une excellente occasion,** à ce prix-là!
C'est **une affaire!**
C'est **une bonne affaire!**
C'est **une excellente affaire!**

prix normal, maintenu

L'article est:			Le rapport qualité-prix est:
cher	et de mauvaise	qualité.	très mauvais.
bon marché	mais de mauvaise	qualité.	pas très bon.
cher	mais de bonne	qualité.	moyen.
bon marché	et de bonne	qualité.	excellent.

☊ 43.14 Activation orale et écrite: Dictée; rapport qualité-prix

Ecoutez et complétez.

1. La ____________ en ____________ ne ____________ pas la tante de Mireille.
2. Pourtant, c'est une excellente ____________ à ce ____________-là.
3. C'est un article de très ____________ et très ____________.
4. Si elle achetait un article plus ____________, et de moins ____________, elle ferait une ____________.

43.15 Observation: Comparaisons; comparatifs et superlatifs

	Le sac en duvet est cher.
comparatif	Il est **plus cher que** celui en fibre synthétique.
superlatif	C'est **le plus cher des** deux.
	Le sac en fibre synthétique est cher.
comparatif	Mais il est **moins cher que** celui en duvet.
superlatif	C'est **le moins cher des** deux.

Observez la construction du comparatif:

plus (supériorité) **moins** (infériorité) **aussi** (égalité)	*adjectif*	**que**	*référence*
Il est **plus**	cher	**que**	l'autre.
Il est **moins**	cher	**que**	l'autre.
Il est **aussi**	cher	**que**	l'autre.

Observez la construction du superlatif:

	article défini	**plus, moins**	*adjectif*	**de**	*référence*
C'est	**le**	**plus**	cher	**de**	tous.
C'est	**le**	**moins**	cher	**de**	tous.

Notez la différence entre comparatif et superlatif: elle est marquée par la présence de l'article défini (*le, la, les*) dans le superlatif. Dans le comparatif, le terme de référence est introduit par *que*. Dans le superlatif, il est introduit par *de*.

43.16 Activation écrite: Comparaison; comparatifs et superlatifs

Complétez.

1. Cécile est jeune.

   Mireille est ______________ jeune ______________ Cécile.

   Marie-Laure est ______________ jeune ______________ trois.

2. Le Château-Margaux 1982 est cher.

   Le vin rouge en carafe est ______________ cher que le Château-Margaux.

   Mais l'Orangina est le ______________ cher ______________ trois.

3. Marie-Laure est obéissante.

   Mireille est ______________ obéissante ______________ Marie-Laure.

   Robert est ______________ obéissant ______________ tous.

43.17 Observation: Superlatifs

C'est ce qu'il y a **de plus cher.**
C'est ce qu'il y a **de moins cher.**
C'est ce qu'il y a **de mieux.**

C'est ce qu'il y a **de pire.**
C'est ce qu'on fait **de mieux.**
C'est ce qu'on fait **de pire.**

C'est le plus beau **que nous ayons.**
C'est le dernier **que nous ayons.**

ℌ 43.18 Activation orale: Superlatifs

Répondez selon l'exemple.

Exemple:
Vous entendez: 1. On ne fait pas pire!
Vous dites: C'est ce qu'on fait de pire!

Continuez oralement avec l'enregistrement.

43.19 Observation: Superlatif et subjonctif

	superlatif		*subjonctif*
C'est	le plus beau	que nous	**ayons.**
Ce sont	les derniers	que nous	**ayons.**
C'est	la moins chère	que vous	**puissiez** trouver.

Notez l'emploi du subjonctif pour préciser, modifier une notion superlative: *C'est le plus beau* exprime une notion superlative. Dans *C'est le plus beau que nous ayons*, cette notion superlative est précisée, modifiée par l'addition de *que nous ayons.*

ℌ 43.20 Activation orale: Superlatif et subjonctif

Répondez selon l'exemple.

Exemple:
Vous entendez: 1. Je ne connais pas de meilleur hôtel.
Vous dites: C'est le meilleur que je connaisse.

Continuez oralement avec l'enregistrement.

43.21 Observation: Insuffisance

	tout ce que		*verbe*	
	Tout ce que	j'	**ai,**	c'est un maillot de bain.
C'est	**tout ce que**	vous	**avez**	comme fromages?
C'est	**tout ce que**	tu	**as fait**	depuis hier?

ℌ 43.22 Activation orale: Insuffisance

Répondez selon l'exemple.

Exemple:
Vous entendez:
1. —Qu'est-ce que vous avez comme vin?
—Du beaujolais.
Vous dites: (Comment?) C'est tout ce que vous avez (comme vin)?

Continuez oralement avec l'enregistrement.

☊ 43.23 Activation: Dialogue entre Mireille et Jean-Pierre

Vous allez entendre un dialogue entre Mireille et Jean-Pierre. Ecoutez attentivement. Vous allez apprendre les réponses de Jean-Pierre.

MIREILLE: Vous n'allez pas me croire, mais je viens de gagner à la Loterie Nationale.
JEAN-PIERRE: **Sans blague! Vous avez gagné à la Loterie Nationale?**
MIREILLE: Oui!
JEAN-PIERRE: **Ah, ça ne m'étonne pas! Avec tout ce verre blanc cassé. . . .**
MIREILLE: Ah, vous aussi, vous y croyez, au verre blanc cassé?
JEAN-PIERRE: **Oh, moi, je ne suis pas superstitieux, mais le verre blanc cassé, ça marche à tous les coups.**

Libération de l'expression

43.24 Mots en liberté

Qu'est-ce qu'on peut prendre quand on part en vacances?

On peut prendre un taxi pour aller à la gare; on peut prendre l'avion; on peut prendre un carnet de chèques, une carte de crédit, deux valises, ses skis si c'est l'hiver, ou si on va en Patagonie; on peut prendre son pied. . . .

Essayez de trouver au moins cinq autres possibilités.

Qu'est-ce qu'on peut acheter dans un grand magasin?

On peut acheter un poisson rouge, une tente, une bicyclette, des assiettes. . . .

Trouvez encore au moins six possibilités.

Qu'est-ce qu'on peut essayer de faire pour éviter d'avoir des malheurs?

On peut casser deux douzaines de verres blancs; enlever les échelles de son chemin; rester au lit. . . .

Essayez de trouver encore au moins deux possibilités.

43.25 Mise en scène et réinvention de l'histoire

Reconstituez un dialogue entre Robert et un vendeur au rayon des articles de sport d'un grand magasin.

ROBERT: Ça vaut combien, une tente comme celle-là?
LE VENDEUR: Ce modèle (. . .). C'est une (. . .). C'est de la (. . .). Vous avez (. . .).
ROBERT: Et comme sacs à dos, qu'est-ce que vous me conseillez?
LE VENDEUR: Ça dépend (. . .). Nous en avons (. . .).
ROBERT: Et comme sacs de couchage?
LE VENDEUR: Là aussi, ça dépend (. . .). Ce modèle-ci (. . .). C'est du (. . .). Dans le haut de gamme (. . .). C'est le plus beau que (. . .).

43.26 Mise en scène et réinvention de l'histoire

Reconstituez un dialogue entre Jean-Pierre Bourdon et Mireille. Mireille vient de gagner à la loterie. Jean-Pierre la rencontre par hasard dans la rue, et essaie de la draguer.

JEAN-PIERRE: Pardon, Mademoiselle, vous auriez du feu?
MIREILLE: Ecoutez, voilà (. . .).
JEAN-PIERRE: Eh bien! Vous êtes bien généreuse!
MIREILLE: Je n'aime pas (. . .).
JEAN-PIERRE: Oh, ce n'est pas gentil de me dire ça!
MIREILLE: Et puis (. . .). Je viens de (. . .).
JEAN-PIERRE: Sans blague! En fait, ça ne m'étonne pas, avec tout ce verre blanc que vous avez cassé!
MIREILLE: Ah? Vous croyez (. . .).
JEAN-PIERRE: Oh, moi, je ne suis pas (. . .). mais le verre (. . .), ça (. . .).

44.3 Compréhension auditive et production orale

Ecoutez les dialogues suivants. Après chaque dialogue, vous allez entendre une question. Répondez à la question.

1. Pourquoi est-ce qu'Hubert est contre la Loterie Nationale?
2. Qu'est-ce qu'Hubert fait quand il joue aux courses à Longchamp?
3. Quelle sorte de chaussures est-ce que Robert cherche?
4. D'après le vendeur, du combien Robert chausse-t-il?
5. D'après Cécile, qu'est-ce que Mireille devrait faire de son argent?
6. Qu'est-ce que Tante Georgette conseille à Mireille de faire de son argent?
7. Qu'est-ce que c'est que la SPA?

44.4 Production orale

Ecoutez les dialogues suivants. Dans chaque dialogue vous allez jouer le rôle du personnage indiqué.

1. (Mireille et Hubert) Vous allez être Hubert.
2. (Robert et le vendeur) Vous allez être le vendeur.
3. (Georgette et Mireille) Vous allez être Mireille.
4. (Le vendeur et Robert) Vous allez être Robert.
5. (Robert et le vendeur) Vous allez être le vendeur.
6. (Robert et le vendeur) Vous allez être le vendeur.

Préparation à la communication

44.5 Observation: Prononciation; n'explosez pas vos consonnes!

Vous vous rappelez (voir leçon 26) qu'en français, il n'y a pas d'émission d'air, pas de souffle après les consonnes /p/, /t/ et /k/. En anglais, ces consonnes sont suivies d'un souffle, d'une légère explosion, sauf lorsqu'elles sont précédées de /s/.

Comparez:

cool school take stake pike spike

En français, la voyelle suit immédiatement les consonnes /p/, /t/, /k/ (comme en anglais dans *school*, *stake*, et *spike*).

44.6 Activation orale: Prononciation; /p/, /t/, /k/

Ecoutez et répétez en **évitant** de faire suivre d'un souffle les consonnes en italique.

aux *c*ourses
*P*ardi!
*T*enez!
les *c*a*p*italistes
la *p*aire
*T*out *c*et argent.

Ils *c*omptent sur la chance.
C'est *p*ire.
un *t*errain
Pour *c*onduire, il faut un *p*ermis.
C'est de la *p*aresse.
des *t*ableaux

*Q*uelle *p*oin*t*ure?
Cer*t*ainement!
Le *c*om*p*as dans l'oeil
des *p*antoufles
Ache*t*ez *t*out!
*Q*u'est-ce *q*ue *t*u me *c*onseilles?

44.7 Observation: Annonce d'une nouvelle

annonce	*réponse*
Vous savez?	Quoi?
Vous ne savez pas?	Non!
Tu sais la nouvelle?	Quelle nouvelle?
Tu sais ce qui m'arrive?	Comment veux-tu que je le sache?
Devine!	Je ne sais pas, moi!
Devine ce qui m'arrive!	Aucune idée.
Tu ne devineras jamais!	Alors, dis-le moi tout de suite!
Je te le donne en mille!	Qu'est-ce qui se passe?
Vous n'allez pas me croire!	Qu'est-ce que c'est?

43.27 Mise en scène et réinvention de l'histoire

Imaginez un dialogue entre Mireille et sa mère. Mireille annonce à sa mère qu'elle a l'intention de partir avec Robert. Réactions de Mme Belleau.

MIREILLE:

Maman, nous avons gagné | 400.000 / 80.000 / 2.000 | francs à la loterie!

MME BELLEAU:

C'est | immoral! / fantastique! / formidable! / bien peu! / ridicule!

Je suppose que tu vas acheter | quelque chose | chez Dior. / à Prisunic.
| des | livres d'art. / actions à la Bourse.
| un / une | poupée / cravate / ticket de métro / Alpine | pour | ta soeur. / ton père. / ta mère.

Ou bien est-ce que tu vas | mettre / cacher / donner | cet argent | au / dans / à / en | l' / la / une / — | MLF? / banque? / Suisse? / vieille chaussette? / caisse d'épargne? / Armée du Salut? / Tante Georgette? / SPA?

MIREILLE:

Non, Maman. Robert et moi avons l'intention | de / d' | partir en voyage. / nous marier. / faire du camping ensemble. / vivre ensemble sous une tente. / acheter un prieuré du XVIème siècle.

Nous allons | explorer / visiter / élever | l'Amazone. / l'Asie Centrale. / l'Australie. / la Terre Adélie. / Cuba. / Israël. / le Japon. / dix-sept enfants. / des poulets. / des lapins. / des canards.

Nous avons déjà | acheté / emprunté | une tente avec un double toit. / un grand sac de couchage. / un grand lit. / deux sacs de couchage. / des cages à lapins. / la voiture de Tonton Guillaume.

MME BELLEAU:

C'est | parfait. / une excellente idée! / impossible! / scandaleux! / une honte! / une blague!

Je / J' | espère que tu n'es pas sérieuse. / suis absolument contre cette idée. / trouve ça absolument charmant. / n'accepterai jamais que tu partes avec ce | dragueur puant. / petit dégénéré. / fils de banquier. / sauvage américain.

MIREILLE:

Mais, Maman,

tu devrais | vivre avec ton temps. / protester. / y réfléchir jusqu'à demain. / abandonner tes idées du siècle dernier. / être un peu moins vieux jeu.

nous pouvons | partir avec ou sans ta permission. / nous adresser à Papa. / nous débrouiller sans toi. / faire ce que nous voulons. / être très heureux ensemble. / gagner beaucoup d'argent.

Exercices-tests

43.28 Exercice-test: Vocabulaire

Utilisez des mots de la liste suivante pour compléter les phrases ci-dessous: *tour; excursion; voyage; rayon; département; arrondissement; appartement; pièce.*

1. Les Courtois habitent un ______________ moderne dans une des tours du Quai de Grenelle, dans le 15ème ______________. Ils ont cinq ______________, sans compter la cuisine et la salle de bain.
2. Les ordinateurs, je n'y connais rien. Ce n'est pas mon ______________.
3. Où est Chartres? Chartres est dans quel ______________?
4. Il ne pleut plus. Tu veux venir faire un ______________ au Luxembourg?
5. Marie-Laure a fait une ______________ avec sa classe; elle est allée à Versailles.

Vérifiez. Si vous avez fait des fautes, travaillez les sections 43.6 à 43.12 dans votre cahier d'exercices.

43.29 Exercice-test: Comparatifs et superlatifs

Complétez.

1. Marie-Laure est plus jeune _____ moi.
2. C'est la plus jeune _____ nous trois.
3. Est-ce que cette tente est aussi grande _____ celle-là?
4. C'est la moins chère _____ toutes, mais elle est aussi moins solide _____ les autres.
5. C'est ce qu'on fait _____ mieux.

Vérifiez. Si vous avez fait des fautes, travaillez les sections 43.15 à 43.18 dans votre cahier d'exercices.

43.30 Exercice-test: Superlatifs et subjonctif

Complétez les réponses aux questions suivantes.

1. Vous avez d'autres sacs de couchage?
   Non, c'est le seul que nous ______________.
2. Tu es allé dans d'autres musées?
   Non, c'est le seul où je ______________ allé.
3. Je peux faire autre chose?
   Non, c'est la dernière chose que tu ______________ faire.
4. Mireille connaît d'autres Américains, à part Robert?
   Non, c'est le seul qu'elle ______________.
5. Elle a une jupe rouge plus jolie que celle-là?
   Non, c'est la plus jolie qu'elle ______________.

Vérifiez. Si vous avez fait des fautes, travaillez les sections 43.19 et 43.20 dans votre cahier d'exercices.

Leçon 44

Assimilation du texte

☊ 44.1 Mise en oeuvre

Ecoutez le texte et la mise en oeuvre dans l'enregistrement sonore. Répétez et répondez suivant les indications.

☊ 44.2 Compréhension auditive

Phase 1: Regardez les images et répétez les énoncés que vous entendez.

Phase 2: Ecrivez la lettre de chaque énoncé sous l'image qui lui correspond le mieux.

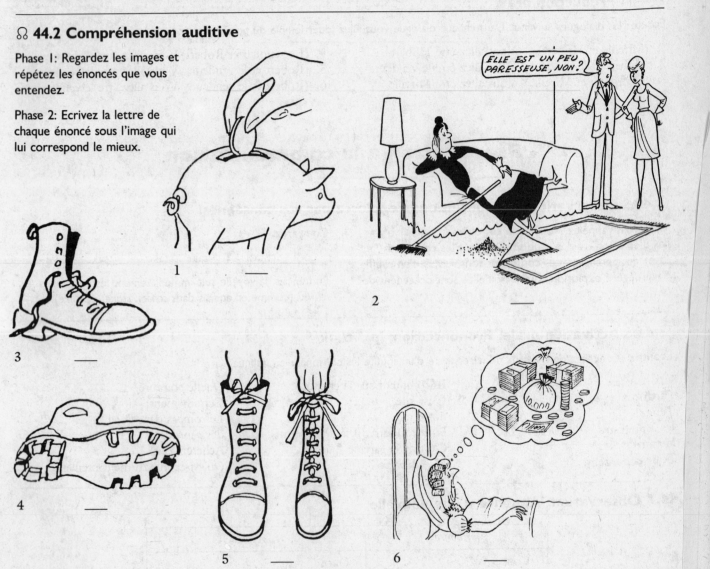

1 ___

ELLE EST UN PEU PARESSEUSE, NON?

2 ___

3 ___

4 ___

5 ___

6 ___

☊ 44.8 Activation: Compréhension auditive; annonce d'une nouvelle

Pour chaque énoncé que vous allez entendre, déterminez s'il s'agit de l'annonce d'une nouvelle ou d'une réponse. Cochez la case appropriée.

	1	2	3	4	5	6	7	8	9	10
annonce										
réponse										

44.9 Observation: Avis divers; *suggérer, proposer, conseiller, recommander*

ROBERT: MIREILLE:	Qu'est-ce que tu me suggères? Tu pourrais remonter l'Amazone, ou entretenir une danseuse.	(*Ce n'est qu'une suggestion, pas très sérieuse.*)
ROBERT:	Voilà ce que je propose: on va aller faire une randonnée en France.	(*C'est une proposition sérieuse.*)
CECILE:	Je te conseille de placer l'argent. Tu devrais acheter un terrain.	(*C'est un bon conseil.*)
LE GARÇON:	Je vous recommande le pied de porc. Il est vraiment très bon.	(*Le garçon veut qu'on suive sa recommandation.*)

force	*verbe*		*verbe*		*nom*
1	Je vous **suggère**	de faire ça.	Je vous fais	une simple	**suggestion.**
2	Je vous **propose**	de faire ça.	Je vous fais	cette	**proposition.**
3	Je vous **conseille**	de faire ça.	Je vous donne	ce	**conseil.**
4	Je vous **recommande**	de faire ça.	Je vous fais	cette	**recommandation.**

suggestion	Et si on allait au théâtre. . . .
proposition	Tu veux qu'on aille au cinéma ce soir?
conseil	Tu devrais aller à la Comédie-Française demain.
recommandation	Moi, si j'étais toi, j'irais à la Comédie-Française.

☊ 44.10 Activation: Compréhension auditive; avis divers

Pour chaque énoncé que vous allez entendre, indiquez s'il s'agit plutôt d'une suggestion, d'une proposition, d'un conseil, ou d'une recommandation.

	1	2	3	4	5	6
suggestion						
proposition						
conseil						
recommandation						

44.11 Activation écrite: Avis divers; *suggérer, proposer, conseiller, recommander*

Complétez avec la forme convenable du verbe.

1. Mireille fait une suggestion à Robert: elle lui ____________ d'aller à la Comédie-Française.
2. Robert fait une proposition à Mireille: il lui ____________ d'acheter un billet de loterie.
3. Le père de Mireille lui donne un conseil: il lui ____________ d'acheter des tableaux qui vaudront des millions dans dix ans.
4. Mireille fait une recommandation à Robert: elle lui ____________ de déjeuner à la Closerie des Lilas.

44.12 Observation: Discrimination

différence	*pas de différence*
Ce n'est pas la même chose. Ce n'est pas pareil. C'est tout à fait différent. Il n'y a aucun rapport. Ça n'a rien à voir. C'est une autre histoire.	C'est la même chose. C'est pareil. Il n'y a pas de différence. Il n'y a aucune différence. Je ne vois pas de différence. C'est la même histoire.

☊ 44.13 Activation: Compréhension auditive; discrimination

Vous allez entendre une série d'énoncés. Pour chaque énoncé, déterminez s'il s'agit d'une différence ou d'une ressemblance (pas de différence).

	1	2	3	4	5	6	7	8	9	10	11	12
différence												
pas de différence												

44.14 Observation: Subjonctif indiquant le but

proposition principale	*proposition subordonnée avec subjonctif*
Asseyez-vous là,	**que je prenne** vos mesures.
Asseyez-vous,	**pour que je puisse** prendre vos mesures.

Quand le vendeur dit à Robert: "Asseyez-vous, que je prenne vos mesures," le message principal est: "Asseyez-vous." *Asseyez-vous* est la proposition principale de la phrase.

Quand le vendeur ajoute: "que je prenne vos mesures," il indique son but. Il explique pourquoi Robert doit s'asseoir; c'est une explication secondaire, subordonnée au message principal. Cette proposition subordonnée (*que je prenne vos mesures*) présente l'action de *prendre des mesures* comme une **intention,** un **but,** sans considérer sa réalisation. Notez que le verbe (*prenne*) est au subjonctif.

♎ 44.15 Activation orale: Subjonctif indiquant le but

Répondez selon l'exemple.

Exemple:
Vous entendez: 1. Venez! Je veux vous dire quelque chose.
Vous dites: Venez, que je vous dise quelque chose.

Continuez oralement avec l'enregistrement.

44.16 Observation: Subjonctif et négation implicite

	subjonctif
Il **n'y a que** le loto et le tiercé qui	**soient** pires.
C'est le **dernier**	que nous **ayons.**
C'est le **plus beau**	que nous **ayons.**

Remarquez que les phrases ci-dessus contiennent toutes une négation implicite. Quand Hubert dit qu'il n'y a que le loto et le tiercé qui soient pires que la loterie, il indique que **rien n'est** pire (et donc que la loterie est vraiment quelque chose de très immoral). Quand le vendeur dit que c'est le dernier sac de couchage qu'ils aient dans le magasin, il indique qu'ils **n'en ont pas** d'autres. Quand il dit que ce sac est le plus beau qu'ils aient, il insiste sur le fait qu'ils **n'en ont pas** de plus beau.

♎ 44.17 Activation orale: Subjonctif et négation implicite

Répondez selon l'exemple.

Exemple:
Vous entendez: 1. Vous avez d'autres bottes?
Vous dites: Non, ce sont les seules bottes que nous ayons.

Continuez oralement avec l'enregistrement.

♎ 44.18 Activation orale: Subjonctif et négation implicite

Répondez selon l'exemple.

Exemple:
Vous entendez: 1. A part les films muets, qu'est-ce qui est intéressant?
Vous dites: Il n'y a que les films muets qui soient intéressants.

Continuez oralement avec l'enregistrement.

44.19 Activation écrite: Pronoms démonstratifs (révision)

Complétez.

1. Après avoir gagné à la Loterie Nationale, Robert essaie timidement de faire des achats dans un grand magasin. Il cherche des chaussures. ___________ que le vendeur lui propose sont des chaussures montantes. Robert les essaie: "La chaussure de droite est très bien, mais ___________ de gauche me serre un peu. . . . Et si je ne prenais que ___________ de droite, ce serait combien?"

2. Tante Georgette trie des petits pois: "___________-ci n'est pas bon, il faut l'enlever. ___________-là aussi est mauvais. Ah la la, les petits pois ne sont plus ce qu'ils étaient. . . . ___________-là ne sont pas très jolis, mais ça ira quand même. Tiens! ___________-ci n'est pas mal, ça m'étonne."

44.20 Observation: *Ce qui, ce que*

Comparez.

	antécédent	pronom relatif	
1. Avec 200.000F, vous pouvez acheter	**la voiture**	**que**	vous voulez.
2. Avec 200.000F, vous pouvez acheter	**la voiture**	**qui**	vous plaît.
3. Avec 200.000F, vous pouvez acheter	**ce**	**que**	vous voulez.
4. Avec 200.000F, vous pouvez acheter	**ce**	**qui**	vous plaît.

Dans les phrases 1 et 2, il est question d'acheter quelque chose de précis, identifié, nommé: une voiture. Les pronoms relatifs *qui* et *que* ont pour antécédent le nom *voiture*.

Dans les phrases 3 et 4, il est question d'acheter quelque chose, mais on ne sait pas quoi; il ne s'agit pas de quelque chose de précis, d'identifié, de nommé. Les pronoms relatifs *qui* et *que* n'ont pas de nom comme antécédent. L'antécédent des pronoms relatifs est alors *ce*. *Ce* est un pronom qui a un sens vague, général; il ne représente pas une chose précise, nommée.

☊ 44.21 Activation orale: Pronoms relatifs: *qui, que (qu')*

Répondez selon les exemples.

Exemples:

Vous entendez: 1. Mireille a rencontré un jeune homme. Il s'appelle Robert.
Vous voyez: Mireille a rencontré un jeune homme . . .
Vous dites: Mireille a rencontré un jeune homme qui s'appelle Robert.

Vous entendez: 2. Robert a vu des manifestants au Quartier Latin. Il les a suivis.
Vous voyez: Robert a suivi les manifestants . . .
Vous dites: Robert a suivi les manifestants qu'il a vus au Quartier Latin.

3. Robert a écrit une lettre . . .
4. Les Belleau ont une maison de campagne . . .
5. Mme Belleau a bien reçu les roses . . .
6. Robert et Mireille ont acheté un billet de loterie . . .
7. Robert a trouvé des chaussures . . .
8. Mireille a beaucoup d'amis étrangers . . .
9. La mère de Robert a une amie à Paris . . .
10. Robert et Mireille ont vu un film de Rohmer . . .

☊ 44.22 Activation orale: Pronoms relatifs; ce *qui*

Répondez selon l'exemple.

Exemple:
Vous entendez: 1. Si quelque chose tente Robert, il l'achète.
Vous dites: Il achète ce qui le tente.

Continuez oralement avec l'enregistrement.

☊ 44.23 Activation orale: Pronoms relatifs; ce *que* (ce *qu'*)

Répondez selon l'exemple.

Exemple:
Vous entendez: 1. Si Mireille dit quelque chose, Robert le croit.
Vous dites: Il croit tout ce qu'elle dit.

Continuez oralement avec l'enregistrement.

44.24 Activation écrite: Pronoms relatifs; ce *qui*, ce *que* (ce *qu'*)

Complétez

1. Prends ________ te tente!
2. Faites ________ vous voulez.
3. Je ne fais que ________ m'intéresse.
4. Je n'aime que ________ est un peu difficile.
5. Il fait tout ________ elle veut!
6. Il fait tout ________ lui plaît!
7. Commandez ________ vous aimez.

☊ 44.25 Activation orale: Dialogue entre Mireille et Hubert

Vous allez entendre un dialogue entre Mireille et Hubert. Ecoutez attentivement. Vous allez apprendre les réponses d'Hubert.

MIREILLE: Hubert! Tu ne devineras jamais! Je te le donne en mille!
HUBERT: **Puisque je ne devinerai jamais, dis-le moi tout de suite!**
MIREILLE: Nous avons gagné à la loterie!
HUBERT: **Qui ça, "nous"?**
MIREILLE: Eh bien, Robert et moi, pardi!
HUBERT: **C'est une honte! La loterie est une des institutions les plus immorales de notre triste époque! Il n'y a que le loto et le tiercé qui soient pires!**

Libération de l'expression

44.26 Mots en liberté

Dans quoi peut-on se sentir bien?
On peut se sentir bien dans un fauteuil, une robe, un costume, sa maison. . . .

Trouvez encore au moins cinq possibilités.

Qu'est-ce qu'on peut porter aux pieds?
On peut porter des chaussettes rouges, des pantoufles. . . .

Trouvez encore au moins cinq possibilités.

Qu'est-ce qui peut vous serrer?
Un chapeau trop petit, une robe. . . .

Trouvez encore au moins trois ou quatre possibilités.

44.27 Mise en scène et réinvention de l'histoire

A. Reconstituez un dialogue entre Robert et le vendeur au rayon des chaussures.

LE VENDEUR: Vous cherchez des bottes?
ROBERT: Non, je voudrais (. . .). Quelque chose qui soit (. . .) mais pas trop (. . .).
LE VENDEUR: Quelle est votre (. . .)?
ROBERT: Comment?
LE VENDEUR: Du combien (. . .)?
ROBERT: Ah! Je chausse du (. . .).
LE VENDEUR: Vous plaisantez! Vous faites au moins (. . .).
ROBERT: Mais je vous assure! La dernière fois (. . .).

B. Reconstituez un dialogue entre Mireille et Tante Georgette.

TANTE GEORGETTE: Ah, c'est Georges qui les aimait, les lentilles!
MIREILLE: Georges?
TANTE GEORGETTE: Non, pas ton cousin. Georges de Pignerol. Tu ne l'as pas connu. Tes parents (. . .). Ils ne voulaient pas (. . .). Ah, quel (. . .)! Grand (. . .). Je l'avais rencontré (. . .). On avait pris (. . .). On avait réuni nos économies pour (. . .). Mais ton père (. . .). Mais dis-moi, c'est combien que tu as gagné? 40.000F? Qu'est-ce que tu vas faire de tout cet argent?
MIREILLE: Ben (. . .). Cécile me conseille de (. . .). Papa dit que je devrais (. . .).

44.28 Mise en scène et réinvention de l'histoire

Imaginez une nouvelle version de l'histoire de Tante Georgette. Par exemple:

Ah, Georges! Quel	artiste bel homme idiot aristocrate sale capitaliste chameau commerçant homme d'affaires	 puant dégénéré	c'était!

De son métier, il était	vendeur dans un grand magasin. médecin. espion. professeur de prêtre. gardien de nuit. pasteur. rabbin. marchand de chaussures.	 piano. français. danse.

Il	était n'était pas	plutôt très assez — trop du tout	grand, petit, gros, musclé, mince, squelettique, costaud, robuste,

mais c'est fou ce qu'il était	bête beau élégant intelligent vulgaire distingué gentil dragueur bien élevé	et	ennuyeux. généreux. égoïste. poli. gracieux. stupide. spirituel.

Il	était n'était pas	toujours souvent assez	triste. désagréable. malade. de	 bonne mauvaise	 humeur.
			bien mal	habillé.	

Il travaillait dans les services	administratifs sociaux techniques	du de la de l' de	Education Nationale. SNCF. armée Synagogue. Institut Musulman. Eglise	 russe. du Salut. polonaise. belge. chinoise. Catholique. Réformée.

Il portait des	pantoufles pataugas souliers bas chaussures sandales espadrilles bottes en cuir	blancs, rouges, blanches, jaunes, noirs, noires, à semelles anti-dérapantes,

avec une veste | à deux / à trois / à six / sans | boutons | grise, / noire, / marron, / rose,

et un pantalon | très serré à la taille. / collant. / trop long. / trop court. / blanc. / noir. / gris. / bleu. / rose.

Il possédait | des châteaux en Espagne. / des vignobles dans le Bordelais. / des chevaux à Longchamp. / la moitié de Paris. / des terrains | en Australie. / en province. / en Provence. / à Provins. | / des vaches en Normandie.

Nous nous étions rencontrés

| un beau matin de printemps / une nuit d'hiver / un bel après-midi d'été / un soir d'automne / à midi / à minuit | sur les quais de la Seine. / Place Pigalle. / à Tombouctou. / au musée du Louvre. / au cours | de / d' | danse. / anatomie. / dessin. / informatique.

Nous devions monter ensemble

| un / une | association pour la | défense / protection / libération | des | / pension / restaurant / salon de coiffure / cinéma / cimetière | pour les | hommes. / femmes. / enfants. / poissons rouges. / insectes. / prêtres. / bonnes soeurs. / artistes. / chiens.

Malheureusement, ça n'a pas pu marcher, parce que

Georges | a voulu emprunter deux millions à mon frère Guillaume. / m'a quittée pour | la caissière des Folies-Bergère. / une ouvreuse de la Comédie-Française. / se faire prêtre. / entrer à l'Armée du Salut. | / ne pouvait pas supporter | Fido. / mon frère Guillaume. / ma concierge. | / est mort d'une indigestion de lentilles.

mon frère François | ne pouvait pas supporter Georges. / l'a découragé. / a été très désagréable avec lui.

le chien de Georges | ne supportait pas | Guillaume. / Fido. / les lentilles. / la SPA. | / a été désagréable avec | Fido. / la concierge.

Ah, ne me parlez pas des | marchands de chaussures! / concierges! / hommes! / frères! / chiens! / vendeurs de grands magasins! / espions!

Il n'y a que | le / la / les | chiens / hommes / chevaux / femmes / tiercé / loterie | qui | soit / soient | — / plus | pire. / égoïstes. / bêtes. / désagréables. / embêtants. / méchants. / difficiles à garder.

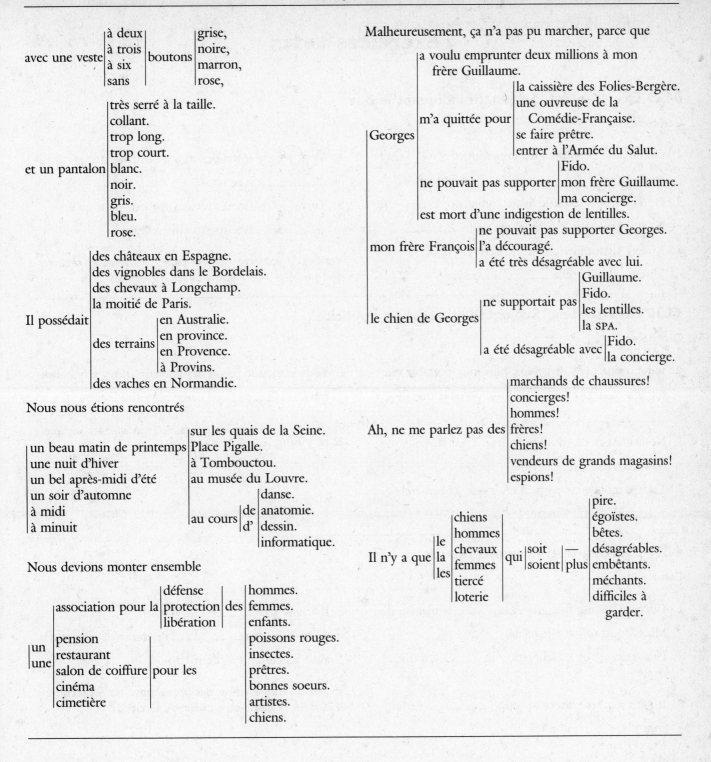

Exercices-tests

44.29 Exercice-test: Subjonctif indiquant le but

Complétez.

1. On ne peut rien entendre, avec tout ce bruit! Taisez-vous, qu'on ________ entendre quelque chose!
2. On ne sait pas à quelle heure commence le film? Eh bien, regarde sur le Minitel, qu'on le ________!
3. Robert vient dîner ce soir. Je vais téléphoner à Mireille pour qu'elle ________ aussi.
4. Vous partez? Attendez-moi un instant, que je ________ avec vous.
5. Tu vas à Chartres? Préviens Robert, pour qu'il y ________ avec toi, ça l'intéressera.

Vérifiez. Si vous avez fait des fautes, travaillez les sections 44.14 et 44.15 dans votre cahier d'exercices.

44.30 Exercice-test: Subjonctif et négation implicite

Complétez.

1. Je ne connais pas de gamine plus insupportable que toi! Tu es la gamine la plus insupportable que je ________!
2. Nous n'avons pas d'autre couleur. C'est la seule que nous ________.
3. Tout le monde est parti. Il n'y a que Robert qui ________ resté.
4. Tout le monde prend des liqueurs? Il n'y a que moi qui ________ une infusion?

Vérifiez. Si vous avez fait des fautes, travaillez les sections 44.16 à 44.18 dans votre cahier d'exercices.

44.31 Exercice-test: Pronoms relatifs

Complétez.

1. Goûtez; c'est un foie gras ________ la maman de Mme Courtois fait elle-même.
2. J'en ai donné un à Georgette ________ l'a trouvé délicieux.
3. Robert a acheté des chaussures ________ ne lui vont pas.
4. Il achète tout ________ il voit!
5. 400.000F, c'est ________ on aurait gagné si on avait acheté un billet entier!

Vérifiez. Si vous avez fait des fautes, travaillez les sections 44.20 à 44.24 dans votre cahier d'exercices.

Leçon 45

Assimilation du texte

☊ 45.1 Mise en oeuvre

Ecoutez le texte et la mise en oeuvre dans l'enregistrement sonore. Répétez et répondez suivant les indications.

☊ 45.2 Compréhension auditive

Phase 1: Regardez les images et répétez les énoncés que vous entendez.

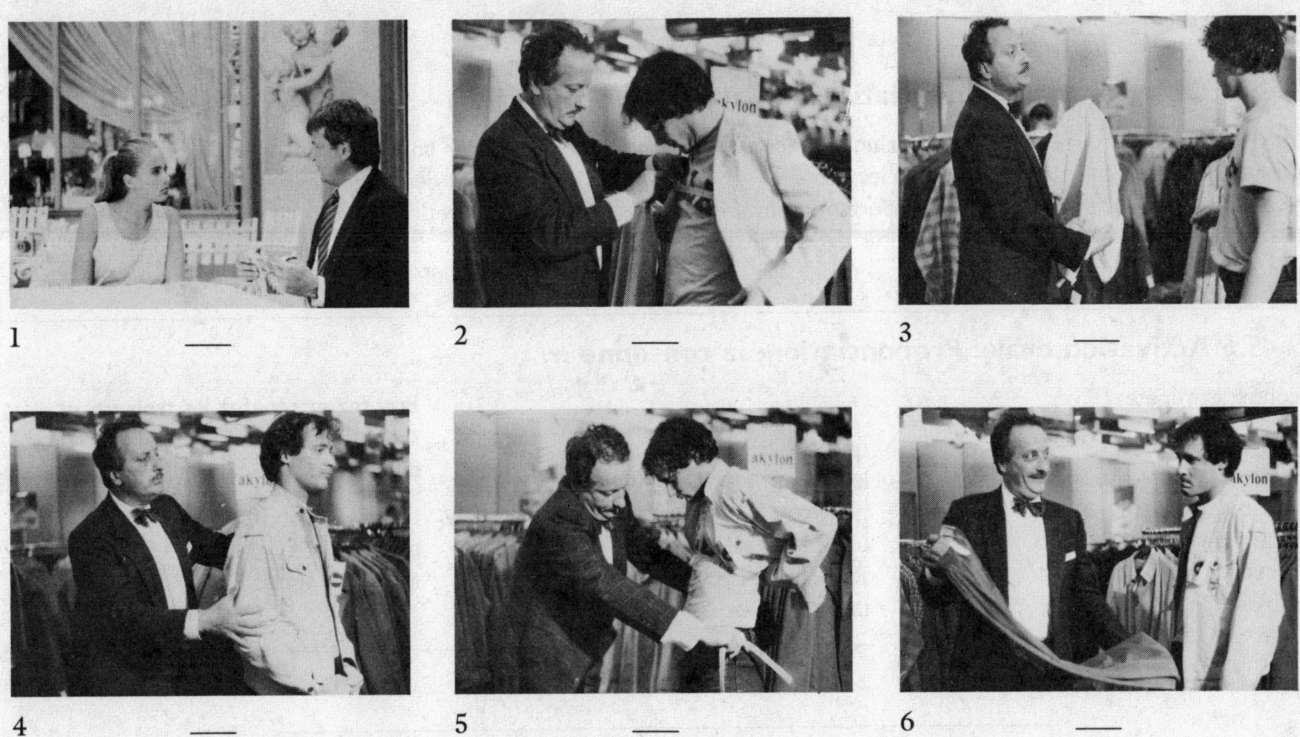

1 ___ 2 ___ 3 ___

4 ___ 5 ___ 6 ___

Phase 2: Ecrivez la lettre de chaque énoncé que vous entendez sous l'image qui lui correspond le mieux.

☊ 45.3 Production orale

Ecoutez les dialogues suivants. Dans chaque dialogue vous allez jouer le rôle du personnage indiqué.

1. (Guillaume et Mireille) Vous allez être Mireille.
2. (Mireille et Guillaume) Vous allez être Guillaume.
3. (Mireille et Guillaume) Vous allez être Guillaume.
4. (Guillaume et Mireille) Vous allez être Mireille.
5. (Le vendeur et Robert) Vous allez être Robert.
6. (Le vendeur et Robert) Vous allez être Robert.

☊ 45.4 Compréhension auditive et production orale

Ecoutez les dialogues suivants. Après chaque dialogue, vous allez entendre une question. Répondez à la question.

1. Qu'est-ce que Tonton Guillaume propose à Mireille pour fêter l'événement?
2. Pourquoi Mireille n'a-t-elle pas besoin d'acheter une voiture, d'après Tonton Guillaume?
3. Qu'est-ce que Tonton Guillaume conseille à Mireille de faire de l'argent?
4. Pourquoi Mireille considère-t-elle que l'argent est un peu à Robert?
5. Quelle couleur Robert voudrait-il pour un blouson?
6. Pourquoi le vendeur lui propose-t-il un blouson jaune et blanc?
7. Quel est l'avantage des couleurs jaune et blanc, d'après Robert?
8. Pourquoi Robert ne veut-il ni slip ni caleçon?

Préparation à la communication

☊ 45.5 Observation: Prononciation; la consonne /r/ (révision)

Vous vous rappelez que, pour prononcer un /r/ français, il faut appuyer le bout de la langue contre les dents inférieures. Cela est particulièrement important après une consonne, surtout après un /t/; il faut éviter de retirer le bout de la langue en arrière.

Pour prononcer un /t/, le bout de la langue est appuyé contre la base des dents supérieures. Si le /t/ est suivi d'un /r/, il ne faut pas retirer le bout de la langue en arrière, mais le faire glisser des dents supérieures, où il est pour le /t/, vers les dents inférieures, où il doit être pour le /r/.

☊ 45.6 Activation orale: Prononciation; la consonne /r/

Ecoutez et répétez.

Quel travail!
Quelle triste époque!
Je trouve ça triste!
les autres
à travers Paris
l'extrémité

une très belle voiture
les restaurants à trois étoiles
peut-être
C'est trop salissant.
Robert est très intrigué.
le rétroviseur

Ecoutez et répétez les trois paires suivantes en marquant bien la différence entre les deux mots.

doit	droit
toit	tròis
taise	treize

45.7 Observation: Ignorance

ignorance	
Je ne sais pas! C'est ce que je ne sais pas! Je ne sais pas du tout! Je n'en sais rien! Je n'en sais absolument rien!	Je n'ai aucune idée! Je n'en ai aucune idée! Je n'ai pas la moindre idée! Je n'en ai pas la moindre idée!
Je me le demande. Je me le demande bien. C'est ce que je me demande.	Je ne saurais vous le dire.
	Je l'ignore. C'est ce que j'ignore.

45.8 Observation: Questions d'argent

Mireille ne travaille pas; alors elle ne	gagne	pas d'argent.
Elle ne	gagne	pas sa vie.
Mais elle vient de	gagner	40.000F à la loterie.
Que faire de cet argent? Elle peut le	dépenser.	
Elle peut le	donner	à une institution charitable;
ou le	garder	pour plus tard;
l'	économiser,	
	épargner,	
le	mettre	à la Caisse d'Epargne ou dans un compte en banque.
Elle peut le	placer,	
l'	investir,	
	acheter	des actions à la Bourse, des valeurs sûres.

verbe		*nom*		
gagner	de l'argent	réaliser	un	**gain**
donner		faire	une	**donation**
dépenser		faire	des	**dépenses**
économiser		faire	des	**économies**
épargner		mettre à	la	**Caisse d'Epargne**
placer		faire	un	**placement**
investir		faire	un	**investissement**

45.9 Activation écrite: Questions d'argent

Complétez. Quand on vient de gagner une grosse somme d'argent, on trouve toujours quelqu'un qui sait comment il faut la dépenser. . . . Voici quelques conseils désintéressés.

1. Tante Georgette voudrait que Mireille lui donne l'argent pour son cimetière de chiens, mais Tonton Guillaume, lui, est contre une telle ____________________.
2. Il lui conseille plutôt de dépenser l'argent au restaurant et de faire quelques bons gueuletons avec des copains. Mireille, scandalisée, trouve qu'une telle ____________________ serait immorale, avec tous les gosses qui meurent de faim dans le monde.
3. Philippe, plus téméraire que les autres, a une idée audacieuse: il lui conseille d'investir l'argent et d'acheter des actions à la Bourse. Tonton Guillaume, qui espérait peut-être être invité au restaurant, dit que ce n'est peut-être pas un bon ____________________, car la Bourse est en train de baisser.
4. Cécile, prudente, pas téméraire, a un conseil plus sage. Il faut que Mireille place cet argent. Et le ____________________ le plus sûr, c'est évidemment d'acheter un terrain. Acheter des tableaux, c'est plus original, mais moins sûr comme valeur, car on ne sait jamais qui sera célèbre dans dix ans.
5. Avec tous ces conseils, Mireille ne sait toujours pas que faire de cet argent. Evidemment, elle peut toujours l'économiser, mais l'ennui, c'est qu'elle n'aime pas faire des ____________________. Elle ne tient pas du tout à épargner, malgré les conseils d'Hubert, qui répète sans cesse que l'____________________ est une des vertus capitales de notre société capitaliste.
6. Finalement, Mireille décide de ____________________ l'argent pour faire un voyage avec son copain américain, Robert. Après tout, l'argent est un peu à lui, aussi.

45.10 Observation: Comportement typique; ressemblance

comportement typique
Elle dit toujours ça! Ça, c'est typique! Il n'y a qu'elle pour faire des choses pareilles. **Ça c'est bien elle.** **C'est elle tout craché!**
ressemblance
C'est fou ce qu'elle ressemble à sa soeur. **C'est tout à fait elle!** **C'est elle tout craché!**

☊ 45.11 Activation orale: Comportement typique; ressemblance

Répondez selon les exemples.

Exemples:

Vous entendez: 1. Elle a dit ça? Ça ne m'étonne pas.
Vous dites: C'est elle tout craché.

Vous entendez: 2. C'est fou ce qu'elle ressemble à son père.
Vous dites: C'est lui tout craché.

Continuez oralement avec l'enregistrement.

45.12 Observation: Satisfaction

satisfaction
—Je peux vous apporter quelque chose? —Non, merci, **je n'ai besoin de rien.** **J'ai tout ce qu'il me faut.**

☊ 45.13 Activation orale: Satisfaction

Répondez selon l'exemple.

Exemple:

Vous entendez: 1. Tu as besoin de quelque chose?
Vous dites: Non, j'ai tout ce qu'il me faut.

Continuez oralement avec l'enregistrement.

45.14 Observation: Convenance

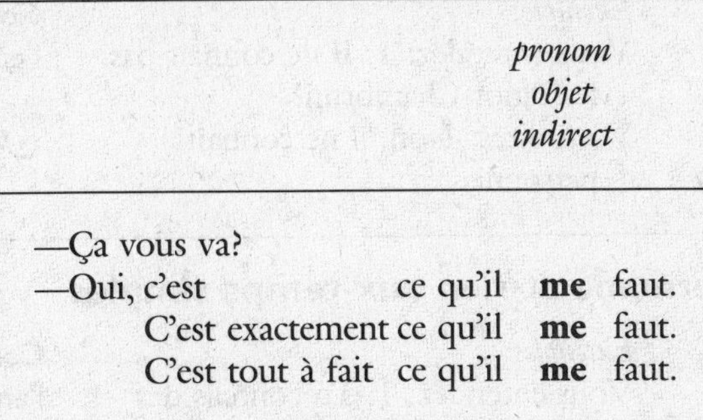

		pronom objet indirect	
—Ça vous va?			
—Oui, c'est	ce qu'il	**me**	faut.
C'est exactement	ce qu'il	**me**	faut.
C'est tout à fait	ce qu'il	**me**	faut.

☊ 45.15 Activation orale: Convenance

Répondez selon les exemples.

Exemples:
Vous entendez: 1. Ça vous plaît?
Vous dites: Oui, c'est exactement ce qu'il me faut.

Vous entendez: 2. Ça vous va comme un gant!
Vous dites: Oui, c'est exactement ce qu'il me faut.

Continuez oralement avec l'enregistrement.

45.16 Observation: *Personne* et *rien* aux temps simples (révision et extension)

	sujet	**ne**	verbe
1.	Mireille		lui plaît?
2. Non,	**personne**	**ne**	lui plaît.
3.	Le blouson		lui plaît?
4. Non,	**rien**	**ne**	lui plaît.

		ne	*verbe*		*préposition*	*objet*
5.	Vous		avez	besoin	de	moi?
6. Non,	je	**n'**	ai	besoin	de	**personne.**
7.	Vous		avez	besoin	de	quelque chose?
8. Non,	je	**n'**	ai	besoin	de	**rien.**

		ne	*verbe*	*objet direct*
9.	Vous		cherchez	Mireille?
10. Non,	je	**ne**	cherche	**personne.**
11.	Vous		cherchez	quelque chose?
12. Non,	je	**ne**	cherche	**rien.**

Notez que dans toutes les phrases ci-dessus la négation est marquée par *ne*, et *personne* ou *rien*. Dans ces phrases il n'y a pas de *pas*; *personne* et *rien* sont des mots négatifs qui remplacent *pas*.

Personne et *rien* peuvent être utilisés:

- comme sujets d'un verbe (phrases 2 et 4). Dans ce cas *personne* et *rien* occupent la place normale du sujet.
- avec une préposition (phrases 6 et 8). Ils sont alors placés après la préposition.
- comme objets directs du verbe (phrases 10 et 12). Ils sont alors placés à la place normale de l'objet direct, c'est à dire après le verbe.

☊ 45.17 Activation orale: *Personne* et *rien* aux temps simples

Répondez selon l'exemple.

Exemple:
Vous entendez: 1. Il ne connaît pas les Pinot-Chambrun?
Vous dites: Non, il ne connaît personne.

Continuez oralement avec l'enregistrement.

☊ 45.18 Activation orale: *Personne* et *rien* aux temps simples

Répondez selon les exemples.

Exemples:
Vous entendez: 1. Tu connais des gens?
Vous dites: Non, je ne connais personne.

Vous entendez: 2. Qu'est-ce qui t'intéresse?
Vous dites: Rien ne m'intéresse.

Continuez oralement avec l'enregistrement.

45.19 Activation écrite: *Personne* et *rien* aux temps simples; pronoms relatifs (révision)

Complétez le récit suivant, en insérant *qui, que, ce qui, ce que, rien,* ou *personne,* selon les exigences du sens.

1. Robert est allé faire des achats. Mais il n'a ______________ acheté, parce qu'il n'a pas trouvé ______________ il cherchait. Il n'a ______________ vu ______________ lui plaise.
2. En sortant du magasin, il a aperçu un taxi ______________ stationnait devant la porte. Il n'y avait ______________ dedans, ______________ a étonné Robert.
3. Il a attendu un peu, puis est entré dans un café ______________ était de l'autre côté de la rue pour téléphoner à Mireille ______________ lui avait dit qu'elle serait chez elle tout l'après-midi. Comme il n'avait ______________ à faire, il pensait aller la voir. Mais chez les Belleau, ______________ n'a répondu, ______________ Robert a trouvé bizarre.
4. Il a alors appelé les Courtois. Là encore, ______________ n'a répondu. Robert a pensé: "C'est sans doute à cause du chat ______________ doit encore avoir la migraine, et ______________ Mme Courtois a encore dû emmener chez le vétérinaire."
5. Dégoûté, Robert est allé à pied chez les Belleau; mais la concierge, ______________ l'a vu passer, lui a dit: "Pas la peine de monter; il n'y a ______________ chez les Belleau. Mlle Mireille vient de sortir avec un beau grand blond ______________ vient souvent ici, ______________ je ne connais pas, mais ______________ a l'air suédois."
6. ______________ la concierge lui a dit a fortement déplu à Robert, ______________ est parti furieux.

45.20 Observation: Spécification; emploi du subjonctif dans la proposition relative

Rappelez-vous ce que disait Robert quand il cherchait un blouson et des chaussures.

proposition principale	*proposition subordonnée*
Je voudrais quelque chose	**qui** ne **soit** pas salissant.
Je voudrais des chaussures	**que** je **puisse** mettre pour conduire.
Je voudrais quelque chose	**que** je **puisse** porter en ville.

Notez que, dans ces trois phrases, il y a des propositions subordonnées introduites par des pronoms relatifs (*qui, que*). Ces propositions subordonnées relatives décrivent ce que Robert cherche, ce qu'il voudrait trouver. Robert ne décrit pas quelque chose qui existe nécessairement, qu'il a déjà identifié. Il décrit ce qu'il aimerait trouver; quelque chose qui existe dans son esprit, mais peut-être pas dans la réalité. Les verbes de ces propositions subordonnées sont au subjonctif.

☊ 45.21 Activation orale: Spécification; emploi du subjonctif dans les propositions relatives

Répondez selon l'exemple.

Exemple:
Vous entendez: 1. Non, cet endroit ne me plaît pas.
Vous dites: Je voudrais trouver un endroit qui me plaise.

Continuez oralement avec l'enregistrement.

45.22 Activation écrite: Spécification; emploi du subjonctif dans la proposition relative

Une machine ingénieuse vous permet de lire les pensées véritables de Robert et de Mireille l'un sur l'autre. Complétez, et continuez librement cette lecture.

Exemple:
MIREILLE: Robert est bien gentil, mais je trouve qu'il *est* trop timide. Je préférerais un garçon qui soit un peu moins timide. Par exemple, il ne me *tient* jamais par la main quand nous nous promenons ensemble. Moi, j'aimerais mieux quelqu'un qui me tienne par la main en descendant les Champs-Elysées.

MIREILLE:

1. Il faut dire qu'il n'*a* pas beaucoup le sens de l'humour. Je préférerais quelqu'un qui ______________________________.

2. Il est loin d'être bête, mais il est très naïf; il *croit* tout ce qu'on lui dit, et il *dit* tout ce qui lui passe par la tête. Je préférerais un garçon qui ______________________________.

3. Il *prend* tout au sérieux. Ce serait tout de même plus agréable d'avoir quelqu'un qui ______________________________.

4. Il n'y a pas à dire, il est très intelligent, mais il ne *comprend* pas à demi-mot. Ce serait moins fatigant d'avoir un partenaire qui ______________________________.

5. Il faut avouer qu'il est très bien élevé, mais il ne *connaît* pas toujours les usages français. Ce serait quelquefois moins embarrassant d'avoir un compagnon qui ______________________________.

6. Et puis, il est trop docile: il *fait* toujours tout ce que je veux. C'est très bien, mais ce serait moins monotone d'avoir un ami qui ______________________________.

7. Et enfin, surtout, il est trop curieux: il *veut* toujours savoir tout ce que je fais. Moi, j'aimerais trouver un copain qui ______________________________.

ROBERT:

8. Mireille est bien gentille, mais elle *est* trop moqueuse. Je préférerais une fille qui ______________________.

9. C'est un petit ange, mais il faut reconnaître qu'elle n'*a* pas beaucoup de charité. Je souhaiterais quelqu'un qui ______________________.

10. Elle n'est pas vraiment bavarde, mais elle ne *sait* pas toujours quand il faut se taire. Je préférerais une fille qui ______________________.

11. Elle est aussi un peu agaçante parce qu'elle *croit* toujours tout savoir. Ce serait agréable de temps en temps de pouvoir discuter avec quelqu'un qui ______________________.

12. Le plus irritant, c'est qu'elle *veut* toujours en faire à sa tête. J'aimerais mieux quelqu'un qui ______________________.

13. Je suis persuadé qu'elle ne *dit* pas toujours tout ce qu'elle pense. Ce serait plus facile d'avoir à faire à quelqu'un qui ______________________.

14. Elle est bien élevée, mais elle ne *se tient* pas toujours à sa place. J'aurais préféré rencontrer une fille qui ______________________.

15. Le pire, c'est qu'elle *met* du mystère dans tout ce qu'elle fait. J'aimerais mieux une fille qui ______________________.

Ω 45.23 Activation orale: Dialogue entre Robert et le vendeur

Vous allez entendre un dialogue entre Robert et le vendeur. Ecoutez attentivement. Vous allez apprendre les réponses de Robert.

LE VENDEUR: On s'occupe de vous?
ROBERT: **Non. Je voudrais un blouson. . . .**
LE VENDEUR: Vous tenez à une couleur particulière?
ROBERT: **Ça m'est un peu égal. . . . Quelque chose qui ne soit pas trop salissant.**
LE VENDEUR: Vous faites quelle taille?
ROBERT: **Ma foi, je n'en sais rien.**

Libération de l'expression

45.24 Mots en liberté

Comment est-ce qu'on peut dépenser beaucoup d'argent?

On peut essayer tous les restaurants à trois étoiles de Paris, on peut aller à Biarritz, à Cannes, à Monaco, on peut acheter des actions à la Bourse (quand elles baissent), une ou deux Rolls-Royce, des slips de chez Dior. . . .

Trouvez encore au moins quatre possibilités.

Qu'est-ce qu'on peut acheter au rayon d'habillement pour hommes d'un grand magasin?

On peut acheter une veste de sport, des gants, un caleçon long en laine, un chapeau. . . .

Trouvez encore au moins cinq possibilités.

45.25 Mise en scène et réinvention de l'histoire

A. Reconstituez une conversation entre Mireille et Tonton Guillaume.

GUILLAUME: Alors, comme ça, tu as gagné (. . .)? Qu'est-ce que tu vas (. . .)?
MIREILLE: Je me le (. . .). Tante Georgette voudrait (. . .).
GUILLAUME: Ah, ça, c'est (. . .). C'est Georgette (. . .). Quel vieux (. . .)!
MIREILLE: Oh, Tonton (. . .). Tante Paulette (. . .). Elle dit que (. . .).
GUILLAUME: Oh la la! Méfie-toi! C'est une (. . .), mais (. . .). Et puis, une voiture, je peux (. . .).

B. Reconstituez une conversation entre Robert et le vendeur.

LE VENDEUR: On s'occupe (. . .)?
ROBERT: Non. Je voudrais (. . .). Quelque chose que (. . .).
LE VENDEUR: Vous tenez (. . .)?
ROBERT: Non (. . .). Ça m'est (. . .). Bleu (. . .). En tout cas (. . .).
LE VENDEUR: Vous faites quelle (. . .)?
ROBERT: Ma foi, je (. . .).
LE VENDEUR: Voyons, permettez, je vais prendre votre (. . .).

45.26 Mise en scène et réinvention de l'histoire

Supposez que Tonton Guillaume a mauvais caractère, et imaginez une nouvelle version de la scène où Mireille annonce qu'elle a gagné 40.000F à la loterie.

MIREILLE:
Tonton Guillaume, devine ce qui m'arrive!

GUILLAUME:
- Tu te maries?
  - Moi, je n'ai jamais eu cette chance!
  - C'est pas de veine!
  - Moi, on m'a toujours refusé!
  - Ça m'étonnerait, tu
    - n'es pas assez jolie!
    - es trop désagréable!
- Tu vas faire une cure à Vichy? Je t'accompagne.
- Tu as une crise de foie? Moi aussi.
- Tu as raté ton examen? Ça ne m'étonne pas.

MIREILLE:
- Non, non, Tonton.
  - Tu plaisantes toujours!
  - Quel vieux chameau tu es!
  - Ce n'est pas si grave que ça!

J'ai gagné à la loterie!

GUILLAUME:
- Ouais, tu dis ça, mais tu as dû voler l'argent à ta mère!
- Tu as gagné à la loterie? Sans blague!
  - Ça ne m'étonne pas, il n'y a que les jeunes qui gagnent.
  - Il n'y en a que pour les jeunes, aujourd'hui!
  - C'est toujours pareil, il n'y a que les jeunes qui aient de la chance.
  - Nous, les vieux, on peut crever, les jeunes gagnent des millions!
  - Moi, je me ruine en billets de loterie, et je n'ai jamais rien gagné!

Alors, qu'est-ce que tu vas faire de tout cet argent mal gagné?

MIREILLE:
Je ne sais pas. Qu'est-ce que tu crois que je devrais faire?

GUILLAUME:
Eh bien, c'est évident!
- Il faut me le donner.
- Tu me le donnes, et je t'achète
  - une petite voiture (comme ça tu ne m'emprunteras plus la mienne).
  - des actions à la Bourse (justement elles baissent).
- Tu dois le donner à
  - l'armée
    - polonaise.
    - belge.
    - du Salut.
  - la Fondation
    - Pétain.
    - Karl Marx.
  - l'association pour l'amélioration de la race chevaline.

MIREILLE:
Je crois que je vais plutôt
- faire
  - une donation
    - à une oeuvre pour les
      - aveugles.
      - bébés abandonnés.
      - sourds-muets.
      - tuberculeux.
      - orphelins.
    - au musée du Louvre.
    - aux Petites Soeurs des Pauvres.
  - un voyage en Amazonie.
- donner l'argent à ma soeur pour ses boules de gomme.
- acheter
  - 400 billets entiers / 400 dixièmes — de la Loterie Nationale.
  - des meubles pour la maison de Dreux.

Exercices-tests

45.27 Exercice-test: Vocabulaire; ignorance, questions d'argent, comportement typique, satisfaction

Complétez.

1. —Tu sais où est mon Astérix?
   —Non, je n'en sais ____________.
2. Je me ____________ où il peut être.
3. Tu n'en as pas la ____________ idée?
4. J'ai ____________ 40.000F à la Loterie Nationale. Je vais les ____________ pour plus tard. Je vais les ____________ dans un compte en banque.
5. Marie-Laure a encore mangé toute la mousse au chocolat! Ah, ça, c'est ____________ elle! C'est elle tout ____________! Elle est vraiment insupportable!
6. —Vous avez tout ce qu'il ____________ faut?
   —Oui, merci. Je n'ai plus besoin ____________ rien.

Vérifiez. Si vous avez fait des fautes, travaillez les sections 45.7 à 45.13 dans votre cahier d'exercices.

45.28 Exercice-test: *Personne* et *rien* aux temps simples

Complétez les réponses aux questions suivantes.

1. Tu as envie de quelque chose?
   Non, ________________________.
2. Quelque chose te fait envie?
   Non, ________________________.
3. Tu as parlé à quelqu'un?
   Non, ________________________.
4. Quelqu'un a téléphoné?
   Non, ________________________.

Vérifiez. Si vous avez fait des fautes, travaillez les sections 45.16 à 45.19 dans votre cahier d'exercices.

45.29 Exercice-test: Propositions relatives au subjonctif

Complétez.

1. Ça a l'air d'*être* cher. Je cherche quelque chose qui ne __________ pas trop cher.
2. Cette robe ne *fait* pas très habillé. J'aimerais une robe qui __________ plus habillé.
3. Ce slip *a* trop de dentelle. Je voudrais un slip qui en __________ un peu moins.
4. Ce pull ne me *plaît* pas beaucoup. Je vais en chercher un qui me __________ davantage.

Vérifiez. Si vous avez fait des fautes, travaillez les sections 45.20 à 45.22 dans votre cahier d'exercices.

Leçon 46

Assimilation du texte

☊ 46.1 Mise en oeuvre

Ecoutez le texte et la mise en oeuvre dans l'enregistrement sonore. Répétez et répondez suivant les indications.

☊ 46.2 Compréhension auditive

Phase 1: Regardez les images et répétez les énoncés que vous entendez.

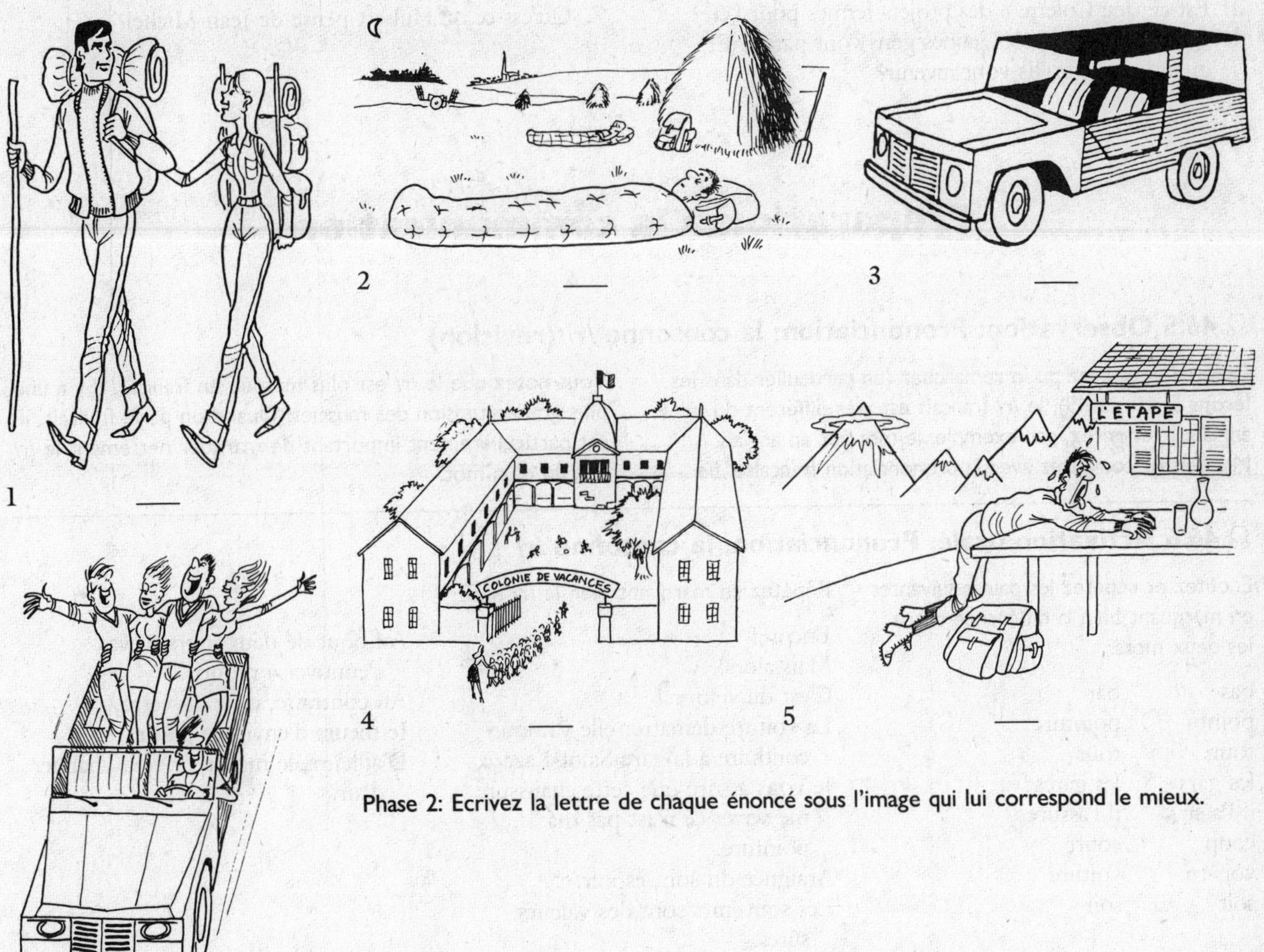

Phase 2: Ecrivez la lettre de chaque énoncé sous l'image qui lui correspond le mieux.

♫ 46.3 Production orale

Ecoutez les dialogues suivants. Dans chaque dialogue vous allez jouer le rôle du personnage indiqué.

1. (Hubert et Mireille) Vous allez être Mireille.
2. (Hubert et Mireille) Vous allez être Mireille.
3. (Mireille et Colette) Vous allez être Colette.
4. (Colette et Mireille) Vous allez être Mireille.
5. (Jean-Michel et Mireille) Vous allez être Mireille.
6. (Mireille et Robert) Vous allez être Robert.
7. (Mireille et Hubert) Vous allez être Hubert.
8. (Hubert et Mireille) Vous allez être Mireille.

♫ 46.4 Compréhension auditive et production orale

Ecoutez les dialogues suivants. Après chaque dialogue, vous allez entendre une question. Répondez à la question.

1. Pourquoi, d'après Hubert, Mireille ne devrait-elle pas s'en aller toute seule avec Robert?
2. Comment est-ce que Mireille et Robert comptent parcourir l'hexagone?
3. Est-ce que Colette a des projets fermes pour l'été?
4. Quand est-ce que les jeunes gens vont partir? Et quand est-ce qu'ils vont revenir?
5. Pourquoi est-ce que l'idée d'un voyage intéresse Colette?
6. Pourquoi est-ce que Jean-Michel ne peut pas aller à la "colo"?
7. Qu'est-ce qu'Hubert pense de Jean-Michel?

Préparation à la communication

♫ 46.5 Observation: Prononciation; la consonne /r/ (révision)

Comme vous avez pu le remarquer (en particulier dans les leçons 5, 19, et 45), le /r/ français est très différent du /r/ anglais. Prononcez, par exemple, le mot *bar* en anglais. Maintenant comparez avec la prononciation française: *bar*.

Vous notez que le /r/ est plus marqué en français. Il y a une plus grande tension des muscles. Quand on parle français, il est particulièrement important de marquer nettement le /r/ à la fin d'un mot.

♫ 46.6 Activation orale: Prononciation; la consonne /r/

Ecoutez et répétez les paires suivantes en marquant bien la différence entre les deux mots.

bas	bar
pointu	pointure
tout	tour
les gars	les gares
il l'a su	il l'assure
coup	court
vois-tu	voiture
soit	soir

Répétez en marquant bien le /r/ final.

Encore!
Mais alors!
C'est du velours!
La voiture démarre; elle va nous conduire à la gare Saint-Lazare.
Je vous assure que cette chaussure me serre; ce n'est pas ma pointure.
Araignée du soir, espoir.
Les souvenirs sont des valeurs sûres.
Au bout de deux jours tu vas t'ennuyer à mourir.
Au contraire, c'est du verre.
Je meurs d'envie de partir.
D'ailleurs, le moniteur veut changer d'air.

46.7 Observation: Fatigue

degrés	
1	Je suis fatigué.
2	Je suis crevé.
3	Je n'en peux plus.
2	J'en ai assez.

♫ 46.8 Activation orale et écrite: Dictée; fatigue

Ecoutez et complétez.

1. JEAN-MICHEL: Je ne crois pas que je puisse aller à la colo cet été. ______________________. Je suis vraiment crevé.
2. MIREILLE: C'est vrai, tu as l'air ____________. Tu prends des vitamines?

♫ 46.9 Observation: Dénégation; *n'avoir rien de*

	n'avoir	**rien de**	*nom*
Robert	**n'a**	**rien d'un**	sauvage.

♫ 46.10 Activation orale: Dénégation; *n'avoir rien de*

Répondez selon l'exemple.

Exemple:
Vous entendez: 1. Robert n'est pas un sauvage!
Vous dites: Non, Robert n'a rien d'un sauvage!

Continuez oralement avec l'enregistrement.

46.11 Observation: *Quelque chose à* ou *rien à* + infinitif

	à	*infinitif*
J'ai quelque chose	**à**	**te proposer.**
J'ai quelque chose	**à**	**te dire.**
J'ai quelque chose	**à**	**faire.**
Je n'ai rien	**à**	**faire.**
J'ai du travail	**à**	**faire.**

♫ 46.12 Activation orale: *Quelque chose à* + infinitif

Répondez selon l'exemple.

Exemple:
Vous entendez: 1. Il faut que je te dises quelque chose.
Vous dites: J'ai quelque chose à te dire.

Continuez oralement avec l'enregistrement.

☊ 46.13 Activation orale: *Rien à* + infinitif

Répondez selon l'exemple.

Exemple:
Vous entendez: 1. Tu ne bois pas?
Vous dites: Ben, non; je n'ai rien à boire.

Continuez oralement avec l'enregistrement.

46.14 Observation: *En plein*

	en plein	*nom*
Nous dormirons	**en plein**	**champ.**
Le Home Latin est	**en plein**	**Quartier Latin.**
Je suis tombée en panne	**en plein**	**embouteillage.**
On a construit une tour	**en plein**	**Paris.**
Nous habitons	**en pleine**	**campagne.**
Nous étions perdus	**en pleine**	**mer.**
Nous avons passé la nuit	**en pleine**	**montagne.**
Il s'est mis à crier	**en pleine**	**rue.**
J'ai reçu le ballon	**en pleine**	**figure.**

☊ 46.15 Activation orale: *En plein*

Répondez selon l'exemple.

Exemple:
Vous entendez: 1. Les grands-parents de Mireille habitent à la campagne?
Vous dites: Oui, ils habitent en pleine campagne.

Continuez oralement avec l'enregistrement.

46.16 Observation: Futur (révision et extension)

	quand	*futur*	
On ira dans un hôtel	**quand**	on **sentira**	le besoin de prendre une douche.
	si	*présent*	
On ira à l'hôtel	**si**	on **sent**	le besoin de prendre une douche.

Notez que la conjonction *quand* peut être suivie du futur. La conjonction *si*, cependant, n'est jamais suivie du futur.

☊ 46.17 Activation orale: Futur

Répondez selon l'exemple.

Exemple:
Vous entendez: 1. Nous avons décidé de partir dans huit jours.
Vous dites: Nous partirons dans huit jours.

Continuez oralement avec l'enregistrement.

ꭥ 46.18 Activation orale: Futur

Répondez selon l'exemple.

Exemple:
Vous entendez: 1. On s'arrêtera dans un hôtel si on a envie de prendre une douche.
Vous dites: On s'arrêtera dans un hôtel quand on aura envie de prendre une douche.

Continuez oralement avec l'enregistrement.

46.19 Observation: Exagération; *mourir de*

MIREILLE: Je ne **meurs** pas **d'envie** de me trouver seule entre Hubert et Robert.

On peut mourir d'un cancer, d'un arrêt du coeur, d'une indigestion de crevettes (c'est plus rare). Mais, si on a un peu le sens de l'exagération, on peut aussi:

mourir de	*nom*
mourir d'	envie de...
mourir d'	impatience
mourir de	peur
mourir de	honte
mourir d'	ennui
mourir de	faim
mourir de	soif
mourir de	froid
mourir de	chaud
mourir de	fatigue

ꭥ 46.20 Activation orale: Exagération; *mourir de*

Répondez selon l'exemple.

Exemple:
Vous entendez: 1. Ce que j'ai chaud!
Vous dites: Je meurs de chaud!

Continuez oralement avec l'enregistrement.

46.21 Observation: De droite et de gauche

Hubert est plutôt **de droite**, **à droite**;	il a des idées politiques conservatrices.
Jean-Michel est plutôt **de gauche**, **à gauche**;	il a des idées politiques avancées.
Jean-Pierre est **droitier**;	il écrit de la main droite.
Cécile est **gauchère**;	elle écrit de la main gauche.

46.22 Activation écrite: De droite et de gauche

Complétez.

1. M. Belleau est droitier? Oui, il écrit de la main ________.
2. La soeur de Mireille, elle, est gauchère. Elle écrit de la main ________. Cependant, ses opinions politiques sont assez conservatrices. Elle est donc plutôt de ________.
3. Jean-Michel, avec ses idées politiques avancées, est plutôt de ________. Ça ne l'empêche pas d'être droitier; il écrit de la main ________.

46.23 Observation: Changements

	changer	**de**	*nom*
J'ai besoin de Il faut que je	**changer** **change**	**d'** **d'**	air. horizon.
Viens avec nous! Ça te	**changera**		les idées!

Ω 46.24 Activation orale: Changements; *changer de*

Répondez selon les exemples.

Exemples:
Vous entendez: 1. Elle n'est plus à la même adresse?
Vous dites: Non, elle a changé d'adresse.

Vous entendez: 2. Tonton Guillaume a une nouvelle voiture?
Vous dites: Oui, il a changé de voiture.

Continuez oralement avec l'enregistrement.

46.25 Observation: Décision arrêtée et simple intention; futur et conditionnel (révision et extension)

décision arrêtée	*futur*
Nous avons décidé de partir lundi prochain.	Nous **partirons** lundi prochain.
simple intention	*conditionnel*
Nous pensions partir lundi prochain.	Nous **partirions** lundi prochain.

☊ 46.26 Activation orale: Décision arrêtée et simple intention; futur et conditionnel

Répondez selon les exemples.

Exemples:

Vous entendez: 1. Nous avons décidé de partir demain matin.
Vous dites: Nous partirons demain matin.

Vous entendez: 2. Nous pensions prendre le train de nuit.
Vous dites: Nous prendrions le train de nuit.

Continuez oralement avec l'enregistrement.

46.27 Observation: Mise en question; conditionnel (révision et extension)

	conditionnel
—Tu vas t'ennuyer! —Je ne vois pas pourquoi je m'**ennuierais!**	

☊ 46.28 Activation orale: Mise en question; conditionnel

Répondez selon les exemples.

Exemples:

Vous entendez: 1. Vous allez vous perdre!
Vous dites: Je ne vois pas pourquoi nous nous perdrions!

Vous entendez: 2. Viens avec nous!
Vous dites: Je ne vois pas pourquoi je viendrais avec vous!

Continuez oralement avec l'enregistrement.

46.29 Observation: Nécessité; *avoir besoin de* + infinitif, *il faut* + subjonctif (révision)

	avoir besoin de		*infinitif*	
J'	**ai besoin de**	te	**voir.**	
J'	**ai besoin de**		**prendre**	des vacances.
falloir que			*subjonctif*	
Il faut que	**je**	te	**voie.**	
Il faut que	**je**		**prenne**	des vacances.

☊ 46.30 Activation orale: Nécessité; *avoir besoin de* + infinitif, *il faut* + subjonctif

Répondez selon l'exemple.

Exemple:

Vous entendez: 1. J'ai besoin de partir tout de suite.
Vous dites: Il faut que je parte tout de suite.

Continuez oralement avec l'enregistrement.

46.31 Observation: Nécessité; *avoir besoin de* + nom; *il vous faut* + nom

	avoir	**besoin**	**de**	*nom*		*pronom objet indirect*	**falloir**	*nom*
Vous	avez	besoin	de	vacances.	Il	**vous**	faut	des vacances.
J'	ai	besoin	de	vacances.	Il	**me**	faut	des vacances.

☊ 46.32 Activation orale: Nécessité; *avoir besoin de* + nom; *il vous faut* + nom

Répondez selon l'exemple.

Exemple:
Vous entendez: 1. Robert a besoin d'un sac à dos.
Vous dites: Il lui faut un sac à dos.

Continuez oralement avec l'enregistrement.

46.33 Observation: Pronoms relatifs *qui, que, dont* (révision et extension)

	sujet	
1.	**Ces enfants**	étaient dans une colonie de vacances.
2. Ce sont des enfants	**qui**	étaient dans une colonie de vacances.
	objet direct	
3. Mireille a rencontré	**ces enfants**	à la colonie.
4. Ce sont les enfants	**que**	Mireille a rencontrés à la colonie.
	objet de la préposition **de**	
5. Mireille s'occupe **de**	**ces enfants.**	
6. Ce sont les enfants	**dont**	Mireille s'occupe.

Dans le numéro 1, *ces enfants* est sujet du verbe.
Dans la phrase 2, *qui* est un pronom relatif sujet.
Dans le numéro 3, *ces enfants* est objet direct du verbe.
Dans la phrase 4, *que* est un pronom relatif objet direct.

Dans le numéro 5, *ces enfants* est objet de la préposition *de*.
Dans la phrase 6, *dont* représente à la fois la préposition *de* et un pronom relatif.

☊ 46.34 Activation orale: Le pronom relatif *dont*

Répondez selon l'exemple.

Exemple:
Vous entendez: 1. Hubert a acheté une Méhari. Il avait très envie de cette voiture.
Vous dites: C'est une voiture dont il avait très envie.

Continuez oralement avec l'enregistrement.

☊ 46.35 Activation orale: Le pronom relatif *dont*

Répondez selon l'exemple.

Exemple:
Vous entendez: 1. Hubert s'est acheté une petite voiture. Il en avait envie depuis longtemps.
Vous voyez: C'est une petite voiture...
Vous dites: C'est une petite voiture dont il avait envie depuis longtemps.

2. C'est une histoire...
3. C'est une histoire...
4. C'est une maladie...
5. Ce sont des maladies...
6. Ce sont des considérations...
7. Ce sont des enfants...

46.36 Activation écrite: Relatifs *qui, que,* et *dont*

Voici quelques compléments biographiques sur un de nos personnages. Nous avons retiré de ce texte, par pure malice, tous les *qui, que,* et *dont,* sans autre raison valable que de vous laisser le plaisir de les rétablir.

1. Il y a dans la vie de Mireille, ______ est un de nos personnages principaux, ______ nous croyons bien connaître, et ______ nous connaissons un peu les parents, beaucoup d'événements ______ nous sont inconnus.
2. C'est ainsi qu'à l'âge de six ans, elle a eu une maladie ______ l'a obligée à passer six mois à l'hôpital, et ______ nous ne savons que peu de chose, parce que les médecins ______ la soignaient n'y ont jamais rien compris.
3. Il y avait une infirmière ______ venait la voir chaque matin, et ______ elle aimait beaucoup. C'est ce ______ lui a donné le désir d'être infirmière quand elle serait grande.
4. Cette infirmière, ______ était très distraite, oubliait souvent dans la chambre de Mireille du mercurochrome ______ Mireille versait avec délices sur ses doigts, et ______ elle barbouillait d'admirables fresques sur les murs blancs. C'est ce ______ lui a donné le goût de la peinture.
5. Elle avait neuf ans quand ses parents, ______ avaient la passion du théâtre, l'ont emmenée voir une pièce, ______ les Courtois avaient déjà vue, et ______ ils avaient parlé.
6. Dans cette pièce, il y avait une actrice ______ était couverte de bijoux, et ______ a beaucoup impressionné Mireille. C'est ce ______ a donné à Mireille le désir d'être actrice.
7. A dix ans, elle est tombée amoureuse d'un petit garçon ______ habitait au-dessus des Belleau, ______ Cécile, la soeur de Mireille, trouvait idiot, mais ______ l'air timide paraissait irrésistible à Mireille. Elle l'attendait dans l'escalier pour lui donner des marrons glacés ______ elle n'aimait pas, mais ______ l'oncle Guillaume apportait une énorme boîte chaque fois qu'il venait.
8. Elle a sûrement eu d'autres amours, ______ l'histoire ne parle pas, ce ______ est dommage.

☊ 46.37 Activation orale: Dialogue entre Mireille et Colette

Vous allez entendre un dialogue entre Mireille et Colette. Ecoutez attentivement. Vous allez apprendre les réponses de Colette.

MIREILLE: Si tu pouvais venir avec nous, ça arrangerait tout, et on pourrait vraiment s'amuser!
COLETTE: **Quand partiriez-vous? Et ce serait pour combien de temps?**
MIREILLE: On partirait dans une quinzaine de jours. Et on reviendrait, disons, fin août... à moins qu'on en ait assez avant.
COLETTE: **Ça pourrait être amusant.... Ecoute... oui, en principe, j'accepte.**

Libération de l'expression

46.38 Mots en liberté

Pourquoi peut-on vouloir aller dans une colonie de vacances?

On peut vouloir aller dans une colonie de vacances pour ne pas rester tout l'été entre Papa et Maman, pour jouer au ballon, s'amuser comme des fous, rencontrer des moniteurs sympathiques, rencontrer des jeunes, faire des randonnées. . . .

Essayez de trouver encore quatre ou cinq raisons.

Qu'est-ce qu'on peut être en politique?

On peut être républicain, royaliste, bonapartiste, fasciste, communiste, guévariste, léniniste, maoïste, de droite. . . .

Essayez de trouver encore trois ou quatre possibilités.

46.39 Mise en scène et réinvention de l'histoire

Reconstituez une conversation entre Mireille et Colette, dans laquelle Mireille propose à Colette de partir pour l'été.

COLETTE: Alors, qu'est-ce qui se passe?
MIREILLE: Eh bien, voilà; (. . .). Est-ce que tu (. . .)?
COLETTE: Ben, non, (. . .).
MIREILLE: Non? Ça, c'est (. . .). Ecoute, voilà, j'ai quelque chose à (. . .). Si tu peux accepter, ça me rendra (. . .). Robert et moi, nous avons (. . .). Nous avons décidé de (. . .). Hubert nous prête (. . .). Et il vient (. . .). Alors, tu imagines que je ne meurs pas (. . .). Si tu pouvais venir (. . .).
COLETTE: Quand (. . .)? Et ce serait (. . .)?
MIREILLE: On partirait (. . .). Et on reviendrait (. . .).
COLETTE: Ça pourrait être (. . .). Ecoute, oui (. . .).

46.40 Mise en scène et réinvention de l'histoire

Imaginez que Mireille, suivant les préceptes de Tante Georgette qui dit que "plus on est de fous, plus on rit," est prise par la folie des invitations, et invite tout le monde (enfin, presque tout le monde) à partir en voyage pour l'été. Par exemple:

<table>
<tr><td rowspan="10">Elle rencontre</td><td>un vieux professeur.</td></tr>
<tr><td>l'homme en noir.</td></tr>
<tr><td>Ousmane.</td></tr>
<tr><td>son amie Véronique.</td></tr>
<tr><td>sa cousine Sophie.</td></tr>
<tr><td>son cousin Georges.</td></tr>
<tr><td>Napoléon.</td></tr>
<tr><td>La Vénus de Milo.</td></tr>
<tr><td>trois copains de la fac.</td></tr>
</table>

Et elle | lui / leur | dit: "J'ai quelque chose à | te / vous | proposer."

X:

De quoi s'agit-il?
Je me méfie de tes idées.
Je | suis / ne suis pas | sûr / sûre | que j'accepterai.

Ah, oui? Qu'est-ce que | tu / vous | me / nous | proposes? / proposez?

Ça m'étonnerait que | j'accepte. / nous acceptions. / ça | m' / nous | intéresse.

MIREILLE:
Eh bien, voilà. On va

<table>
<tr><td rowspan="22">traverser
remonter</td><td rowspan="22">des
de l'
de la
du
le
l'
la
les</td><td>Canada</td><td rowspan="22">en
à la
à</td><td rowspan="22">planche à voile.
voile.
pied.
cheval.
vélo.
ski.
dos de chameau.
canoë.
kayak.
ballon.
hélicoptère.
moto.
voiture.
deltaplane.
camping-car.
taxi.</td></tr>
<tr><td>Australie</td></tr>
<tr><td>France</td></tr>
<tr><td>Russie</td></tr>
<tr><td>Afrique</td></tr>
<tr><td>Japon</td></tr>
<tr><td>Himalaya</td></tr>
<tr><td>Atlantique</td></tr>
<tr><td>Oural</td></tr>
<tr><td>Europe Centrale</td></tr>
<tr><td>Andes</td></tr>
<tr><td>Indes</td></tr>
<tr><td>Mongolie Inférieure</td></tr>
<tr><td>Danube</td></tr>
<tr><td>Volga</td></tr>
<tr><td>Amazone</td></tr>
<tr><td>Mississippi</td></tr>
<tr><td>Gange</td></tr>
<tr><td>Zambèze</td></tr>
<tr><td>Nil</td></tr>
<tr><td>Loire</td></tr>
</table>

X:
Qui, "on"?

MIREILLE:

Moi,
- Papa et Maman, ma petite soeur, et Robert.
- ma petite soeur, et deux de ses copines.
- Tante Georgette, et une de ses amies.
- Tonton Guillaume, et sa nouvelle amie italienne.
- Jean-Michel, Colette, ses quatre frères, et Hubert.
- Fido, et deux de ses copains.
- Marraine, Minouche, et Tonton Jacques.
- la mère de Robert, et son danseur de tango argentin.
- et une douzaine / et une demi-douzaine / et deux ou trois | d' / de / — | espions russes. / anarchistes. / capitalistes américains. / aristocrates roumains. / trotskystes. / industriels japonais. / bergers turcs. / bonnes soeurs irlandaises.

X:
Mais alors, combien est-ce que vous allez être?

MIREILLE:

On sera | 5 / 4 / 3 / 8 / 13 / 7 | plus | vous / toi | si | vous venez, / tu viens, | ce qui fera | 6. / 5. / 4. / 9. / 14. / 8. / 4 ou 5.

X:
Dans ce cas-là, vous n'allez pas pouvoir faire ça en 2CV!

MIREILLE:

Non; on va prendre
- la Méhari d'Hubert.
- une douzaine de chameaux.
- quatre méharis.
- trois hélicoptères.
- l'Orient-Express.
- un autocar.
- une planche à voile extensible.
- des chevaux (de race améliorée).

X:

Je ne suis pas sûr que
- ça me tente beaucoup.
- je meure d'envie de venir.
- ce soit une très bonne idée.
- ça marche très bien à 7 (13 . . .).
- j'aie envie de passer l'été avec tout ce monde.

Mais il faut dire que . . .

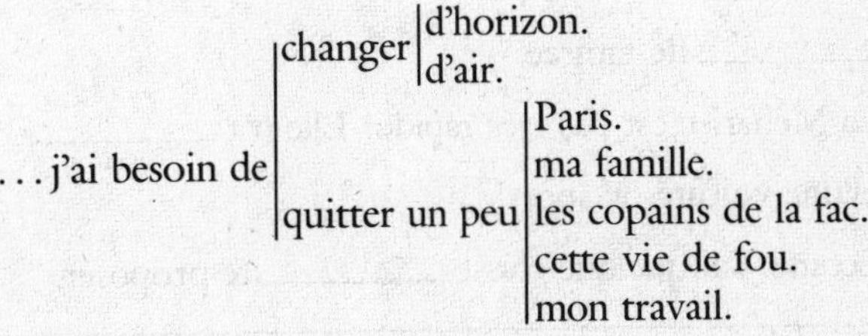

. . . j'ai besoin de
- changer | d'horizon. / d'air.
- quitter un peu | Paris. / ma famille. / les copains de la fac. / cette vie de fou. / mon travail.

MIREILLE:

Si | tu viens, / vous venez, | ça
- m'arrangera.
- me sauve la vie!
- me rendra un sacré service.
- te / vous | changera les idées. / fera beaucoup de bien.

D'ailleurs, | tu / vous
- as / avez | l'air vachement | crevé. / déprimé.
- t'ennuierais / vous ennuieriez | à trier | des lentilles toute la journée. / de vieux papiers au Ministère.

X:

Tu as / Vous avez | raison. / tort. | C'est | entendu, / impossible, | je | viens. / reste chez moi.

Exercices-tests

46.41 Exercice-test: Vocabulaire

Complétez.

1. Je suis crevé. Je n'en peux ________. Je suis ________ de fatigue.
2. La Méhari n'est pas très rapide! Elle n'a ________ d'une voiture de sport!
3. Ecoute, j'ai quelque chose ________ te proposer.
4. Justement, je n'ai rien ________ faire, cet été.
5. Tu as la lumière allumée en ________ jour? Mais éteins, voyons!

Vérifiez. Si vous avez fait des fautes, travaillez les sections 46.7 à 46.15, 46.19, et 46.20 dans votre cahier d'exercices.

46.42 Exercice-test: Futur

Complétez.

1. Je ne sais rien encore, mais je te téléphonerai quand je ________ quelque chose.
2. Je n'ai pas vu Robert. Si tu le ________, dis-lui que tout est arrangé.
3. Viens avec nous! Si tu ________, ce sera plus amusant!
4. Comme tu veux! On partira quand tu ________!

Vérifiez. Si vous avez fait des fautes, travaillez les sections 46.16 à 46.18 dans votre cahier d'exercices.

46.43 Exercice-test: Pronoms relatifs

Complétez.

1. C'est une voiture ______ je viens de m'acheter.
2. C'est une voiture ______ sera parfaite pour l'été!
3. C'est une voiture ______ je voulais depuis longtemps.
4. C'est une voiture ______ il n'avait pas vraiment besoin, lui ______ a déjà une Mercédès et une Alpine.
5. Mais c'est une voiture ______ il avait envie.

Vérifiez. Si vous avez fait des fautes, travaillez les sections 46.33 à 46.36 dans votre cahier d'exercices.

Leçon 47

Assimilation du texte

47.1 Mise en oeuvre

Ecoutez le texte et la mise en oeuvre dans l'enregistrement sonore. Répétez et répondez suivant les indications.

47.2 Compréhension auditive

Phase 1: Regardez les images et répétez les énoncés que vous entendez.

1 ___

2 ___

3 ___

4 ___

5 ___

6 ___

Phase 2: Ecrivez la lettre de chaque énoncé que vous allez entendre sous l'image qui lui correspond le mieux.

47.3 Production orale

Ecoutez les dialogues suivants. Dans chaque dialogue vous allez jouer le rôle du personnage indiqué.

1. (Mireille et Robert) Vous allez être Robert.
2. (Robert et Mireille) Vous allez être Mireille.
3. (Robert et Mireille) Vous allez être Mireille.
4. (Robert et Mireille) Vous allez être Mireille.
5. (Robert et Mireille) Vous allez être Mireille.
6. (Jean-Michel et Hubert) Vous allez être Hubert.

☊ 47.4 Compréhension auditive et production orale

Ecoutez les dialogues suivants. Après chaque dialogue, vous allez entendre une question. Répondez à la question.

1. Est-ce que Robert a vu toutes les cathédrales de France?
2. Qu'est-ce qu'il y a de spécial au Mont-Saint-Michel?
3. Pourquoi Robert préférerait-il faire la France à vélo?
4. Pourquoi Jean-Michel veut-il faire de la montagne?
5. Pourquoi est-ce que Colette ne veut pas commencer par le Nord?

Préparation à la communication

☊ 47.5 Activation orale: Prononciation; le son /y/ (révision)

Ecoutez et répétez. Faites particulièrement attention aux sons /y/ qui se trouvent habilement répartis entre ces énoncés.

l'avent*u*re
en voit*u*re
C'est s*û*r!
les m*u*railles
la nat*u*re
Quelle st*u*pidité!
l'altit*u*de d*u* J*u*ra
Ce sont des d*u*rs.
des p*u*rs
Je t'ass*u*re.
Saum*u*r
la solit*u*de
Ils sont ré*u*nis.
au-dess*u*s de la mer
j*u*stement
C'est *u*rgent.
C'est s*u*per-sympa.
Il est très c*u*ltivé.
C'est entend*u*.
la s*u*eur d*u* peuple
Tu as d*û* ét*u*dier ça.
Il a les artic*u*lations rouillées.
Quand on en a v*u* *u*ne, on les a toutes v*u*es.

47.6 Observation: Apparence; *avoir l'air, paraître, sembler*

avoir l'air	paraître	sembler
Ça **a** **l'air** intéressant. Ça **a** **l'air** d'être intéressant. Ça m'**a** **l'air** intéressant. Ça m'**a** **l'air** d'être intéressant.	Ça **paraît** intéressant. Ça **paraît** être intéressant. Ça me **paraît** intéressant. Ça me **paraît** être intéressant.	Ça **semble** intéressant. Ça **semble** être intéressant. Ça me **semble** intéressant. Ça me **semble** être intéressant.

		objet indirect	
Qu'est-ce que tu en as pensé?	Ça	**m'**	a paru intéressant.
Qu'est-ce qu'ils en ont pensé?	Ça	**leur**	a paru intéressant.
Qu'est-ce qu'elle en a pensé?	Ça	**lui**	a paru intéressant.

☊ 47.7 Activation orale: Apparence; *avoir l'air, paraître, sembler*

Répondez selon les exemples.

Exemples:

Vous entendez: 1. Qu'est-ce que tu penses de mon idée?
Vous dites: Elle me paraît intéressante.

Vous entendez: 2. Qu'est-ce que vous en avez pensé?
Vous dites: Ça nous a paru intéressant.

Continuez oralement avec l'enregistrement.

47.8 Observation: Satiété (révision et extension)

		objet
J'en ai assez	de la	plaine!
J'en ai marre	de	toi!
J'en ai ras le bol	de ces	histoires!
Ça va comme ça!		
Ça suffit!		

☊ 47.9 Activation orale: Satiété

Répondez selon l'exemple.

Exemple:
Vous entendez: 1. Hubert commence à m'agacer!
Vous dites: J'en ai marre de lui!

Continuez oralement avec l'enregistrement.

47.10 Observation: *Tout*

	tout *pronom*	
	Tout	va bien.
Je fais	**tout.**	
Je m'occupe de	**tout.**	
Il y a de	**tout,**	en France... des églises, du vin, de la montagne à vaches....

	tout *adjectif*		*nom*
	Tout	le	monde sait ça!
Il pleut	**tout**	le	temps.
Nous allons voir	**toute**	la	France,
	tous	les	châteaux,
	toutes	les	églises.

temps simple			
Elle	connaît		**toutes** les églises de France.
Elle les	connaît		**toutes.**
temps composé			
Elle	a	vu	**toutes** les églises de France.
Elle les	a **toutes**	vues.	

Notez que *tout* modifiant un pronom est généralement placé après le verbe (après l'auxiliaire aux temps composés).

☊ 47.11 Activation orale: *Tout*

Répondez selon les exemples.

Exemples:
Vous entendez: 1. Qu'est-ce qu'il y a? Il y a quelque chose qui ne va pas?
Vous dites: Non, (non,) tout va bien.

Vous entendez: 2. De quoi as-tu besoin?
Vous dites: (Mais) j'ai besoin de tout!

Continuez oralement avec l'enregistrement.

☊ 47.12 Activation orale: *Tout*

Répondez selon l'exemple.

Exemple:
Vous entendez: 1. Quels crus est-ce que Robert a goûtés?
Vous dites: Il les a tous goûtés.

Continuez oralement avec l'enregistrement.

47.13 Observation: *Tout* ou *rien*, *personne* ou *tout le monde* (révision et extension)

objet	*objet*
Nous avons **tout** vu. Nous n' avons **rien** vu.	Nous avons vu **tout le monde.** Nous n' avons vu **personne.**
sujet	*sujet*
Tout lui plaît. **Rien ne** lui plaît.	**Tout le monde** lui plaît. **Personne ne** lui plaît.

☊ 47.14 Activation orale: *Tout* ou *rien*, *personne* ou *tout le monde*

Répondez selon les exemples.

Exemples:
Vous entendez: 1. Rien ne marche!
Vous dites: Mais si, tout marche!

Vous entendez: 2. Personne ne le sait.
Vous dites: Mais si, (voyons,) tout le monde le sait!

Continuez oralement avec l'enregistrement.

☊ 47.15 Activation orale: *Tout* ou *rien*, *personne* ou *tout le monde*

Répondez selon les exemples.

Exemples:
Vous entendez: 1. Qu'est-ce que tu fais?
Vous dites: Je ne fais rien.

Vous entendez: 2. Qui était là?
Vous dites: Personne n'était là.

Continuez oralement avec l'enregistrement.

47.16 Observation: Restriction; négation restrictive *ne . . . que* (révision et extension)

négation	Dans le Nord, il **n'**y a **rien** à voir.
négation restrictive	Il **n'**y a **que** des mines.

La première phrase contient une négation: *il n'y a rien à voir.* La deuxième phrase contient aussi une négation. Elle veut dire: Il n'y a pas de jolis paysages, il n'y a pas de villes intéressantes . . . il y a seulement des mines. *Des mines* est exclu de la négation.

Maintenant comparez les trois phrases suivantes.

Les oncles d'Hubert n'ont pas construit	de HLM	dans la région parisienne.
Les oncles d'Hubert n'ont	construit **que** des HLM	dans la région parisienne.
Les oncles d'Hubert n'ont	construit	de HLM **que** dans la région parisienne.

La première phrase contient une négation pure et simple. La négation est générale. Il n'y a pas de restriction. Rien n'est exclu de la négation. La deuxième phrase veut dire que les oncles d'Hubert n'ont pas construit de villas ou de palaces dans la région parisienne, mais qu'ils ont construit des HLM. La négation est restrictive. Le terme *des HLM* est exclu de la négation. La troisième phrase veut dire qu'ils n'ont pas construit de HLM à Chartres, en Bretagne, en Provence, ou ailleurs, mais qu'ils en ont construit dans la région parisienne. La négation est restrictive. Cette fois c'est le terme *dans la région parisienne* qui est exclu de la négation.

Notez que *que* se place devant le terme qui est exclu de la négation. Exemple:

		terme exclu
Le Mont Blanc n' a	**que**	**4807 mètres.**
En France, il n'y a	**que**	**le Mont Blanc** qui fasse 4807 mètres.

La première phrase veut dire que le Mont Blanc ne fait pas 5000 mètres ou 6000 mètres ou 7000 mètres ou plus, mais qu'il fait, seulement, 4807 mètres.

La deuxième phrase veut dire que les montagnes de France ne font pas 4800 mètres, à l'exception du Mont Blanc.

☊ 47.17 Activation orale: Restriction; négation restrictive *ne . . . que*

Répondez selon l'exemple.

Exemple:
Vous entendez: 1. Vous avez vu tout le monde?
Vous voyez: Robert
Vous dites: Non, nous n'avons vu que Robert.

2. à Robert
3. au Printemps
4. au sixième
5. au rayon du camping
6. les tentes
7. 10.000 francs
8. en France
9. un mois
10. ce qu'ils ont gagné à la loterie
11. des filles
12. des soeurs
13. un chat
14. trois pièces
15. ma chance

☊ 47.18 Activation orale: Restriction; négation restrictive *ne . . . que*

Répondez selon l'exemple.

Exemple:
Vous entendez: 1. Tu as plusieurs frères?
Vous voyez: Non, un seul.
Vous dites: Non, je n'en ai qu'un.

2. Non, une seule.
3. Non, une seule.
4. Non, deux seulement.
5. Non, un seul.
6. Non, trois seulement.
7. Non, une seule.
8. Non, trois ou quatre seulement.
9. Non, trois ou quatre seulement.

☊ 47.19 Activation orale: *Ne . . . que* + relative au subjonctif

Répondez selon l'exemple.

Exemple:
Vous entendez: 1. Rien n'est pire . . . sauf le tiercé.
Vous dites: Il n'y a que le tiercé qui soit pire.

2. Personne ne peut vous aider . . .
3. Personne ne sait où il est . . .
4. Personne ne lui plaît . . .
5. Rien ne lui plaît . . .
6. Personne ne réussit . . .
7. Personne n'est content . . .
8. Personne ne veut y aller . . .
9. Personne n'a envie d'y aller . . .
10. Personne n'a envie d'y aller . . .
11. Personne n'a de voiture . . .
12. Personne ne me comprend . . .
13. Personne ne se plaint de la publicité . . .

47.20 Activation écrite: *Ne . . . que*

Complainte de Tante Georgette: Tante Georgette avait confié la lamentation suivante à son journal intime. Par la suite, elle a barré toutes les expressions restrictives. Rétablissez le texte primitif.

Exemple:
Vous lisez: Guillaume ____ a eu ____ de la chance. Moi, je ________________ des malheurs.
Vous rétablissez le texte primitif: Guillaume n'a eu que de la chance. Moi, je n'ai eu que des malheurs.

1. Cette petite Mireille, qui _____ a _____ vingt ans, et qui _____ a jamais acheté _____ un billet de loterie de sa vie, elle vient de gagner le gros lot, du premier coup! Moi qui depuis vingt ans achète un billet toutes les semaines, je _______ gagné _____ une fois, et ce _____ était _____ 50 francs. Il _____ y en a _____ pour les jeunes!
2. Non, j'ai tort; Guillaume, qui _____ a _____ trois ans de moins que moi, _____ a eu _____ de la chance dans sa vie, tandis que moi, ________________ ________ de la malchance.
3. Cet animal (non, Fido, c'est de ce chameau de Guillaume que je parle) a au moins 20.000 francs à dépenser par mois; moi, je ________________ ________ 8.000 francs. Il a un appartement superbe Avenue Foch, avec deux ascenseurs qui marchent, et une vue imprenable sur le Bois de Boulogne, alors que moi ________________ ________ petit appartement de trois pièces sous les toits. Il peut se payer le restaurant tous les jours; moi, je _____ peux y aller _____ une fois par mois. Il m'invite parfois, mais ce _____ est _____ pour m'humilier.
4. Il a deux voitures pour lui tout seul, alors que moi ________________ mes vieilles jambes. Il prend deux mois de vacances par an, mais moi, ________________ huit jours. Il a voyagé dans toute la France et à l'étranger, moi _____ suis allée _____ à Chartres.
5. C'est comme la famille de François; ils vont à la mer tous les étés. Moi, je _____ peux me promener _____ sur les bords de la Seine. Quand ils sont partis, je leur écris quatre pages chaque semaine; eux _____ écrivent _____ une petite carte. Et ses filles, elles _____ viennent me voir _____ quand elles ont besoin de quelque chose, alors que moi, je vais dîner chez eux tous les vendredis sans faute.

6. Les gens ____ songent ____ à eux-mêmes! Moi, au contraire, ____ pense ____ aux autres. Ah, si je pouvais retrouver Georges![1] Je ____ ai jamais aimé ____ lui. . . . Sans lui, la vie ne vaut pas la peine d'être vécue. Il ____ me reste ____ à mourir. Heureusement qu'avec mon coeur fragile, je ____ ai plus ____ quelques années à vivre.

47.21 Observation: Mise en doute; subjonctif (révision)

proposition principale	*proposition subordonnée*		
expression de doute		*subjonctif*	
Ça m'étonnerait	que tu	**sois**	fâché d'être serré contre Colette.
Je doute	qu' on	**puisse**	aller partout.
Je ne pense pas	qu' Ousmane	**veuille**	nous accompagner.
Je ne suis pas sûre	que Colette	**soit**	d'accord.
Je ne crois pas	que je	**puisse**	aller à la colo cet été.

ꙍ 47.22 Activation orale: Mise en doute

Répondez selon l'exemple.

Exemple:
Vous entendez: 1. Il y a des centaines d'églises à voir, en France.
Vous dites: Ça m'étonnerait qu'il y en ait des centaines.

Continuez oralement avec l'enregistrement.

ꙍ 47.23 Activation orale: Mise en doute, subjonctif, *tout*

Répondez selon l'exemple.

Exemple:
Vous entendez: 1. J'ai fait toutes les aiguilles de Chamonix.
Vous dites: Je doute que tu les aies toutes faites!

Continuez oralement avec l'enregistrement.

47.24 Observation: Nécessité; *il faut* + subjonctif (révision)

proposition principale	*proposition subordonnée*		
expression de nécessité		*subjonctif*	
Il faut	qu' il	**voie**	nos cathédrales.
Il faut	que vous	**voyiez**	nos châteaux.

1. Georges de Pignerol, voir leçon 44.

☊ 47.25 Activation orale: Nécessité; *il faut* + subjonctif (révision)

Répondez selon l'exemple.

Exemple:
Vous entendez: 1. Vous n'êtes jamais monté au Mont Blanc!
Vous dites: Il faut absolument que vous montiez au Mont Blanc!

Continuez oralement avec l'enregistrement.

☊ 47.26 Activation orale: Dialogue entre Hubert et Colette

Vous allez entendre un dialogue entre Hubert et Colette. Ecoutez attentivement. Vous allez imiter Colette.

HUBERT: Et puis, il faut que vous voyiez nos châteaux: Champ, Chambord, Chaumont, Chantilly. . . .
COLETTE: **Chantilly, hmm . . . la crème chantilly. . . .**
HUBERT: Châteaudun, Chenonceaux, Chinon, Valençay. . . .
COLETTE: **Là où on fait le fromage de chèvre. . . .**
HUBERT: Anet, Amboise, Angers, Azay-le-Rideau, Blois, Fontainebleau. . . .
COLETTE: **Ah, Fontainebleau . . . le fromage à la crème. . . .**
HUBERT: Loches, Langeais, Pierrefonds, Saumur. . . .
COLETTE: **Saumur, là où il y a le vin. . . .**

Libération de l'expression

47.27 Mots en liberté

Qu'est-ce qu'on peut voir en France si on s'intéresse à la nature?

On peut voir des campagnes (soignées comme des jardins), des plaines, les aiguilles de Chamonix, des cols (le Tourmalet, dans les Pyrénées, l'Iseran dans les Alpes). . . .

Trouvez encore au moins cinq possibilités.

Qu'est-ce qu'on peut voir en France si on s'intéresse à la civilisation?

On peut voir deux mille ans d'histoire, des dessins préhistoriques, des cathédrales gothiques, des musées (le Louvre, Orsay). . . .

Trouvez encore au moins cinq possibilités.

Qu'est-ce qu'on peut goûter en France si on s'intéresse à la gastronomie?

On peut goûter tous les grands vins de Bordeaux, de Bourgogne, les tripes (à la mode de Caen ou lyonnaises), trois cent fromages: le cantal, le camembert . . . , les escargots de Bourgogne. . . .

Trouvez encore au moins cinq possibilités.

Qu'est-ce qu'on peut faire en France si on s'intéresse au sport?

On peut faire de la planche à voile, du deltaplane, regarder les matches de football à la télévision, "se taper" trois ou quatre cols à vélo dans la journée, descendre les gorges du Tarn en kayak, monter à la Meije (avec un guide!). . . .

Trouvez encore au moins cinq possibilités.

47.28 Mise en scène et réinvention de l'histoire

Reconstituez une conversation entre Jean-Michel, Hubert, Marie-Laure, Mireille, et Robert qui parlent de leurs projets de voyage.

JEAN-MICHEL: Alors, où on va?
HUBERT: Où (. . .)? Mais (. . .)! On va voir (. . .) telle que (. . .), deux mille ans (. . .), et nos quarante (. . .).
JEAN-MICHEL: Vos quarante (. . .) et la sueur (. . .) et les géants de (. . .)!
MARIE-LAURE: Les géants (. . .)?
JEAN-MICHEL: Les grands hommes (. . .). Tu sais (. . .).
HUBERT: Des (. . .)!
MIREILLE: Il faut surtout que Robert voie nos cathédrales.
ROBERT: Mais (. . .).
MIREILLE: Tu crois que (. . .)?
ROBERT: On a aussi (. . .).
MIREILLE: Pfeuh! Deux cathédrales, mais (. . .)! Il y a des (. . .)!

47.29 Mise en scène et réinvention de l'histoire

Imaginez une discussion entre Hubert et Jean-Michel. Vous pouvez, par exemple, choisir des répliques parmi les suivantes.

HUBERT:

Il faut faire connaître à Robert
- l'histoire de France.
- les rois qui ont fait la France.
- le peuple de France.
- les travailleurs.
- les grandes réalisations françaises.
- Jeanne d'Arc.
- Napoléon.

JEAN-MICHEL:
- C'est ridicule!
- Ça n'a aucun intérêt!
- Ce n'est pas (ça / eux / lui) qui (fait / font / a fait / ont fait) la grandeur de la France!

HUBERT:

Mais si! Pensez!
- Deux mille ans d'histoire!
- Le travail de quarante rois!

JEAN-MICHEL:
- L'histoire de France commence à la Révolution.
- Vos rois
  - n'ont jamais travaillé.
  - n'ont fait qu'opprimer le peuple.
  - n'étaient que des imbéciles.
- Trop de rois! Trop de guerres!

HUBERT:

Ah, Louis XIV! Voilà quelqu'un qui
- avait le sens de la grandeur!
- a compris l'intérêt de la France!
- a fait la France!

JEAN-MICHEL:

Louis XIV!
- Encore un oppresseur du peuple!
- Ce n'est pas lui qui a fait le Mont Blanc (4807 m).
- Il a supprimé les Pyrénées; c'est malin!
- Il n'a fait que des guerres!
- Il n'a rien fait d'utile.

HUBERT:

Mais, cher Monsieur, il a fait Versailles!

JEAN-MICHEL:
- Ah, elle est bien bonne, celle-là!
- C'est la meilleure de l'année!
- Où est-ce que vous êtes allé chercher ça!
- Vous êtes tombé sur la tête!

Ce n'est pas lui qui a construit Versailles.

HUBERT:

Non, bien sûr, c'est un de mes ancêtres, Adhémar Gonzague de Pinot-Chambrun, qui avait une petite entreprise de construction à l'époque.

JEAN-MICHEL:
- (Sans blague! / Je ne l'aurais pas cru! / Pas possible!) Votre famille était déjà dans la construction?
- Ce n'est pas très aristocratique!
- Vous ne trouvez pas ça un peu vulgaire?
- Vos ancêtres
  - étaient de vulgaires marchands (de pierre? / d'ardoise? / de brique?)
  - ont aussi construit (les Pyramides? / la Bastille?)
- J'aurais cru que vos ancêtres
  - ne faisaient rien.
  - ne savaient que tuer.
  - étaient tous militaires.

HUBERT:

Sachez, cher Monsieur, que mes ancêtres ont
- construit
  - 37 cathédrales.
  - 324 églises romanes.
  - 73 églises fortifiées.
  - 1337 châteaux.
- fait
  - 53 guerres.
  - 8 coups d'état.
- (dirigé 329 charges de cavalerie / mis 4 armées perdues / mis 5000 canons) dans (la neige. / les plaines / les déserts) (de Russie. / d'Italie. / d'Arabie.)

JEAN-MICHEL:

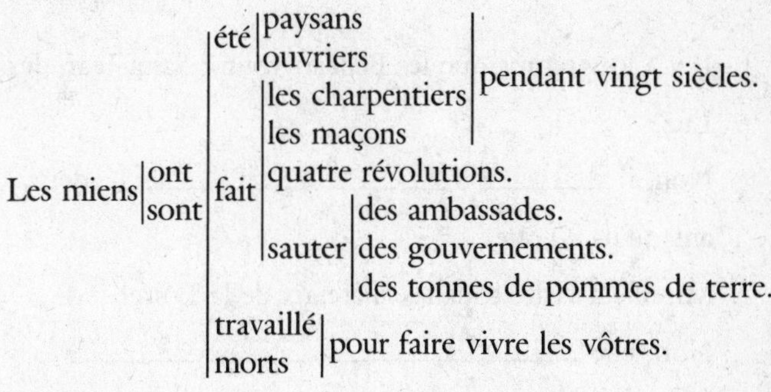

Les miens
- (ont / sont) été (paysans / ouvriers / les charpentiers / les maçons) pendant vingt siècles.
- ont fait quatre révolutions.
- ont fait sauter
  - des ambassades.
  - des gouvernements.
  - des tonnes de pommes de terre.
- (ont travaillé / sont morts) pour faire vivre les vôtres.

HUBERT:
Cher Monsieur, moi, je suis fier d'être

<table>
<tr><td rowspan="8">fils</td><td rowspan="8">de
d'
—
d'un</td><td>diplomate.</td></tr>
<tr><td>ambassadeur.</td></tr>
<tr><td>militaire.</td></tr>
<tr><td>architecte.</td></tr>
<tr><td>président d'entreprise.</td></tr>
<tr><td>banquier.</td></tr>
<tr><td>unique.</td></tr>
<tr><td>gardien de nuit au Ministère des Loisirs.</td></tr>
</table>

JEAN-MICHEL:

<table>
<tr><td>Vous avez toujours été
Vous n'êtes qu'
Vous serez toujours</td><td>un fils à papa.</td></tr>
</table>

<table>
<tr><td rowspan="7">Moi, je suis fier d'être fils</td><td rowspan="7">d'un
de
du</td><td>mon père.</td></tr>
<tr><td>travailleur.</td></tr>
<tr><td>peuple.</td></tr>
<tr><td>paysan.</td></tr>
<tr><td>agriculteur.</td></tr>
<tr><td>gardien de nuit.</td></tr>
<tr><td>marchand de chaussures.</td></tr>
</table>

Exercices-tests

47.30 Exercice-test: *Tout*

Récrivez les phrases suivantes en introduisant la forme convenable de *tout*.

1. Ça ne m'intéresse pas.

   ______________________________.

2. Tu as vu ces vaches?

   ______________________________?

3. Vous visitez les châteaux de la Loire?

   ______________________________?

4. Oui, je les ai visités.

   ______________________________.

Vérifiez. Si vous avez fait des fautes, travaillez les sections 47.10 à 47.15 dans votre cahier d'exercices.

47.31 Exercice-test: La négation restrictive *ne . . . que*

Complétez les réponses aux questions suivantes.

1. Il y a longtemps que les Belleau vont à Saint-Jean-de-Luz?

   Non, il ______________________ deux ans qu'ils y vont.

2. Mireille a visité tous les châteaux de la Loire?

   Non, elle ______________________ Chambord, Amboise, et Chenonceaux.

3. Mireille a beaucoup de copains américains?

   Non, elle ______________________ trois ou quatre.

4. Tu as acheté beaucoup de chemises?

   Non, je ______________________ deux.

Vérifiez. Si vous avez fait des fautes, travaillez les sections 47.16 à 47.20 dans votre cahier d'exercices.

47.32 Exercice-test: Mise en doute, nécessité

Complétez.

1. Robert *est allé* aux Folies-Bergère, mais ça m'étonnerait qu'Hubert y ______________ allé avec lui!
2. Colette *voudrait* nous accompagner, mais je ne suis pas sûre que ses parents ______________ qu'elle vienne avec nous.
3. Tu n'*as* pas encore *fait* tes devoirs? Il faut que tu les ______________ tout de suite.
4. Elle *est* peut-être imbattable en géographie, mais je ne crois pas qu'elle ______________ très forte en histoire de France.

Vérifiez. Si vous avez fait des fautes, travaillez les sections 47.21 à 47.25 dans votre cahier d'exercices.

Leçon 48

Assimilation du texte

48.1 Mise en oeuvre

Ecoutez le texte et la mise en oeuvre dans l'enregistrement sonore. Répétez et répondez suivant les indications.

48.2 Compréhension auditive

Phase 1: Regardez les images et répétez les énoncés que vous entendez.

1 ___

2 ___

3 ___

4 ___

5 ___

6 ___

Phase 2: Ecrivez la lettre de chaque énoncé sous l'image qui lui correspond le mieux.

48.3 Production orale

Ecoutez les dialogues suivants. Dans chaque dialogue vous allez jouer le rôle du personnage indiqué.

1. (Hubert et Mireille)
   Vous allez être Mireille.
2. (Mireille et Marie-Laure)
   Vous allez être Marie-Laure.
3. (Robert et Hubert)
   Vous allez être Hubert.
4. (Hubert et Mireille)
   Vous allez être Mireille.
5. (Hubert et Mireille)
   Vous allez être Mireille.
6. (Mireille et Marie-Laure)
   Vous allez être Marie-Laure.
7. (Colette et Hubert)
   Vous allez être Hubert.

♫ 48.4 Compréhension auditive et production orale

Ecoutez les dialogues suivants. Après chaque dialogue, vous allez entendre une question. Répondez à la question.

1. Pourquoi, d'après Mireille, est-ce que ce serait intéressant de faire la France en bateau?
2. Pourquoi est-ce que Jean-Michel ne veut pas se baigner dans la Mer du Nord ou dans la Manche?
3. D'après Hubert, qui est-ce qui fabrique les voitures Renault?
4. Pourquoi, d'après Marie-Laure, est-ce que Mireille ne risque pas de se noyer?
5. A quelle heure est-ce que Marie-Laure doit rentrer à la maison?
6. Qu'est-ce que Mireille va faire si Marie-Laure est sage?

Préparation à la communication

♫ 48.5 Activation orale: Prononciation; la semi-voyelle /j/ (révision)

Ecoutez et répétez. Faites attention de passer directement de la semi-voyelle à la voyelle suivante.

Il n'*y* a qu'un *y*acht au mil*i*eu de la riv*i*ère.
Ils ont un voil*i*er à Villequ*i*er.
Il n'est pas quest*i*on que vous all*i*ez vous no*y*er à Villequ*i*er.
Ni en janv*i*er ni en ju*i*llet.
Le monde ent*i*er nous a cop*i*és.
C'est sér*i*eux et mystér*i*eux.
C'est une quest*i*on de coïncidence.
Mire*ille* aime la bou*ill*abaisse et faire la s*i*este au sole*il* de Marse*ille*.

48.6 Observation: Sérieux et plaisanterie

sérieux	*plaisanterie*
C'est tout à fait sérieux. Ce n'est pas de la blague. Ce n'est pas une blague. C'est vrai! Ce n'est pas une plaisanterie. Je suis tout à fait sérieux. Je ne plaisante pas. Je ne me moque pas de vous. Je ne dis pas ça pour rire. Je ne dis pas ça pour plaisanter.	Mais non. . . . Je ne suis pas sérieux. Je dis ça pour rire. Je plaisante. Je m'amuse. Je disais ça pour rire. Je disais ça pour plaisanter.

♫ 48.7 Activation: Compréhension auditive; sérieux et plaisanterie

Dans chaque énoncé que vous allez entendre, déterminez s'il s'agit de quelque chose de sérieux ou d'une plaisanterie. Cochez la case appropriée.

	1	2	3	4	5	6	7	8	9	10
sérieux										
plaisanterie										

48.8 Observation: Côtes et fleuves

sur	à
—Ouessant, c'est **sur** la côte?	—Non, c'est **à** vingt kilomètres de la côte. C'est en mer.
—Rouen, c'est **sur** la côte?	—Non, c'est **à** l'intérieur des terres;
mais c'est **sur** un fleuve,	
c'est **sur** la Seine.	
Marseille est **sur** la côte.	
C'est **sur** la Méditerranée.	
C'est **sur** la côte de la Méditerranée.	

Carte de France

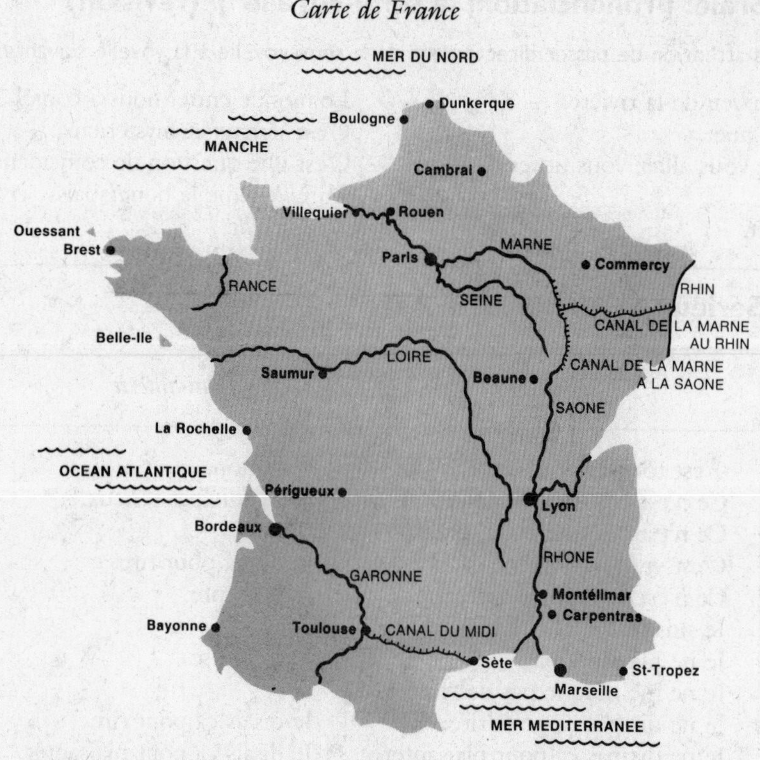

☊ 48.9 Activation orale: Côtes et fleuves

Regardez la liste de dix villes ci-dessous, et cherchez chaque localité sur la carte. Puis répondez aux questions selon les exemples.

Exemples:
Vous voyez: 1. Marseille
Vous trouvez Marseille dans le sud de la France, sur la Méditerranée.
Vous entendez: Marseille, c'est sur la Mer du Nord?
Vous dites: Non, c'est sur la Méditerranée.

Vous voyez: 2. Paris
Vous trouvez Paris à l'intérieur de la France.
Vous entendez: Paris, c'est sur la côte?
Vous dites: Non, c'est à l'intérieur des terres.

3. La Rochelle
4. Saint-Tropez
5. Lyon
6. Montélimar
7. Bordeaux
8. Toulouse
9. Saumur
10. Villequier

48.10 Observation: Confirmation; *c'est bien*

	proposition principale		*proposition relative*
	C'est bien	le guide vert	que je devais apporter?
Oui,	**c'est bien**	le guide vert.	
Oui,	**c'est bien**	le guide vert	que tu devais apporter.

☊ 48.11 Activation orale: Confirmation; *c'est bien*

Répondez selon l'exemple.

Exemple:
Vous entendez: 1. Ouessant, ce n'est pas en Bretagne?
Vous dites: Si, si, c'est bien en Bretagne.

Continuez oralement avec l'enregistrement.

48.12 Observation: Ce *qui*, ce *que*, ce *dont* (révision et extension)

	sujet
C'est ça qui t'intéresse?	Oui, c'est **ce qui** m'intéresse.
	objet direct
C'est ça que tu veux?	Oui, c'est **ce que** je veux.
	objet de **de**
C'est de ça que tu as besoin?	Oui, c'est **ce dont** j'ai besoin.

☊ 48.13 Activation orale: *Ce qui, ce que, ce dont*

Répondez selon les exemples.

Exemples:
Vous entendez: 1. Ça t'intéresse, ça?
Vous dites: Oui, c'est exactement ce qui m'intéresse.

Vous entendez: 2. C'est ça que vous voulez?
Vous dites: Oui, c'est exactement ce que nous voulons.

Vous entendez: 3. C'est de ça qu'il a besoin?
Vous dites: Oui, c'est exactement ce dont il a besoin.

Continuez oralement avec l'enregistrement.

☊ 48.14 Activation orale: *Ce qui, ce que, ce dont*

Répondez selon l'exemple.

Exemple:
Vous entendez: 1. Il y a des berlingots. Tu en veux?
Vous dites: Oui, c'est exactement ce que je veux.

Continuez oralement avec l'enregistrement.

48.15 Observation: *Laisser*

	laisser	objet direct	
	Laissez, laissez;		ça n'a pas d'importance.
	laissez	ça;	ne vous inquiétez pas!
	Ça ne **laisse** pas	beaucoup de temps	pour l'histoire de l'art.

	laisser	*objet direct*	*adjectif*
	Laisse	ce banc	tranquille!
	Laisse-	moi	tranquille! Ne m'embête pas!
Jean-Pierre	**a laissé**	la table	libre.

	objet indirect	**laisser**	*infinitif*
Vous		**laissez**	tomber des papiers devant elle.
Elle	nous	**laissera**	en goûter un peu.
Tu ne peux pas	me	**laisser**	partir tout seul!

Ω 48.16 Activation orale: *Laisser*

Répondez selon l'exemple.

Exemple:
Vous entendez: 1. Je veux venir avec vous!
Vous dites: Laissez-moi venir avec vous!

Continuez oralement avec l'enregistrement.

Ω 48.17 Activation orale et écrite: Dictée; *laisser*

Ecoutez et complétez.

1. A la Closerie des Lilas, Mireille ________ Robert ________ à la terrasse; elle doit rentrer déjeuner à la maison.
2. Au Fouquet's, le garçon ________ ________ une pièce de monnaie.
3. Les jeunes gens ________ ________ un petit pourboire sur la table.
Puis ils sont partis. Ils ________ ________ la table ________.

Ω 48.18 Activation orale: Revanche; formes du futur (révision)

Répondez selon l'exemple.

Exemple:
Vous entendez: 1. Tu voudrais bien que je ne vienne pas avec vous, hein?
Vous dites (*en imitant Marie-Laure*): Eh bien, je viendrai! (Na!)

Continuez oralement avec l'enregistrement.

48.19 Observation: Demandes; subjonctif (révision)

proposition principale		*proposition subordonnée*		
demande			*subjonctif*	
Je veux		que tu	**sois**	là à 6 heures.
Je tiens	à ce	que vous	**veniez.**	
Ils insistent	pour	que nous y	**allions.**	

Notez que, dans ces phrases, *être là*, *venir*, et *aller* ne sont pas présentés comme des réalités. Quand Mireille dit à Marie-Laure: "Je veux que tu sois là à 6 heures," elle n'indique pas que Marie-Laure sera (ou ne sera pas) là à 6 heures. Mireille indique sa demande, son exigence: "Je veux." Elle n'indique pas que cette demande sera ou ne sera pas réalisée.

☊ 48.20 Activation orale: Demandes; subjonctif

Répondez selon l'exemple.

Exemple:
Vous entendez: 1. Viens avec nous. Je le veux.
Vous dites: Je veux que tu viennes avec nous.

Continuez oralement avec l'enregistrement.

48.21 Observation: Possession; pronoms possessifs

Il me rapportait mais ce n'étaient pas	des boules de gomme, **les miennes.**
Marie-Laure n'a pas pris parce que ce n'étaient pas	les boules de gommes, **les siennes.**
Oui, d'accord, les Russes ont mais ils l'ont copiée sur	une marémotrice, **la nôtre.**

Les miennes, les siennes, et *la nôtre* remplacent *les boules de gomme* et *la marémotrice*; ce sont des pronoms. Ces pronoms indiquent les possesseurs des boules de gomme ou de la marémotrice; ce sont des pronoms possessifs.

possesseur		*objet possédé*			
		nom masculin singulier	*nom féminin singulier*	*nom masculin pluriel*	*nom féminin pluriel*
personnes du singulier	*première personne*	mon nougat **le mien**	ma madeleine **la mienne**	mes bonbons **les miens**	mes boules de gomme **les miennes**
	deuxième personne	ton nougat **le tien**	ta madeleine **la tienne**	tes bonbons **les tiens**	tes boules de gomme **les tiennes**
	troisième personne	son nougat **le sien**	sa madeleine **la sienne**	ses bonbons **les siens**	ses boules de gomme **les siennes**
personnes du pluriel	*première personne*	notre bateau **le nôtre**	notre voiture **la nôtre**	nos vélos **les nôtres**	nos bicyclettes **les nôtres**
	deuxième personne	votre bateau **le vôtre**	votre voiture **la vôtre**	vos vélos **les vôtres**	vos bicyclettes **les vôtres**
	troisième personne	leur bateau **le leur**	leur voiture **la leur**	leurs vélos **les leurs**	leurs bicyclettes **les leurs**

Notez la présence de l'accent circonflexe sur les pronoms possessifs *le/la nôtre, les nôtres, le/la vôtre*, et *les vôtres*, et l'absence d'accent circonflexe sur les adjectifs correspondants (*notre bateau, votre voiture*).

☊ 48.22 Activation orale: Possession; pronoms possessifs

Répondez selon l'exemple.

Exemple:
Vous entendez: 1. C'est bien le vélo de Robert?
Vous dites: Oui, c'est le sien.

Continuez oralement avec l'enregistrement.

☊ 48.23 Activation orale: Dialogue entre Marie-Laure et Mireille

Vous allez entendre un dialogue entre Marie-Laure et Mireille. Ecoutez attentivement. Vous allez apprendre les réponses de Mireille.

MARIE-LAURE: Il me rapportait mes boules de gomme.
MIREILLE: **Tu les avais perdues?**
MARIE-LAURE: Non.
MIREILLE: **Alors, qu'est-ce que c'était, ces boules de gomme qu'il te rapportait?**
MARIE-LAURE: Eh bien, ce n'étaient pas les miennes. C'étaient d'autres boules de gomme.
MIREILLE: **Je n'y comprends rien.**

Libération de l'expression

48.24 Mots en liberté

Qu'est-ce qu'on peut perdre?

On peut perdre un billet de 100F, son permis de conduire, un pari, la tête. . . .

Trouvez encore au moins cinq possibilités.

De quoi est-ce que les Français un peu chauvins aiment parler?

Ils aiment parler de leurs deux mille ans d'histoire, de leurs sites incomparables, des robots qui fabriquent les voitures Renault, Citroën, Peugeot, du Minitel, de la fusée Ariane, des pneus Michelin, de l'invention de la boîte de conserve, du stéthoscope. . . .

Trouvez encore au moins cinq exemples.

Qu'est-ce qui peut être impressionnant?

Les Alpes, les restaurants à trois étoiles, deux mille ans d'histoire, un trucage qui ferait sauter la Tour Eiffel. . . .

Essayez de trouver encore trois possibilités.

Qu'est-ce qui peut donner mauvaise conscience?

Acheter une deuxième Rolls-Royce quand il y a des gens qui meurent de faim, rire devant une tragédie, ne pas être gentil avec sa grand-mère, dire des bêtises au professeur. . . .

Essayez de trouver encore trois possibilités.

48.25 Mise en scène et réinvention de l'histoire

Reconstituez une conversation entre Jean-Michel et Hubert sur ce qu'il faut connaître de la France.

JEAN-MICHEL: La vraie France, ce sont les ouvriers de chez Renault (. . .).
HUBERT: Les ouvriers? Ce ne sont pas eux qui (. . .).
JEAN-MICHEL: Ah non? Et qui (. . .)?
HUBERT: Les (. . .). Et puis, il n'y a pas que (. . .). Tenez, prenez l'usine (. . .). Ce n'est pas partout qu'on fabrique (. . .)
JEAN-MICHEL: Vous me faites rigoler (. . .). La marémotrice (. . .) oui, mais les Russes (. . .).
HUBERT: Oui, ils ont une marémotrice, parce qu'ils (. . .).
JEAN-MICHEL: Ça, c'est (. . .).
HUBERT: C'est tout (. . .)!

48.26 Mise en scène et réinvention de l'histoire

Reconstituez l'histoire de la fille de Victor Hugo. Qu'est-ce qui lui est arrivé?

Elle s'est mariée. Elle est allée à Villequier sur la (. . .) dans une (. . .). Elle est allée (. . .). Et le bateau (. . .) et elle (. . .). Et alors, Victor Hugo (. . .).

48.27 Mise en scène et réinvention de l'histoire

Imaginez ce que vous feriez si vous faisiez le tour de la France. Par exemple:

Je commencerais par aller à
- Rouen
- Tourcoing
- Ouessant
- Marseille
- Paris

à cause
- du / de / de la / des
  - usines.
  - soleil.
  - bouillabaisse.
  - Louvre.
  - Mireille.
  - beauté de
    - la ville.
    - la côte armoricaine.
  - canard rouennais.
  - sole normande.
  - homard à l'armoricaine.
  - crevettes.
  - huîtres.

J'irais
- seul / seule
- avec
  - un ami
  - une amie
  - six amis

- à / en
- dans une / dans mon
  - avion
  - bateau
  - aéroglisseur
  - patins à roulettes
  - yacht de fille à papa
  - Alpine décapotable
  - petite 2CV à toit ouvrant
  - hélicoptère
  - TGV

pour
- qu'on
  - soit serrés comme des sardines.
  - puisse s'amuser comme des fous.
- mieux / bien
  - voir
    - la campagne.
    - les 5000 km de côtes.
    - toutes les plages.
    - le canal du Midi.
    - les quais de la Seine.
- foncer le pied au plancher.
- aller vite.
- rouler à toute vitesse.
- prendre
  - mon temps.
  - l'air.
  - mon pied.
- faire
  - de l'exercice.
  - de la vitesse.
  - du 140 à l'heure toute la journée sans chauffer.
- ne pas
  - perdre de temps.
  - m'ennuyer.
  - me perdre.

J'aimerais surtout voir les
- cathédrales et les églises
  - fortifiées.
  - romanes.
  - gothiques.
  - modernes.
- industries
  - sidérurgiques.
  - automobiles.
  - électroniques.
  - aéronautiques.
  - alimentaires.
- sites
  - historiques.
  - préhistoriques.
  - naturels.
- oeuvres d'art.

48.28 Mise en scène et réinvention de l'histoire

Imaginez une petite conversation entre Marie-Laure et l'homme en noir. Par exemple:

L'HOMME EN NOIR:
Bonjour, Marie-Laure.
Salut, petite!
Bonjour, Mademoiselle.

MARIE-LAURE:
Mais qui êtes-vous, Monsieur?
Bonjour, Tonton Vladimir! / Joe! / Mao! / Karl!
Salut, crapule!
Salut, chef!

L'HOMME EN NOIR:
Alors, ils ont tout préparé pour ce voyage?
Tu as fait tout ce que je t'ai dit?
Tu sais où ils vont?
Tu as l'adresse de Robert?
Vous avez du feu?

MARIE-LAURE:
De quoi s'agit-il?
Je ne comprends pas.
Vous devez vous être trompé de porte.
Vous devez vous être trompé de gamine.
Ce n'est pas à moi que vous voulez parler.
Je ne suis au courant de rien.
Oui, ils ont tout préparé.
Je vais tout vous dire, mais d'abord, donnez-moi mes boules de gomme et mes 5000F.
Je ne sais rien, mais je vous dirai tout.

L'HOMME EN NOIR:
Alors, où est-ce qu'ils vont?
Vous avez vu ma soeur, la religieuse?
Vous connaissez ma soeur, la religieuse, sans doute?
Est-ce que vous savez ce que votre soeur cherche à faire?
Où est la Tour Eiffel?

MARIE-LAURE:
Ils vont d'abord à Ouessant ou peut-être à Rouen.
Je ne sais pas.
Oui, elle est venue me voir.
Oui, elle travaille pour les Suédois. / Russes. / Américains. / Japonais. / Chinois.

L'HOMME EN NOIR:
Ecoutez, Marie-Laure, / Mademoiselle, / ma petite,
vous allez tout faire pour crever les pneus de la Méhari. / faire sauter le bateau. / les accompagner. / les suivre.
votre soeur va se noyer dans un accident que je vais arranger.
notre agent Hubert / Jean-Michel / Jean-Pierre / le garçon de café va tuer Robert. / Mireille. / le président.
venez me retrouver à 5h devant la Fontaine Médicis. / les Deux Magots. / la gare Saint-Lazare. / le guichet d'Air France à Roissy.
prenez votre / vos revolver. / boules de gomme. / costume d'infirmière. / de douanier. / d'agent de police.
Et surtout, pas un mot à Robert. / vos parents. / votre soeur. / ma soeur.

Mystère . . . et boule de gomme, comme toujours!

Exercices-tests

48.29 Exercice-test: Vocabulaire

Complétez.

1. Je plaisante! Je disais ça ________ rire!
2. Il y a quelques siècles, la ville d'Aigues-Mortes se trouvait ________ la Méditerranée, mais maintenant, elle est ________ l'intérieur des terres. C'est très curieux, comme phénomène.
3. ________-moi tranquille! Tu m'embêtes, à la fin!
4. Qu'est-ce que c'est que ce bruit? . . . Oh la la, c'est Marie-Laure qui a ________ tomber le plateau du goûter!

Vérifiez. Si vous avez fait des fautes, travaillez les sections 48.6 à 48.9 et 48.15 à 48.17 dans votre cahier d'exercices.

48.30 Exercice-test: *Ce qui, ce que, ce dont*

Complétez.

1. Voilà exactement ________ j'ai besoin.
2. Tiens! C'est juste ________ il me faut!
3. Prends ________ te plaît.
4. Prends ________ tu veux.
5. Prends ________ tu as envie.

Vérifiez. Si vous avez fait des fautes, travaillez les sections 48.12 à 48.14 dans votre cahier d'exercices.

48.31 Exercice-test: Pronoms possessifs

Complétez les réponses aux questions suivantes.

1. Ce sont vos vélos?
   Non, ce ne sont pas ________.
2. Tiens, voilà tes boules de gomme.
   Mais non, ce ne sont pas ________.
3. C'est la voiture d'Hubert?
   Oui, c'est ________.
4. C'est mon verre, ça, tu crois?
   Oui, c'est ________.
5. C'est le voilier des Pinot-Chambrun, ça?
   Non; ________ est là-bas.
6. Ce sont les vignobles des Pinot-Chambrun?
   Non, ________ sont en Bourgogne.

Vérifiez. Si vous avez fait des fautes, travaillez les sections 48.21 et 48.22 dans votre cahier d'exercices.

Leçon 49

Assimilation du texte

☊ 49.1 Mise en oeuvre

Ecoutez le texte et la mise en oeuvre dans l'enregistrement sonore. Répétez et répondez suivant les indications.

☊ 49.2 Compréhension auditive

Phase 1: Regardez les images et répétez les énoncés que vous entendez.

1 ___

2 ___

3 ___

4 ___

5 ___

6 ___

Phase 2: Ecrivez la lettre de chaque énoncé sous l'image qui lui correspond le mieux.

☊ 49.3 Production orale

Ecoutez les dialogues suivants. Dans chaque dialogue vous allez jouer le rôle du personnage indiqué.

1. (Mireille et Robert) Vous allez être Robert.
2. (Mireille et Robert) Vous allez être Robert.
3. (Mireille et Robert) Vous allez être Robert.
4. (Mireille et Robert) Vous allez être Robert.
5. (Mireille et Marie-Laure) Vous allez être Marie-Laure.
6. (Mireille et Robert) Vous allez être Robert.
7. (Mireille et Robert) Vous allez être Robert.
8. (Mireille et Marie-Laure) Vous allez être Marie-Laure.
9. (Mireille et Marie-Laure) Vous allez être Marie-Laure.

☊ 49.4 Compréhension auditive et production orale

Ecoutez les dialogues suivants. Après chaque dialogue, vous allez entendre une question. Répondez à la question.

1. Pourquoi est-ce que Mireille téléphone à Robert?
2. Pourquoi est-ce que Mireille est particulièrement inquiète de ne pas trouver Marie-Laure?
3. Que fait Marie-Laure?
4. Pourquoi est-ce que Marie-Laure ne veut pas manger?
5. Pourquoi est-ce que Marie-Laure ne veut pas dire son secret à Mireille?
6. Pourquoi est-ce que Marie-Laure est rentrée à pied?

Préparation à la communication

☊ 49.5 Activation orale: Prononciation; la semi-voyelle /ɥ/ (révision)

Pour prononcer le son /ɥ/ (comme dans *bruit* et *lui*), la langue est appuyée contre les dents inférieures pour prononcer le son /y/ et reste dans cette position pour prononcer le son /i/.

Ecoutez et répétez les énoncés suivants en faisant particulièrement attention à la semi-voyelle /ɥ/.

Je *suis* un garçon instr*uit*; alors je m'enn*uie*.
Ça va, dep*uis* hier?
Je ne *suis* pas sûr que je p*uis*se venir tout de *suit*e.
Il ne l*ui* est rien arrivé du tout!
Je me *suis* dit: "Il n'a pas l'air net, cel*ui*-là." Alors, je me *suis* mise à le *sui*vre.

☊ 49.6 Observation: Prononciation; *os, boeuf, oeuf, oeil*

Ecoutez les mots suivants.

un os	des os
un boeuf	des boeufs
un oeuf	des oeufs
un oeil	des yeux

Notez que dans ces mots la consonne finale—ou semi-voyelle finale dans le cas de *oeil*—prononcée au singulier n'est pas prononcée au pluriel.

☊ 49.7 Activation orale: Prononciation; *os, boeuf, oeuf, oeil*

Ecoutez et répétez.

un os	des os	un oeuf	des oeufs
un boeuf	des boeufs	un oeil	des yeux

49.8 Observation: Evénement; *arriver à quelqu'un*

	se	**passer**			**arriver**
Qu'est-ce qui	**se**	**passe?**	Qu'est-ce qui		**arrive?**
Qu'est-ce qui	**s'est**	**passé?**	Qu'est-ce qui	**est**	**arrivé?**
Il ne	**s'est** rien	**passé.**	Il n'**est** rien		**arrivé.**

	pronom objet indirect				*objet indirect*
Il va			**arriver**	quelque chose	**à Marie-Laure.**
Il va	**lui**		**arriver**	quelque chose.	
Qu'est-ce qui			**arrive?**		
Qu'est-ce qui	**t'**		**arrive?**		
Qu'est-ce qui		**est**	**arrivé**		**à Marie-Laure?**
Il n'		**est** rien	**arrivé**		**à Marie-Laure.**
Il ne	**lui**	**est** rien	**arrivé.**		

49.9 Observation: Insistance; *du tout*

du tout	
Ça ne va pas. Ça ne va pas **du tout!**	Ce n'est pas drôle. Ce n'est pas drôle **du tout!**
Ça ne me plaît pas. Ça ne me plaît pas **du tout!**	Il ne lui est rien arrivé. Il ne lui est rien arrivé **du tout!**

☊ 49.10 Activation orale: Insistance; *du tout*

Répondez selon l'exemple.

Exemple:
Vous entendez: 1. Vous trouvez ça drôle, vous?
Vous dites: Non, nous ne trouvons pas ça drôle du tout.

Continuez oralement avec l'enregistrement.

☊ 49.11 Activation orale: Insistance; *du tout*

Répondez selon l'exemple.

Exemple:
Vous entendez: 1. Qu'est-ce que tu as fait?
Vous dites: Je n'ai rien fait du tout.

Continuez oralement avec l'enregistrement.

49.12 Observation: Insistance; *mais, pouvoir bien*

présent
Qu'est-ce qu'elle fait? **Mais** qu'est-ce qu'elle fait? Qu'est-ce qu'elle **peut bien** faire? **Mais** qu'est-ce qu'elle **peut bien** faire?
passé
Qu'est-ce qu'elle a fait? **Mais** qu'est-ce qu'elle a fait? Qu'est-ce qu'elle **a bien pu** faire? **Mais** qu'est-ce qu'elle **a bien pu** faire?

☊ 49.13 Activation orale: Insistance; *mais, pouvoir bien*

Répondez selon l'exemple.

Exemple:
Vous entendez: 1. Qu'est-ce qu'elle a fait pendant tout ce temps?
Vous dites: Mais qu'est-ce qu'elle a bien pu faire (pendant tout ce temps)?

Continuez oralement avec l'enregistrement.

49.14 Observation: Perplexité

interrogation directe			*interrogation indirecte*		
	pronom interrogatif			*pronom interrogatif*	
	Que	faire?	Je ne sais plus	**que**	faire.
	Qui	appeler?	Je ne sais pas	**qui**	appeler.
A	**qui**	m'adresser?	Je ne sais pas à	**qui**	m'adresser.
	Où	aller?	Je ne sais pas	**où**	aller.

☊ 49.15 Observation: Perplexité

Répondez selon les exemples.

Exemples:

Vous entendez: 1. Il faut faire quelque chose!
Vous dites: Oui, mais je ne sais pas que faire!

Vous entendez: 2. Il faut aller quelque part.
Vous dites: Oui, mais je ne sais pas où aller.

Continuez oralement avec l'enregistrement.

49.16 Observation: Doute et intuition; *douter, se douter*

doute			
Je ne		pense pas	que ça vaille la peine.
Je		**doute**	que ça vaille la peine.
intuition			
Je		pensais bien	que les phares ne marcheraient pas.
Je	**me**	**doutais**	que les phares ne marcheraient pas.
douter *de quelque chose = doute*			
Je		**doute**	que ça vaille la peine.
J'en		**doute.**	
se douter *de quelque chose = intuition*			
Je	**me**	**doutais**	que les phares ne marcheraient pas.
Je	**m'en**	**doutais!**	

☊ 49.17 Activation: Compréhension auditive; doute et intuition

Pour chaque énoncé que vous allez entendre, déterminez s'il s'agit d'un doute ou d'une intuition. Cochez la case appropriée.

	1	2	3	4	5	6	7	8
doute								
intuition								

☊ 49.18 Activation orale: Doute et intuition

Répondez selon les exemples.

Exemples:

Vous entendez: 1. Je savais que tu viendrais.
Vous dites: Je me doutais que tu viendrais.

Vous entendez: 2. Je ne crois pas que ça vaille la peine.
Vous dites: Je doute que ça vaille la peine.

Continuez oralement avec l'enregistrement.

49.19 Observation: Le futur du passé; emploi du conditionnel

proposition principale		*proposition subordonnée*		
	présent		*futur*	
1. Nous	**pensons**	que ça ne	**marchera**	pas très bien à trois.
2. Je	**sais**	que tu ne me	**croiras**	pas!
	passé		*conditionnel*	
3. Nous	**avons pensé**	que ça ne	**marcherait**	pas très bien à trois.
4. Je	**savais**	que tu ne me	**croirais**	pas!

Les phrases 1 et 2 se situent dans le présent (les propositions principales *nous pensons* et *je sais* sont au présent). Mais elles se réfèrent au futur dans les propositions subordonnées (*ça ne marchera pas* et *tu ne me croiras pas*). Ce **futur** est exprimé par un verbe au **futur de l'indicatif.**

Les phrases 3 et 4 se situent dans le passé (les propositions principales sont au passé: *nous avons pensé* et *je savais*). Les propositions subordonnées se réfèrent à un temps qui était le futur par rapport au temps passé des propositions principales. Ce temps est donc une sorte de futur du passé. Ce **futur du passé** est exprimé par des verbes au **conditionnel.**

passé
←Je savais que tu ne me croirais pas.

présent *futur*
Je sais que tu ne me croiras pas→

☊ 49.20 Activation orale: Le futur du passé; emploi du conditionnel

Répondez selon les exemples.

Exemples:

Vous entendez: 1. Ça ne va pas marcher. J'en suis sûr.
Vous dites: Je suis sûr que ça ne marchera pas.

Vous entendez: 2. Ça n'a pas marché. J'en étais sûr.
Vous dites: J'étais sûr que ça ne marcherait pas.

Continuez oralement avec l'enregistrement.

49.21 Observation: Subjonctif (révision et extension)

proposition principale		*proposition subordonnée*	
		subjonctif	
1. Tu veux	que je	**vienne?**	
2. Ça ne servirait à rien	que je te le	**dise.**	
3. Je me suis cachée pour	qu'il ne	**sache**	pas que je le suivais.
4. J'attends	que vous	**ouvriez.**	
5. L'essentiel, c'est	qu'elle	**soit**	là.

Dans la phrase 1, l'intention de Robert **n'est pas** de dire qu'il va venir ou ne pas venir, mais d'établir ce que Mireille veut.

Dans la phrase 2, l'intention de Marie-Laure **n'est pas** d'indiquer si elle va dire ou ne pas dire ce qui s'est passé, mais de souligner que ça ne servirait à rien (et elle insinue qu'elle ne va sans doute rien dire).

Dans la phrase 3, l'intention de Marie-Laure **n'est pas** de dire que l'homme en noir a su ou n'a pas su qu'elle le suivait, mais qu'elle s'est cachée.

Dans la phrase 4, son intention **n'est pas** de dire que le guide a ouvert, ou va ouvrir ou ne pas ouvrir, mais de souligner qu'elle attend.

Dans la phrase 5, l'intention de Robert **n'est pas** de dire que Marie-Laure est là (Mireille le sait), mais que c'est important, que c'est essentiel, que c'est ça qui compte.

Ω 49.22 Activation orale: Subjonctif

Répondez selon l'exemple.

Exemple:
Vous entendez: 1. Je sais que ça t'ennuie de partir, mais je veux que tu . . .
Vous dites: . . . je veux que tu partes.

Continuez oralement avec l'enregistrement.

49.23 Activation écrite: Subjonctif

Pour chacune des expressions suivantes, improvisez une phrase en utilisant le subjonctif.

Exemple:
Vous voyez: 1. J'aimerais . . .
Vous écrivez: J'aimerais que vous me prêtiez 100 francs.

2. Je tiens à ce que . . .
3. Il serait bon que . . .
4. Il est indispensable que . . .
5. L'essentiel, c'est que . . .
6. Ça ne servirait à rien que . . .
7. J'ai envie que . . .
8. Ils tiennent absolument à ce que . . .
9. Elle insiste pour que . . .
10. Il serait utile que . . .
11. Nous avons fait ça pour que . . .
12. J'attends que . . .

2. ____________________
3. ____________________
4. ____________________
5. ____________________
6. ____________________
7. ____________________
8. ____________________
9. ____________________
10. ____________________
11. ____________________
12. ____________________

☊ 49.24 Activation: Dialogue entre Robert et Mireille

Vous allez entendre un dialogue entre Robert et Mireille. Ecoutez attentivement. Vous allez apprendre les réponses de Robert.

MIREILLE: Mais qu'est-ce qu'elle a bien pu faire?
ROBERT: **L'essentiel, c'est qu'elle soit là. Ça va aller?**
MIREILLE: Oui. . . . C'est gentil d'être venu. J'ai eu tellement peur.
ROBERT: **C'est fini! Je peux te laisser? Ça va aller, tu es sûre?**

Libération de l'expression

49.25 Mots en liberté

Quand est-ce qu'on se précipite?

On se précipite vers la station la plus proche quand on veut attraper le dernier métro; on se précipite quand on veut prendre la dernière place assise dans un train, quand on veut profiter d'une occasion, quand on veut profiter des soldes dans un grand magasin, quand on aperçoit sa petite soeur qu'on avait perdue, quand sa petite soeur tombe dans le bassin du Luxembourg. . . .

Essayez de trouver au moins trois autres cas où on se précipite.

Quand est-ce qu'on s'endort?

On s'endort quand on voit un programme ennuyeux à la télévision, quand on a étudié le français jusqu'à une heure du matin. . . .

Essayez de trouver encore deux ou trois autres cas.

Qu'est-ce qu'on peut ouvrir?

On peut ouvrir son courrier, son livre de français, une bouteille de champagne, une bouteille d'eau de Vichy, la bouche pour parler . . .

Essayez de trouver encore au moins six autres possibilités.

49.26 Mise en scène et réinvention de l'histoire

Reconstituez une conversation entre Robert, Mireille, et Marie-Laure quand Robert et Mireille retrouvent Marie-Laure, qui avait disparu, en train de jouer avec son bateau dans sa chambre.

MIREILLE: Marie-Laure! Qu'est-ce que tu fais?
MARIE-LAURE: Tu vois, j'arrange (. . .). Les ficelles sont (. . .).
MIREILLE: Mais d'où (. . .)?
MARIE-LAURE: Je viens de (. . .).
MIREILLE: Mais qu'est-ce qui (. . .)?
ROBERT: Allons, allons (. . .). Tu vois, il ne (. . .). Tout est bien (. . .). L'essentiel, c'est (. . .).

49.27 Mise en scène et réinvention de l'histoire

Rétablissez la véritable histoire de Marie-Laure. Par exemple:

L'histoire que Marie-Laure a racontée était
- vraie.
- un mensonge.
- le résultat d'une hallucination.
- celle d'un film qu'elle est allée voir à la séance de 6h.

A 5h, Marie-Laure
- est / a
  - allée jouer au Luxembourg.
  - volé une voiture devant le Sénat.
  - pris son revolver et quitté l'appartement.
  - descendue au sous-sol de l'immeuble.

Voici ce qui s'est passé.

<table>
<tr><td>Elle s'est endormie</td><td>près du chauffage central.
près des bouteilles de vin.
au volant.
sur un banc dans une allée du jardin.
sur un tas de charbon.</td></tr>
</table>

<table>
<tr><td>On n'y voyait rien.
Il faisait très chaud.
Le soleil était très fort.
Il y avait beaucoup de circulation.
C'était plein de petites souris blanches.</td></tr>
</table>

Elle s'est réveillée parce que

<table>
<tr><td>un moineau s'est posé sur son nez.
elle a accroché un autobus.
une petite souris lui a chatouillé l'oreille droite.
un marron lui est tombé sur la tête.
l'âme du vin chantait dans les bouteilles.
elle a entendu la sirène d'une voiture de police.
une voiture de police s'était lancée à sa poursuite.</td></tr>
</table>

<table>
<tr><td rowspan="2">Elle</td><td rowspan="2">a
n'a
est</td><td rowspan="2">pas</td><td colspan="4">entrée dans un parking souterrain
compris ce que la souris voulait lui dire
ouvert une porte
foncé le pied au plancher dans la circulation
brûlé trois feux rouges
continué son chemin comme une fleur
chargé le revolver avec des boules de gomme
poussé un cri strident</td></tr>
<tr><td>donné un coup de</td><td>volant
frein
pied</td><td>à
à la
au
—</td><td>droite
moineau
souris
marron</td></tr>
</table>

<table>
<tr><td>pour</td><td>que ça fasse moins de bruit.
chasser le moineau.
faire peur à la souris.
échapper à la voiture de police.
éviter un accident plus grave.
s'échapper.
voir ce qu'il y avait de l'autre côté.
ne plus entendre la sirène de la voiture de police.
l'envoyer rouler dans la poussière</td></tr>
</table>

<table>
<tr><td>Le
L'
La</td><td>allée
sous-sol
parking souterrain
rue
chemin</td></tr>
</table>

<table>
<tr><td rowspan="2">menait</td><td rowspan="2">à
au
aux
à l'
à la
à une</td><td>catacombes
sous-sol
grotte
intérieur
égouts</td><td>de l'
de la
du</td><td>ambassade turque.
Opéra.
gare Montparnasse.
Louvre.
Samaritaine.
lion de Denfert-Rochereau.</td></tr>
<tr><td colspan="3">Rome, comme tous les chemins.</td></tr>
</table>

<table>
<tr><td>Là, elle a</td><td>entendu
rencontré
vu
aperçu</td><td>l'homme en noir,
un jeune violoniste
un prêtre
un rabbin
un vieux professeur
Hubert,</td><td>irlandais,
orthodoxe,
bouddhiste,
musulman,</td></tr>
</table>

<table>
<tr><td rowspan="4">qui s'est mis à</td><td>faire des signes
crier des phrases</td><td colspan="2">incompréhensibles.</td></tr>
<tr><td colspan="3">cligner des yeux.
courir.
jouer du Bach.
danser un tango.</td></tr>
<tr><td>faire du morse avec</td><td>ses
son</td><td>bras.
yeux.
violon.</td></tr>
</table>

Elle a voulu partir parce qu'elle

<table>
<tr><td>commençait à avoir</td><td colspan="3">envie de pleurer.
faim.
très peur.</td></tr>
<tr><td>était sûre
se doutait</td><td>qu'on</td><td>voulait</td><td>tuer sa soeur.
la tuer.
lui donner des boules de gomme.</td></tr>
<tr><td></td><td></td><td colspan="2">la suivait.</td></tr>
</table>

<table>
<tr><td>Elle a voulu se précipiter vers</td><td>un
une</td><td>grand magasin.
commissariat de police.
gendarmerie.</td></tr>
</table>

<table>
<tr><td rowspan="2">Mais elle s'est aperçue qu'</td><td>il commençait à</td><td>pleuvoir.
faire nuit.
neiger.</td></tr>
<tr><td colspan="2">elle n'avait plus son bateau.</td></tr>
</table>

<table>
<tr><td>Alors elle a</td><td>mis
pris
appelé
loué</td><td>ses
le
un
des</td><td>patins à roulettes
TGV
taxi
skis
métro</td><td>aux
à la
au
à</td><td>pieds.
gare de Lyon.
Denfert.
Samaritaine.
Printemps.</td></tr>
</table>

<table>
<tr><td>Chaque fois qu'elle</td><td>levait les yeux
regardait
se retournait</td><td>il y avait quelqu'un</td></tr>
</table>

<table>
<tr><td>devant
derrière</td><td>elle qui</td><td>faisait semblant de ne pas la voir.
l'observait.
regardait dans une autre direction.
riait d'un air méchant.</td></tr>
</table>

<table>
<tr><td>Au moment où elle se croyait</td><td>perdue,
morte,</td><td>elle</td></tr>
</table>

<table>
<tr><td>s'est réveillée
s'est retrouvée
a mangé une boule de gomme et a disparu</td><td>dans</td><td>l'appartement des Belleau.
son lit.
le fossé.</td></tr>
</table>

Exercices-tests

49.28 Exercice-test: Vocabulaire

Complétez.

1. Il est minuit, et il n'est pas dans sa chambre! Mais où est-ce qu'il ____________ bien être?
2. Je suis sûre qu'il lui est ____________ quelque chose.
3. Je ne trouve pas ça drôle ____________ tout!
4. J'aimerais bien aller quelque part pour les vacances, mais je ne sais pas ____________ aller.
5. J'aimerais bien partir avec quelqu'un, mais je ne sais pas avec ____________ partir.
6. Ça m'étonnerait que tu veuilles voir ça. ____________ doute que tu veuilles voir ça.
7. Je pensais bien que c'était l'homme en noir, ce coup de sonnette. ____________ doutais que c'était lui.

Vérifiez. Si vous avez fait des fautes, travaillez les sections 49.8 à 49.18 dans votre cahier d'exercices.

49.29 Exercice-test: Futur dans le passé

Mettez les phrases suivantes au passé.

1. Il me semble qu'à cinq, nous serons serrés comme des sardines.
   Il me semblait qu'à cinq, nous ____________ serrés comme des sardines.
2. Je ne sais pas s'il viendra.
   Je ne savais pas s'il ____________.
3. J'ai l'impression que ça fera des étincelles.
   J'ai eu l'impression que ça ____________ des étincelles.

Vérifiez. Si vous avez fait des fautes, travaillez les sections 49.19 et 49.20 dans votre cahier d'exercices.

Leçon 50

Assimilation du texte

50.1 Mise en oeuvre

Ecoutez le texte et la mise en oeuvre dans l'enregistrement sonore. Répétez et répondez suivant les indications.

50.2 Compréhension auditive

Phase 1: Regardez les images et répétez les énoncés que vous entendez.

1 ___

2 ___

3 ___

4 ___

5 ___

6 ___

Phase 2: Ecrivez la lettre de chaque énoncé que vous entendez sous l'image qui lui correspond le mieux.

50.3 Production orale

Ecoutez les dialogues suivants. Dans chaque dialogue vous allez jouer le rôle du personnage indiqué.

1. (Hubert et Robert)
   Vous allez être Robert.
2. (Les jeunes gens et Mireille)
   Vous allez être Mireille.
3. (Mireille et Colette)
   Vous allez être Colette.
4. (Colette et Hubert)
   Vous allez être Hubert.
5. (Mireille et Robert)
   Vous allez être Robert.
6. (Robert et Jean-Michel)
   Vous allez être Jean-Michel.
7. (Robert et Mireille)
   Vous allez être Mireille.
8. (Jean-Michel et Colette)
   Vous allez être Colette.

50.4 Compréhension auditive et production orale

Ecoutez les dialogues suivants. Après chaque dialogue, vous allez entendre une question. Répondez à la question.

1. De quoi est-ce que Mireille préfère parler? Pourquoi?
2. D'après Mireille, quelle sorte de pays est la France?
3. Où est-ce qu'on trouve des palmiers, en France?
4. Est-ce qu'on a du sucre, en France?
5. Et le café qu'on boit en France, d'où vient-il?
6. Où est-ce qu'on trouve des oliviers en France?

Préparation à la communication

50.5 Activation orale: Prononciation; accent tonique (révision)

Ecoutez et répétez les expressions suivantes. Rappelez-vous qu'il n'y a pas d'accent tonique à l'intérieur d'un groupe rythmique. Il n'y a un léger accent tonique qu'à la fin du groupe (chacune des expressions suivantes constitue un groupe rythmique).

C'est tout à fait naturel.
l'éducation de Robert
C'est historique.
Quelle variété!
C'est intéressant.
en Normandie

la littérature
Il faut s'organiser.
un tour culturel et éducatif
C'est une spécialité américaine.
au Canada
au Portugal

50.6 Observation: Opinion et préoccupation; *penser de, penser à*

préoccupation: **penser à**	*opinion*: **penser de**
—Tu ne **penses** qu'**à** la bouffe! —Et toi, **à** quoi tu **penses**?	—Qu'est-ce que tu **penses du** film? —Je **pense que** c'était intéressant. J'ai trouvé ça bien.

50.7 Activation écrite: Opinion et préoccupation; *penser de, penser à*

Complétez les passages suivants.

1. —Qu'est-ce que tu as ________________ la pièce de théâtre?
   —Oh, ça m'a beaucoup plu!
2. Mireille ________________ Marie-Laure. Elle se demande ce qu'elle fait.
3. —Vous avez oublié de prendre son numéro de téléphone!
   —Mais non, j'ai ________________ le lui demander.
4. —Qu'est-ce que tu ________________ dernier film de Godard?
5. —Est-ce que Mireille te manque? Tu ________________ elle de temps en temps?
6. —Qu'est-ce que tu ________________ lui?

50.8 Observation: Sensibilité et indifférence; *ça vous fait quelque chose?*

Quand Robert, à Chartres, a vu les vitraux projeter un rayon de lumière sur les cheveux de Mireille... **ça lui a fait quelque chose;** il a été ému.

MIREILLE: **Ça ne te fait pas quelque chose** de penser que tu es assis sur la chaise d'Hemingway?

MIREILLE: Parlons d'autre chose, si **ça ne vous fait rien.**

sensibilité	
Ça me fait quelque chose:	Je suis ému. Ça me dérange.
indifférence	
Ça ne me fait rien:	Ça m'est égal. Ça ne me dérange pas.

☊ 50.9 Activation orale et écrite: Dictée; sensibilité

1. —Tu as gagné à la loterie! Quelle chance!
   —Ah oui, ça ________________________. J'ai été très ému.
2. —Ça ne t'ennuie pas si on ne va pas au cinéma ce soir?
   —Non, non! Ça ________________________ du tout! De toute façon, j'ai du travail. Ça m'arrange.

50.10 Observation: Géographie; articles et prépositions devant les noms de pays

noms féminins	**en**
Ils ne connaissent pas la Grèce. Ils ne connaissent pas la Californie.	Ils vont aller **en** Grèce. Ils vont aller **en** Californie.
noms masculins	**au**
Ils aiment beaucoup le Portugal. Ils aiment beaucoup le Brésil.	Ils vont aller **au** Portugal. Ils vont aller **au** Brésil.
noms féminins	**en**
Ils visitent la Suède. Ils visitent la Pennsylvanie.	Ils sont **en** Suède. Ils sont **en** Pennsylvanie.
noms masculins	**au**
Ils connaissent bien le Canada. Ils connaissent bien le Maroc.	Ils sont **au** Canada. Ils sont **au** Maroc.
noms féminins	**de**
Ils ont bien aimé la Tunisie. Ils ont bien aimé la Géorgie.	Ils reviennent **de** Tunisie. Ils reviennent **de** Géorgie.
noms masculins	**du**
Ils voulaient connaître le Texas. Ils voulaient connaître le Soudan.	Ils reviennent **du** Texas. Ils reviennent **du** Soudan.
noms féminins	**de**
Ils font des affaires avec la Hongrie. Ils font des affaires avec la Chine.	le maïs **de** Hongrie le thé **de** Chine
noms masculins	**du**
N'oublions pas le Japon. N'oublions pas le Cambodge.	le café **du** Japon le riz **du** Cambodge

☊ 50.11 Activation orale: Géographie; articles et prépositions devant les noms de pays

Répondez selon l'exemple.

Exemple:
Vous entendez: 1. La Grèce m'intéresse.
Vous dites: Allons en Grèce!

Continuez oralement avec l'enregistrement.

50.12 Observation: Géographie; articles et prépositions devant les noms de régions et provinces

noms féminins	**en**
Ils ne connaissent pas la Normandie.	Ils vont **en** Normandie.
noms masculins	**dans** + *article*
Ils ne connaissent pas le Cantal. Ils ne connaissent pas le Midi. Ils ne connaissent pas le Nord.	Ils vont **dans le** Cantal. Ils vont **dans le** Midi. Ils vont **dans le** Nord.
noms féminins	**en**
Ils adorent la Bretagne.	Ils sont **en** Bretagne.
noms masculins	**dans** + *article*
Ils adorent le Cantal. Ils adorent l'Est.	Ils sont **dans le** Cantal. Ils sont **dans l'** Est.
noms féminins	**de**
Ils adorent la Provence.	Ils reviennent **de** Provence.
noms masculins	**du (des, de l')**
Ils adorent le Cantal. Ils adorent le Sud-Ouest.	Ils reviennent **du** Cantal. Ils reviennent **du** Sud-Ouest.
noms féminins	**de**
Ils adorent la Normandie.	le cidre **de** Normandie
noms masculins	**du (des, de l')**
Ils adorent le Beaujolais. Ils adorent le Sud-Ouest.	les vins **du** Beaujolais les spécialités **du** Sud-Ouest

☊ 50.13 Activation orale: Géographie; articles et prépositions devant les noms de régions et provinces

Répondez selon l'exemple.

Exemple:
Vous entendez: 1. Vous ne connaissez pas la Normandie?
Vous dites: Si, je suis déjà allé en Normandie.

Continuez oralement avec l'enregistrement.

☊ 50.14 Activation orale: Géographie; articles et prépositions devant les noms de régions et provinces

Répondez selon l'exemple.

Exemple:
Vous entendez: 1. Ils connaissent la Provence?
Vous dites: Oui, ils reviennent de Provence.

Continuez oralement avec l'enregistrement.

50.15 Observation: Pays et régions; les îles de la Martinique et de la Guadeloupe

à la
Ils ne connaissent pas la Martinique. Ils vont **à la** Martinique. Ils ne connaissent pas la Guadeloupe. Ils vont **à la** Guadeloupe.
à la
Ils sont **à la** Martinique. Ils sont **à la** Guadeloupe.
de la
Ils viennent **de la** Martinique. Ils viennent **de la** Guadeloupe.
de la
le rhum **de la** Martinique le sucre **de la** Guadeloupe

50.16 Activation écrite: Géographie; les îles de la Martinique et de la Guadeloupe

Complétez.

1. —Ta mère est martiniquaise?
   —Oui, elle vient ________ Martinique.
2. —Tu connais la Guadeloupe?
   —Non, je ne suis jamais allé ________ Guadeloupe.

Et toi?
—Moi, bien sûr! Je viens ________ Guadeloupe. Je suis guadeloupéen.

☊ 50.17 Activation orale: Géographie; pays et régions

Répondez selon l'exemple.

Exemple:
Vous entendez: 1. D'où vient le beurre d'Isigny?
Vous voyez: la Normandie
Vous dites: Il vient de Normandie.

2. la France
3. la Bulgarie
4. l'Ecosse
5. l'Egypte
6. la Colombie
7. le Brésil
8. la Louisiane
9. le Portugal
10. le Liban
11. le Chili
12. la Chine
13. la Bretagne
14. la Camargue
15. la Tunisie
16. la Suisse

50.18 Observation: Géographie; article défini devant les noms de montagnes

	article	*nom de montagne*
Allons dans	**le**	Massif Central.
Non, je préférerais	**la**	Meije . . .
. . . ou	**les**	Pyrénées.

Notez que les noms de montagnes sont précédés d'un article défini. Cela est vrai pour les massifs (*le Massif Central*), pour les chaînes (*les Pyrénées*), et les pics individuels (*la Meije*).

☊ 50.19 Activation orale: Géographie; article défini devant les noms de montagnes

Répondez selon l'exemple.

Exemple:
Vous entendez: 1. Où se trouve le Col du Tourmalet?
Vous voyez: les Pyrénées
Vous dites: Dans les Pyrénées.

2. l'Himalaya
3. le Massif Central
4. les Pyrénées
5. les Alpes
6. les Alpes

☊ 50.20 Activation orale: Géographie; article défini devant les noms de montagnes

Répondez selon l'exemple.

Exemple:
Vous entendez: 1. Vous connaissez le Jura?
Vous dites: Non, nous ne sommes jamais allés dans le Jura.

Continuez oralement avec l'enregistrement.

50.21 Observation: Géographie; prépositions devant les noms de montagnes

chaînes, massifs			*montagnes, pics individuels*		
	dans			**à**	
Ils vont	**dans les**	Alpes.	Ils vont	**au**	Mont Blanc.
Ils vont	**dans le**	Massif Central.	Ils vont	**à la**	Meije.
	dans			**à, sur**	
Ils ont campé	**dans les**	Alpes.	Ils ont campé	**au**	Mont Blanc.
Ils ont campé	**dans le**	Massif Central.	Ils ont campé	**sur le**	Mont Blanc.
			Ils ont campé	**à la**	Meije.
			Ils ont campé	**sur la**	Meije.
	de			**de**	
Ils viennent	**des**	Alpes.	Ils reviennent	**du**	Mont Blanc.
Ils viennent	**du**	Massif Central.	Ils reviennent	**de la**	Meije.

☊ 50.22 Activation orale: Géographie; article défini devant les noms de montagnes

Répondez selon l'exemple.

Exemple:
Vous entendez: 1. Où est-ce qu'ils vont?
Vous voyez: les Alpes
Vous dites: Ils vont dans les Alpes.

2. le Mont Blanc
3. le Massif Central
4. le Massif Central
5. les Vosges
6. la Meije
7. les Alpes

50.23 Observation: Subjonctif (révision et extension)

proposition principale	*proposition subordonnée*			
1. Je doute	que vous		**ayez**	beaucoup de palmes!
2. Admettons	que vous		**ayez**	du sucre . . .
3. (C'est) dommage	qu' il	n'	**aille**	pas en Bretagne.
4.	Qu' à cela	ne	**tienne!**	

Dans la phrase 1, l'intention principale de Robert **n'est pas** de dire qu'il y a ou qu'il n'y a pas de palmes en France, mais d'exprimer un doute.

Dans la phrase 2, son intention **n'est pas** de dire s'il y a ou s'il n'y a pas de sucre en France; il indique qu'il veut bien l'admettre.

Dans la phrase 3, le but d'Hubert **n'est pas** de nous informer que l'oncle Victor ne va pas en Bretagne (tout le monde le sait déjà); son but est de nous dire qu'il le regrette, qu'il trouve ça dommage.

Dans la phrase 4, il n'y a pas de proposition principale. Il s'agit d'une expression toute faite qui veut dire quelque chose comme: "Il ne faut pas que ça fasse de difficulté; ça ne devrait pas être un problème."

50.24 Activation écrite: Subjonctif

Cet exercice va vous donner une occasion de réinventer l'histoire pour la mettre davantage à votre goût. Voici ce que vous avez à faire:

L'histoire dit: Robert est américain.
Vous écrivez: Je préférerais que Robert soit suédois (ou italien, ou irlandais . . .).

Ou bien: C'est dommage que Robert ne soit pas russe (ou espagnol . . .).

Ou bien: Il serait plus amusant que Robert soit chinois (ou japonais . . .).

Pour introduire un peu de variété dans votre réinvention, choisissez parmi les expressions de la liste suivante. Notez que toutes ces expressions sont suivies du subjonctif.

J'aime mieux que . . .
J'aimerais mieux que . . .
Je préfère que . . .
Je préfèrerais que . . .
Il faut que . . .
Il faudrait que . . .
Je tiens à ce que . . .
Je tiendrais à ce que . . .

C'est dommage que . . .
Je ne crois pas que . . .
Ça m'étonnerait que . . .
Je veux que . . .
Je voudrais que . . .
(A mon avis) il est préférable que . . .
Il vaut mieux que . . .

Il vaudrait mieux que . . .
(Je crois qu') il serait plus amusant que . . .
Il serait plus drôle que . . .
Il serait plus dramatique que . . .
Il serait plus comique que . . .
Je ne peux pas croire que . . .

1. Robert est américain. Mireille est française.

____

____

2. Mireille a les cheveux blonds et les yeux bleus.

____

____

3. Robert est très sportif.

____

____

4. Les parents de Robert sont divorcés. Le père de Robert est banquier.

____

____

5. Mireille a un oncle très riche. Nous ne savons pas comment cet oncle est devenu riche.

____

____

6. Cet oncle a plusieurs voitures. Mireille n'a pas de voiture.

____

____

7. Robert sait très bien le français. Les parents de Mireille ne savent pas l'anglais.

____

____

8. Mireille et Robert font connaissance dans la cour de la Sorbonne.

____

____

9. Ils vont se promener au Luxembourg. Ils parlent de leurs études. Mireille fait des études d'histoire de l'art.

____

____

____

10. Mireille ne peut pas déjeuner avec Robert à la Closerie.

____

____

11. Ils vont ensemble à Chartres.

____

____

12. Mireille ne veut pas emmener Robert à Provins. Nous ne savons pas si Mireille est vraiment allée à Provins. Nous ne pouvons pas savoir ce qu'elle a fait ce jour-là.

____

____

50.25 Activation écrite: Composition libre

Si vous alliez en France, où iriez-vous? Qu'est-ce que vous aimeriez voir? Comment organiseriez-vous votre voyage? Ecrivez de 100 à 150 mots. Notez qu'il faudra utiliser le conditionnel.

♫ 50.26 Activation orale: Dialogue entre Robert et Mireille

Vous allez entendre un dialogue entre Robert et Mireille. Ecoutez attentivement. Vous allez apprendre les réponses de Mireille.

ROBERT: Et de la canne à sucre, vous en avez en France?

MIREILLE: **Mais oui! Bien sûr que nous en avons! A la Martinique!**

ROBERT: Bon, admettons que vous ayez du sucre . . . mais est-ce que vous avez du café?

MIREILLE: **Le café au lait au lit? Tous les matins . . . avec des croissants!**

ROBERT: Et des oliviers, vous en avez?

MIREILLE: **Mais oui, évidemment qu'on en a, dans le Midi! Heureusement! Avec quoi est-ce qu'on ferait l'huile d'olive, la mayonnaise, l'aïoli?**

Libération de l'expression

50.27 Mots en liberté

Qu'est-ce qui peut être déprimant?

Les vacances à la mer quand il pleut, les vacances d'hiver quand il n'y a pas de neige, le travail quand on en a trop, parler d'un examen. . . .

Essayez de trouver encore deux possibilités.

Qu'est-ce qu'on peut trouver comme spécialités gastronomiques en France?

Les tripes à la mode de Caen, le canard rouennais, les calissons d'Aix, la fondue savoyarde, les bêtises de Cambrai. . . .

Trouvez encore quatre spécialités.

Qu'est-ce qu'on peut trouver comme spécialités artisanales, en France?

La toile basque, les poteries de Vallauris, les tapisseries d'Aubusson. . . .

Essayez de trouver encore quatre spécialités artisanales.

50.28 Mise en scène et réinvention de l'histoire

Reconstituez une conversation entre Robert, Mireille, et Jean-Michel sur la variété et la richesse françaises.

JEAN-MICHEL: Il y a de tout, en France!
ROBERT: De la canne à sucre, vous en avez?
MIREILLE: Bien sûr que (. . .)! A (. . .).
ROBERT: Bon, admettons (. . .) mais du café, (. . .)?
MIREILLE: Le café au (. . .).
JEAN-MICHEL: Evidemment, le café vient (. . .).
ROBERT: Et des oliviers (. . .)?
MIREILLE: Mais (. . .) évidemment (. . .).
Heureusement (. . .) pour faire (. . .).

50.29 Mise en scène et réinvention de l'histoire

Imaginez le pays où vous aimeriez vivre. Par exemple:

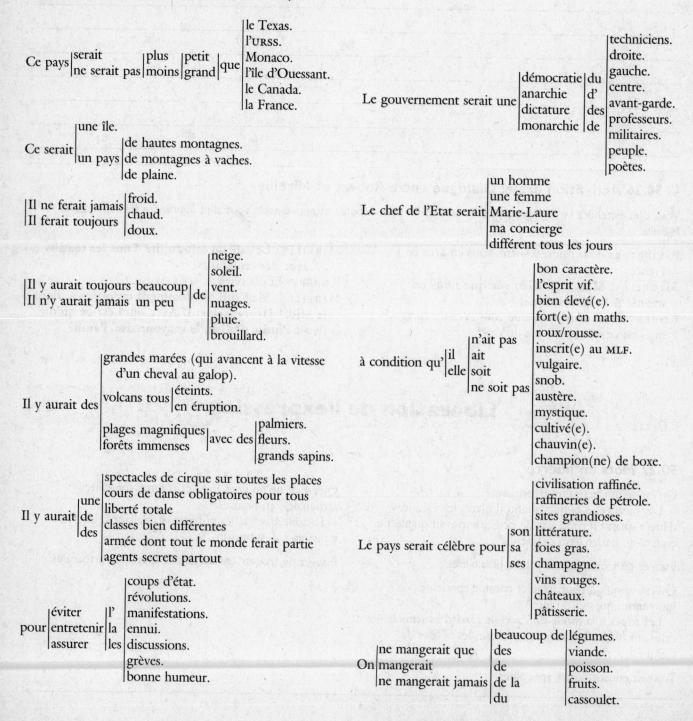

<table><tr><td>Ce pays</td><td>serait
ne serait pas</td><td>plus
moins</td><td>petit
grand</td><td>que</td><td>le Texas.
l'URSS.
Monaco.
l'île d'Ouessant.
le Canada.
la France.</td></tr></table>

<table><tr><td>Ce serait</td><td>une île.
un pays</td><td>de hautes montagnes.
de montagnes à vaches.
de plaine.</td></tr></table>

<table><tr><td>Il ne ferait jamais
Il ferait toujours</td><td>froid.
chaud.
doux.</td></tr></table>

<table><tr><td>Il y aurait toujours beaucoup
Il n'y aurait jamais un peu</td><td>de</td><td>neige.
soleil.
vent.
nuages.
pluie.
brouillard.</td></tr></table>

<table><tr><td>Il y aurait des</td><td>grandes marées (qui avancent à la vitesse d'un cheval au galop).
volcans tous éteints. / en éruption.
plages magnifiques / forêts immenses avec des palmiers. / fleurs. / grands sapins.</td></tr></table>

<table><tr><td>Il y aurait</td><td>une
de
des</td><td>spectacles de cirque sur toutes les places
cours de danse obligatoires pour tous
liberté totale
classes bien différentes
armée dont tout le monde ferait partie
agents secrets partout</td></tr></table>

<table><tr><td>pour</td><td>éviter
entretenir
assurer</td><td>l'
la
les</td><td>coups d'état.
révolutions.
manifestations.
ennui.
discussions.
grèves.
bonne humeur.</td></tr></table>

<table><tr><td>Le gouvernement serait une</td><td>démocratie
anarchie
dictature
monarchie</td><td>du
d'
des
de</td><td>techniciens.
droite.
gauche.
centre.
avant-garde.
professeurs.
militaires.
peuple.
poètes.</td></tr></table>

<table><tr><td>Le chef de l'Etat serait</td><td>un homme
une femme
Marie-Laure
ma concierge
différent tous les jours</td></tr></table>

<table><tr><td>à condition qu'</td><td>il
elle</td><td>n'ait pas
ait
soit
ne soit pas</td><td>bon caractère.
l'esprit vif.
bien élevé(e).
fort(e) en maths.
roux/rousse.
inscrit(e) au MLF.
vulgaire.
snob.
austère.
mystique.
cultivé(e).
chauvin(e).
champion(ne) de boxe.</td></tr></table>

<table><tr><td>Le pays serait célèbre pour</td><td>son
sa
ses</td><td>civilisation raffinée.
raffineries de pétrole.
sites grandioses.
littérature.
foies gras.
champagne.
vins rouges.
châteaux.
pâtisserie.</td></tr></table>

<table><tr><td>On</td><td>ne mangerait que
mangerait
ne mangerait jamais</td><td>beaucoup de
des
de
de la
du</td><td>légumes.
viande.
poisson.
fruits.
cassoulet.</td></tr></table>

50.25 Activation écrite: Composition libre

Si vous alliez en France, où iriez-vous? Qu'est-ce que vous aimeriez voir? Comment organiseriez-vous votre voyage? Ecrivez de 100 à 150 mots. Notez qu'il faudra utiliser le conditionnel.

☊ 50.26 Activation orale: Dialogue entre Robert et Mireille

Vous allez entendre un dialogue entre Robert et Mireille. Ecoutez attentivement. Vous allez apprendre les réponses de Mireille.

ROBERT: Et de la canne à sucre, vous en avez en France?

MIREILLE: **Mais oui! Bien sûr que nous en avons! A la Martinique!**

ROBERT: Bon, admettons que vous ayez du sucre . . . mais est-ce que vous avez du café?

MIREILLE: **Le café au lait au lit? Tous les matins . . . avec des croissants!**

ROBERT: Et des oliviers, vous en avez?

MIREILLE: **Mais oui, évidemment qu'on en a, dans le Midi! Heureusement! Avec quoi est-ce qu'on ferait l'huile d'olive, la mayonnaise, l'aïoli?**

Libération de l'expression

50.27 Mots en liberté

Qu'est-ce qui peut être déprimant?

Les vacances à la mer quand il pleut, les vacances d'hiver quand il n'y a pas de neige, le travail quand on en a trop, parler d'un examen. . . .

Essayez de trouver encore deux possibilités.

Qu'est-ce qu'on peut trouver comme spécialités gastronomiques en France?

Les tripes à la mode de Caen, le canard rouennais, les calissons d'Aix, la fondue savoyarde, les bêtises de Cambrai. . . .

Trouvez encore quatre spécialités.

Qu'est-ce qu'on peut trouver comme spécialités artisanales, en France?

La toile basque, les poteries de Vallauris, les tapisseries d'Aubusson. . . .

Essayez de trouver encore quatre spécialités artisanales.

50.28 Mise en scène et réinvention de l'histoire

Reconstituez une conversation entre Robert, Mireille, et Jean-Michel sur la variété et la richesse françaises.

JEAN-MICHEL: Il y a de tout, en France!
ROBERT: De la canne à sucre, vous en avez?
MIREILLE: Bien sûr que (. . .)! A (. . .).
ROBERT: Bon, admettons (. . .) mais du café, (. . .)?
MIREILLE: Le café au (. . .).
JEAN-MICHEL: Evidemment, le café vient (. . .).
ROBERT: Et des oliviers (. . .)?
MIREILLE: Mais (. . .) évidemment (. . .).
Heureusement (. . .) pour faire (. . .).

50.29 Mise en scène et réinvention de l'histoire

Imaginez le pays où vous aimeriez vivre. Par exemple:

Ce pays	serait	plus	petit	que	le Texas.
	ne serait pas	moins	grand		l'URSS.
					Monaco.
					l'île d'Ouessant.
					le Canada.
					la France.

Ce serait	une île.	
	un pays	de hautes montagnes.
		de montagnes à vaches.
		de plaine.

Il ne ferait jamais	froid.
Il ferait toujours	chaud.
	doux.

Il y aurait toujours beaucoup	de	neige.
Il n'y aurait jamais un peu		soleil.
		vent.
		nuages.
		pluie.
		brouillard.

Il y aurait des	grandes marées (qui avancent à la vitesse d'un cheval au galop).			
	volcans tous	éteints.		
		en éruption.		
	plages magnifiques	avec des	palmiers.	
	forêts immenses		fleurs.	
			grands sapins.	

Il y aurait	une	spectacles de cirque sur toutes les places
	de	cours de danse obligatoires pour tous
	des	liberté totale
		classes bien différentes
		armée dont tout le monde ferait partie
		agents secrets partout

pour	éviter	l'	coups d'état.
	entretenir	la	révolutions.
	assurer	les	manifestations.
			ennui.
			discussions.
			grèves.
			bonne humeur.

Le gouvernement serait une	démocratie	du	techniciens.
	anarchie	d'	droite.
	dictature	des	gauche.
	monarchie	de	centre.
			avant-garde.
			professeurs.
			militaires.
			peuple.
			poètes.

Le chef de l'Etat serait	un homme
	une femme
	Marie-Laure
	ma concierge
	différent tous les jours

à condition qu'	il	n'ait pas	bon caractère.
	elle	ait	l'esprit vif.
		soit	bien élevé(e).
		ne soit pas	fort(e) en maths.
			roux/rousse.
			inscrit(e) au MLF.
			vulgaire.
			snob.
			austère.
			mystique.
			cultivé(e).
			chauvin(e).
			champion(ne) de boxe.

Le pays serait célèbre pour	son	civilisation raffinée.
	sa	raffineries de pétrole.
	ses	sites grandioses.
		littérature.
		foies gras.
		champagne.
		vins rouges.
		châteaux.
		pâtisserie.

On	ne mangerait que	beaucoup de	légumes.
	mangerait	des	viande.
	ne mangerait jamais	de	poisson.
		de la	fruits.
		du	cassoulet.

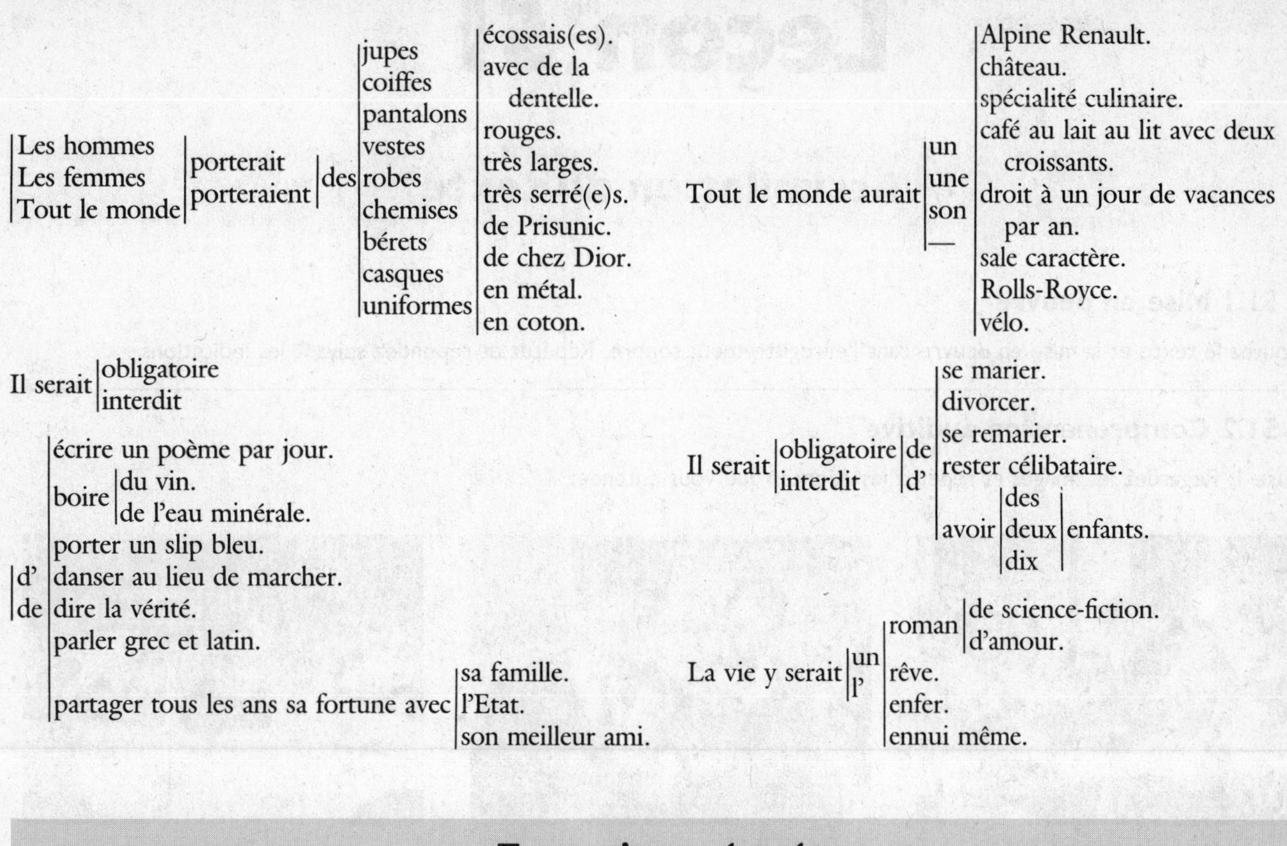

Les hommes / Les femmes / Tout le monde | porterait / porteraient | des | jupes / coiffes / pantalons / vestes / robes / chemises / bérets / casques / uniformes | écossais(es). / avec de la dentelle. / rouges. / très larges. / très serré(e)s. / de Prisunic. / de chez Dior. / en métal. / en coton.

Tout le monde aurait | un / une / son / — | Alpine Renault. / château. / spécialité culinaire. / café au lait au lit avec deux croissants. / droit à un jour de vacances par an. / sale caractère. / Rolls-Royce. / vélo.

Il serait | obligatoire / interdit

d' / de | écrire un poème par jour. / boire | du vin. / de l'eau minérale. / porter un slip bleu. / danser au lieu de marcher. / dire la vérité. / parler grec et latin. / partager tous les ans sa fortune avec | sa famille. / l'Etat. / son meilleur ami.

Il serait | obligatoire / interdit | de / d' | se marier. / divorcer. / se remarier. / rester célibataire. / avoir | des / deux / dix | enfants.

La vie y serait | un / l' | roman | de science-fiction. / d'amour. / rêve. / enfer. / ennui même.

Exercices-tests

50.30 Exercice-test: *Penser de, penser à*

Complétez avec la préposition qui convient.

1. Que pensez-vous ____ nos projets?
2. Colette pense toujours ____ manger! C'est une obsession!
3. Quand je pense ____ ça, ça me rend furieuse!
4. Je me demande ce que Robert aura pensé ____ Courtois.

Vérifiez. Si vous avez fait des fautes, travaillez les sections 50.6 et 50.7 dans votre cahier d'exercices.

50.31 Exercice-test: Géographie; articles et prépositions avec les noms de pays et de régions

Complétez.

1. Je suis allée ____________ Maroc l'an dernier.
2. Vous revenez ____________ Tunisie?
3. Ils viennent de faire un voyage ____________ Chine. Ils reviennent ____________ Chine.
4. Il est ____________ Canada en ce moment.
5. J'aime le café ____________ Brésil.
6. Allons ____________ Bretagne!
7. Il y a trop de monde ____________ Midi.
8. Il a goûté tous les vins ____________ Beaujolais.
9. Il est ____________ Martinique.
10. Je te rapporterai une bouteille de rhum ____________ Martinique.
11. Nous allons faire une randonnée ____________ Alpes. Nous irons ____________ Mont Blanc et ____________ Aiguille Verte.

Vérifiez. Si vous avez fait des fautes, travaillez les sections 50.10 à 50.22 dans votre cahier d'exercices.

Leçon 51

Assimilation du texte

Ω 51.1 Mise en oeuvre

Ecoutez le texte et la mise en oeuvre dans l'enregistrement sonore. Répétez et répondez suivant les indications.

Ω 51.2 Compréhension auditive

Phase 1: Regardez les images et répétez les énoncés que vous entendez.

1 ___

2 ___

3 ___

4 ___

5 ___

6 ___

Phase 2: Ecrivez la lettre de chaque énoncé sous l'image qui lui correspond le mieux.

Ω 51.3 Production orale

Ecoutez les dialogues suivants. Dans chaque dialogue vous allez jouer le rôle du personnage indiqué.

1. (Hubert et le garçon) Vous allez être le garçon.
2. (Mireille et Jean-Pierre) Vous allez être Jean-Pierre.
3. (Mireille et Guillaume) Vous allez être Guillaume.
4. (Georgette et Mireille) Vous allez être Mireille.
5. (Mireille et Georgette) Vous allez être Georgette.
6. (Hubert et le garçon) Vous allez être le garçon.

☊ 51.4 Compréhension auditive et production orale

Ecoutez les dialogues suivants. Après chaque dialogue, vous allez entendre une question. Répondez à la question.

1. Pourquoi Jean-Pierre ne peut-il pas prendre un pot avec les autres?
2. Pourquoi Ghislaine part-elle en Angleterre?
3. Qu'est-ce que Cécile et son mari viennent d'acheter?
4. Est-ce que Colette veut du cidre breton?
5. Pourquoi est-ce que Tonton Guillaume part pour Katmandou?
6. Est-ce que Tante Georgette a acheté le billet qui a gagné le gros lot?

Préparation à la communication

☊ 51.5 Observation: Prononciation; intonation

Vous vous souvenez que le ton de la voix monte à la fin de beaucoup de phrases interrogatives, en particulier celles qui demandent une réponse du type "oui" ou "non." Par exemple:

Alors, ce cidre, il arrive?

Tu as passé tes examens?

Maintenant observez les variations de hauteur de la voix dans les phrases suivantes.

Il n'a pas changé, celui-là!

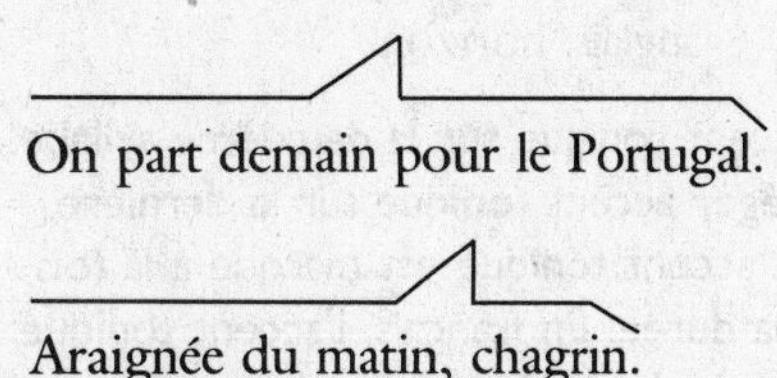

On part demain pour le Portugal.
Araignée du matin, chagrin.

Ces phrases, comme un très grand nombre de phrases en français (non interrogatives), sont divisées en deux groupes rythmiques. La voix monte sur la dernière syllabe du premier groupe, et elle descend sur la dernière syllabe du deuxième groupe.

☊ 51.6 Activation orale: Prononciation; intonation

Répétez les phrases suivantes.

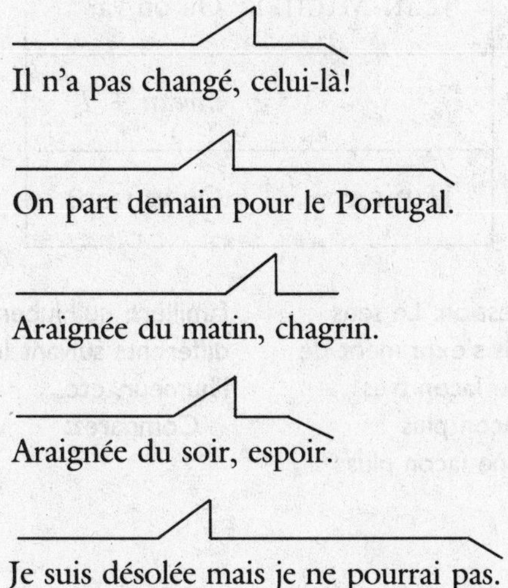

Il n'a pas changé, celui-là!
On part demain pour le Portugal.
Araignée du matin, chagrin.
Araignée du soir, espoir.
Je suis désolée mais je ne pourrai pas.

On aurait pu lui demander de nous la rapporter, cette bouteille de cidre.

Il me semble que je reconnais ces belles jambes musclées.

Remarquez qu'il s'agit ici de la hauteur de la voix. Il ne s'agit pas d'intensité ou de durée.

☊ 51.7 Observation: Prononciation; accent tonique et accent d'insistance

Vous vous souvenez qu'en français il n'y a pas d'accent tonique à l'intérieur d'un groupe rythmique (ou d'un mot). Il y a seulement un léger accent tonique sur la dernière syllabe du groupe (ou d'un mot isolé). Comparez les mots français et anglais.

français: horizon   anglais: horizon

En anglais, il y a un accent tonique sur la deuxième syllabe. En français, il y a un léger accent tonique sur la dernière syllabe. En anglais, cet accent tonique est marqué à la fois par l'intensité et par la durée. En français, l'accent tonique est surtout marqué par la durée. La syllabe accentuée est à peu près deux fois plus longue que les autres.

Maintenant observez l'expression suivante:

Une fille superbe!

Il y a un accent sur la première syllabe de *superbe*. Cet accent est surtout marqué par l'intensité; la syllabe est prononcée avec une plus grande intensité. C'est un **accent d'insistance.** En français, l'accent d'insistance est généralement placé sur la première syllabe du mot sur lequel on insiste.

Répétez:

Une fille superbe!
Ah! Je suis désolé!
Ah, non, non, c'est impossible!
Magnifique!
C'est la honte de notre pays!
Une main horrible!
C'est un scandale!
Ce sera très amusant!
Il est adorable!

51.8 Observation: Niveaux de langage

	niveau − 1
JEAN-MICHEL:	Où on va?
	niveau + 1
HUBERT:	Où va-t-on?

Jean-Michel et Hubert posent la même question. Le sens général de la question est le même, mais ils s'expriment de façon différente. Ici, Jean-Michel parle d'une façon très familière, relâchée. Hubert s'exprime de façon plus correcte. En général, Jean-Michel parle d'une façon plus familière qu'Hubert. Mais tout le monde parle à des niveaux différents suivant les situations, la personne à qui on parle, l'humeur, etc.

Comparez:

Jean-Michel, Marie-Laure	*Mme de Pinot-Chambrun, Tante Amélie*
Ouais!	Oui.
Ça non, alors!	Certainement pas!
Pas question!	Il n'en est pas question!
	Je ne suis pas d'accord.
Il ne l'a pas fait pour de vrai.	Il ne l'a pas fait vraiment.
Je suis vraiment crevé.	Je suis extrêmement fatiguée.
Minute!	Attendez un peu!
Minute, papillon!	Ne soyez pas si pressé.
Chouette!	Très bien!
	C'est magnifique!
Elle est bien bonne, celle-là!	C'est très amusant!
Ça, c'est la meilleure de l'année.	Vous voulez plaisanter!
On est copains-copains.	Nous sommes bons amis.
	Nous sommes dans les meilleurs termes.
Il y en a qui commencent à m'embêter.	Certaines personnes que je ne nommerai pas commencent à m'ennuyer.
Qu'est-ce que j'irais f—— dans cette galère?	Qu'irais-je faire dans cette galère?
Je m'en fiche.	Ça m'est égal.
Quel aristo!	Quel aristocrate! Qu'il est distingué!
Quelle crapule!	Quel homme malhonnête! Qu'il est vulgaire!
Voilà l'Amerloque qui s'amène en roulant ses mécaniques.	Voilà notre jeune Américain qui arrive en roulant des épaules.
Je peux bien crever dans mon coin!	On me laissera mourir seule!
Ils se tapent le Col du Tourmalet.	Ils font le Col du Tourmalet.
Ils se sont tapé trois bouteilles de rouge.	Ils ont bu trois bouteilles de vin rouge.
Qui c'est, la nana?	Qui est cette jeune personne?
Les mecs comme ça, moi, ça me tue.	Je ne supporte pas ce genre d'hommes.
Il est puant, ce type.	Cet individu est très désagréable!
Il est fauché comme les blés.	Il n'a aucune fortune.
Il n'a pas un rond.	Il n'a pas un sou.

☊ 51.9 Activation orale et écrite: Niveaux de langage

Ecoutez les phrases suivantes. Trouvez une expression plus correcte pour chaque expression en italique. Ecrivez votre réponse entre les parenthèses.

1. Cet homme-là est extraordinaire; il a 98 ans et il est en parfaite santé. Il ne *crèvera* (__________) jamais!
2. Qui est la *nana* (__________ __________) sur ce magnifique vélo à dix vitesses?
3. Pas possible! Je n'en crois pas mes yeux. C'est Tonton Guillaume dans *ce vieux tacot* (__________ __________ __________).
4. Ouf! Je suis vraiment *crevé* (__________). Le Tourmalet et l'Aubisque dans la même étape, c'est trop!
5. *J'en ai marre* (__________ __________ __________) de la pluie. Si on partait quelques jours en Provence?
6. Eh ben, il n'a pas beaucoup changé, celui-là. Toujours aussi *puant* (__________)!
7. Quand je vois *des mecs* (__________ __________) comme ça, j'ai envie de m'inscrire au MLF.

8. Oui, ma petite Mireille, je pars pour Katmandou parce que je n'ai plus un *rond* (______________). Il paraît que là-bas on peut vivre pour trois fois rien.

9. Pincez-moi, dites-moi que je rêve! C'est pas possible . . . mais non, pas d'erreur, c'est bien Georgette assise à cette table, en train de *se taper* (______________) des pieds de porc et de la tête de veau!

51.10 Observation: Surprise

expressions de surprise	
Pincez-moi! Dites-moi que je rêve! Ce n'est pas possible! Mais non, (il n'y a) pas d'erreur!	Ce n'est pas vrai! Ça, alors, je ne l'aurais jamais cru! Je n'en crois pas mes yeux (mes oreilles)!

♎ 51.11 Activation: Compréhension auditive; surprise

Pour chaque énoncé que vous allez entendre, déterminez si la personne qui parle est surprise ou calme, peut-être même blasée.

	1	2	3	4	5	6	7	8	9	10	11	12
surprise												
calme imperturbable												

♎ 51.12 Activation orale: Place des pronoms (révision)

Répondez selon l'exemple.

Exemple:
Vous entendez: 1. La caissière t'a rendu la monnaie?
Vous dites: Oui, elle me l'a rendue.

Continuez oralement avec l'enregistrement.

51.13 Observation: Ordres; impératifs, pronoms, *y*, et *en* (révision et extension)

	impératif négatif	*impératif*
Tu **y** vas?	N'**y** va pas!	Vas-**y!**
Tu **te** dépêches?	Ne **te** dépêche pas!	Dépêche-**toi!**
Tu **t'** **en** occupes?	Ne **t'** **en** occupe pas!	Occupe-**t'en!**
Vous **nous l'** apportez?	Ne **nous l'** apportez pas!	Apportez-**la-nous!**
Vous **la** **leur** apportez?	Ne **la** **leur** apportez pas!	Apportez-**la-leur!**
Vous **leur** **en** apportez?	Ne **leur** **en** apportez pas!	Apportez-**leur-en!**

☊ 51.14 Activation orale: Ordres; impératifs, pronoms, y et *en*

Répondez selon les exemples.

Exemples:

Vous entendez: 1. Elle ne le sait pas.
Vous dites: Dites-le-lui!

Vous entendez: 2. Elle ne doit pas le savoir.
Vous dites: Ne le lui dites pas!

Continuez oralement avec l'enregistrement.

☊ 51.15 Activation orale: Ordres; impératifs, pronoms, y et *en*

Répondez selon les exemples.

Exemples:

Vous entendez: 1. Ces boules de gomme sont à moi.
Vous dites: Rends-les-moi!

Vous entendez: 2. Ces boules de gomme ne sont pas à elle.
Vous dites: Ne les lui rends pas!

Continuez oralement avec l'enregistrement.

☊ 51.16 Activation orale: Ordres; impératifs, pronoms, y, et *en*

Répondez selon les exemples.

Exemples:

Vous entendez: 1. Je suis sûr que Katmandou vous plaira.
Vous dites: Allez-y.

Vous entendez: 2. Ça ne vous plaira pas.
Vous dites: N'y allez pas.

Continuez oralement avec l'enregistrement.

51.17 Activation écrite: Ordres; impératifs, pronoms, *y*, et *en*

Récrivez les phrases suivantes en remplaçant les noms par des pronoms.

1. Prête ta voiture à Guillaume.

____

2. Prêtez vos vélos à Cécile et son mari.

____

3. Achetez des places à l'Opéra.

____

4. Achète-moi deux places.

____

5. Achetez les places les moins chères.

____

6. Remboursez-moi ma place!

____

7. Rapportez-moi une bouteille de cidre.

____

8. Donnez-nous cette bouteille tout de suite.

____

51.18 Observation: Usage et disposition; *faire de*

usage	*disposition*
—Qu'est-ce que tu **fais de** ça? Tu t'en sers? —Bien sûr que je m'en sers! C'est très utile! D'ailleurs, c'est à moi: j'**en fais** ce que je veux!	—Qu'est-ce que tu **as fait de** ta 604? —Je l'ai vendue. Je ne l'ai plus. —Qu'est-ce que tu **as fait de** ta soeur? —Je l'ai enfermée dans sa chambre. Je l'ai jetée dans la Seine. Je l'ai donnée au zoo.

51.19 Observation: Négation et infinitif

ne	*verbe* **pas**		
Ne	faites **pas**	sauter le bouchon.	
ne pas *verbe*			
Attention de **ne pas**	faire	sauter le bouchon.	

Vous vous rappelez que dans une proposition négative le verbe est entre les deux mots négatifs. On trouve généralement *ne* **devant** le verbe (l'auxiliaire dans les temps composés), et le deuxième mot négatif (*pas, plus, jamais,* etc.) **après** le verbe. Quand le verbe est à l'infinitif, les **deux** mots négatifs sont placés **devant** le verbe:

Attention de *ne pas* tomber.

♫ 51.20 Activation orale: Négatif et infinitif

Répondez selon l'exemple.

Exemple:
Vous entendez: 1. Ne tombez pas!
Vous dites: Attention de ne pas tomber!

Continuez oralement avec l'enregistrement.

51.21 Observation: Bonnes affaires; *pour* + prix

	pour	*prix*
Cécile et son mari ont eu leurs deux vélos	**pour**	**4000F.**
Il paraît qu'au Portugal le porto est	**pour**	**rien.**
Et à Katmandou on peut vivre	**pour**	**trois fois rien.**

Remarquez que *pour 4000F* suggère que ce n'est pas très cher. Quand c'est *pour rien*, évidemment, c'est très bon marché. Et quand c'est *pour trois fois rien*, c'est encore meilleur marché: c'est trois fois meilleur marché. *Pour* + prix indique souvent que le prix est considéré comme relativement avantageux, peu élevé.

51.22 Observation: Destination; *pour* + nom de lieu

		pour *destination*
Tout le monde part en vacances:		
Les Courtois	partent	**pour la Bulgarie.**
Cécile et son mari	partent	**pour le Portugal.**
Le Suédois	part	**pour la Grèce.**
Ghislaine	part	**pour l'Angleterre.**
Jean-Pierre	part	**pour la Martinique.**
Tonton Victor	part	**pour Bordeaux.**
Tonton Guillaume	part	**pour Katmandou.**

Pour introduit leur destination, leur objectif, qu'ils atteindront ou n'atteindront pas.

51.23 Observation: Intention; *pour* + durée

		pour	*durée*
Mireille et ses amis	partent	**pour deux mois.**	
Les Courtois	partent	**pour trois semaines.**	
Tonton Victor	part	**pour l'été.**	

Pour introduit le temps pendant lequel ils comptent être absents, mais pas nécessairement le temps pendant lequel ils seront réellement absents; ils resteront peut-être absents longtemps, ou reviendront plus tôt. *Pour* indique une intention.

Comparez:

réalité (regard sur le passé)
Robert est en France **depuis un mois.**

intention (regard sur le futur)
Robert est venu en France **pour un an.**

☊ 51.24 Activation orale: Dialogue entre le garçon et Hubert

Vous allez entendre un dialogue entre le garçon et Hubert. Ecoutez attentivement. Vous allez apprendre les réponses d'Hubert.

LE GARÇON: Monsieur?

HUBERT: **Garçon, une bouteille de cidre bouché, s'il vous plaît!**

LE GARÇON: Je regrette, Monsieur, nous n'en avons pas.

HUBERT: **Mademoiselle veut une bouteille de cidre.**

LE GARÇON: Mais puisque je vous dis....

HUBERT: **Débrouillez-vous! Trouvez-nous du cidre ... de Normandie!**

Libération de l'expression

51.25 Mots en liberté

Qu'est-ce qui peut faire snob?

Ne parler que des restaurants à trois étoiles, descendre dans les palaces, aller à Cannes pour le Festival du Cinéma, parler de gens qu'on ne connaît pas comme si on les connaissait très bien, faire habiller son chien chez Dior....

Essayez de trouver encore deux exemples.

Comment peut-on se ruiner?

On peut se ruiner en huile solaire, en cadeaux pour ses neveux, en gâteaux, en jouant aux courses, à la roulette, pour une danseuse, pour un danseur de tango argentin, en voitures de sport....

Trouvez encore au moins quatre possibilités.

Comment peut-on refaire sa vie?

On peut aller vivre au Brésil, construire une station de ski en Patagonie, prendre sa retraite en Amazonie, vendre tout ce qu'on possède, entrer dans un ordre de bonnes soeurs, se faire prêtre, se marier, divorcer, partir à l'aube avec un beau ténébreux ou une jolie brune... dans une Alpine décapotable....

Trouvez encore au moins quatre possibilités.

51.26 Mise en scène et réinvention de l'histoire

Reconstituez une conversation entre Mireille, Hubert, Colette, et Robert à la terrasse des Deux Magots, et Tante Georgette qui passe dans un cabriolet décapotable.

MIREILLE: C'est bien elle!
HUBERT: Qui?
MIREILLE: Là, dans le (. . .) avec les (. . .) et la grande (. . .).
ROBERT: Mais qui? Où?
MIREILLE: Mais là! Vous ne (. . .)? Là, dans la (. . .) à côté de ce (. . .) avec la chemise (. . .).
COLETTE: Ah, il n'est pas (. . .). Mais qui (. . .)?
MIREILLE: Mais c'est (. . .)!
COLETTE: Non! Pas (. . .)!
MIREILLE: Mais (. . .)!
GEORGETTE: Houhou, Mireille! Tu ne devineras jamais! Je te le (. . .)!
MIREILLE: Puisque je (. . .).
GEORGETTE: Tu n'as pas (. . .).
MIREILLE: C'est pas (. . .)! Tu achètes des (. . .)?
GEORGETTE: Pense-tu! Il y a longtemps que (. . .). Je ne (. . .). Mais c'est un billet (. . .). Il a gagné (. . .). Et le lendemain, j'ai retrouvé (. . .). Nous (. . .). N'est-ce pas que c'est (. . .)?

51.27 Mise en scène et réinvention de l'histoire

Puisque les auteurs de cette fascinante histoire ne semblent pas avoir l'intention de résoudre l'énigme de l'homme en noir, il va falloir que vous la résolviez (notez le subjonctif) vous-mêmes. Qui donc est cet homme en noir? Essayez de faire quelques suppositions. Par exemple:

C'est | un / le | frère / ami / beau-père | de / du | Mme Belleau. / Mireille. / Robert. / père de Robert.

De son métier, il est | détective privé. / gardien de nuit. / caissier. / espion. / danseur de tango argentin. / artiste de cirque.

Il fait ce métier | parce qu' / bien qu' | il | est / soit / ne soit pas / a / n'a pas / ait | ruiné. / un sou. / une mauvaise santé. / très fragile. / une énorme fortune. / millionnaire. / eu des ennuis.

Quand il avait | à peine quatre ans, / une dizaine d'années, / 25 ans, | il a été | fasciné / enlevé / abandonné / tenté

par | l'informatique. / le Club Med. / ses parents. / les espions | belges. / russes. / américains.

Deux ans plus tard, il s'est retrouvé

| dans une troupe de cirque.
| perdu dans la Forêt Noire.
| professeur de mathématiques à l'Université d'Upsala.
| gardien de nuit dans | un hôtel de Katmandou. / un garage d'Athènes. / une maison de bonnes soeurs.
| cuisinier à l'ambassade | américaine. / soviétique. / argentine.

C'est là qu'il a appris | à faire sauter les | lions. / éléphants. / monuments. / ambassades. / gouvernements. / pommes de terre.
| le | tango. / russe. / grec. / morse. / pascal.

Il | étudiait / travaillait tous les jours jusqu'à trois heures du matin. / dormait | très peu. / mal.

Il mangeait trop de
- haricots verts.
- crevettes.
- matières grasses.
- lentilles.
- caviar.
- foie gras.
- pommes de terre.

Il a commencé à
- avoir le teint
  - terreux.
  - vert.
- être sérieusement malade.
- avoir mal au foie.
- aller très mal.
- gagner beaucoup d'argent.

Il a dû
- soigner son foie.
- faire
  - un régime.
  - une cure
    - de yaourt.
    - d'eau de Vichy.
- changer d'air.
- refaire sa vie.
- ouvrir un compte dans une banque suisse.

Il était devenu horriblement
- tendu.
- nerveux.
- triste.
- inquiet.

Il a décidé de
- sauver
  - la santé physique, intellectuelle, et morale des étudiants de français.
  - les mouvements ouvriers.
  - les petites filles qui risquent de se noyer dans les bassins.
  - les âmes.
  - le monde.
- défendre
  - les pauvres.
  - la veuve et l'orphelin.
  - les victimes des descendants des oppresseurs du Moyen-Age.
- supprimer
  - le crime.
  - tous les sales types.
  - les bidets.
  - les descendants des oppresseurs du Moyen-Age.
  - la droite.
  - la gauche.
  - tous les personnages de cette histoire.

Pour cela,

il
- ne porterait que du noir.
- essaierait de retrouver la chaussette noire qu'il avait perdue quand il était petit.
- se ferait écraser si c'était nécessaire.
- ferait l'idiot devant tout le monde pour passer inaperçu.
- suivrait
  - nuit et jour
  - de très près
  - de loin
    - Mireille.
    - toute la famille Belleau.
    - Robert.
    - la situation internationale.

Mais sa véritable et unique obsession était

- d' / de
  - acheter un pavillon de chasse en Sologne.
  - tuer
    - Robert.
    - Mireille.
    - l'ambassadeur américain.
  - faire sauter
    - le Louvre.
    - la Tour Eiffel.

A la fin de l'histoire,

il
- réussit.
- se heurte au karaté de Mireille et échoue.
- se noie dans
  - le Zambèze.
  - la Seine.
  - une tasse de thé.
- épouse
  - Mme Belleau qui a divorcé.
  - Tante Georgette qui a abandonné Georges.
  - Mireille qui a envoyé Robert rouler
    - dans la poussière.
    - sous une voiture.
- meurt
  - de soif dans
  - d'ennui devant
    - le désert.
    - les catacombes.
    - sa télévision.
  - d'avoir
    - trop cligné des yeux.
    - oublié de mettre son clignotant.
  - d'une indigestion
    - de / d'
      - caviar.
      - bonbons au chocolat.
      - choucroute.
      - eau de Vichy.
- reçoit
  - une étoile rouge.
  - la Croix de la Légion d'Honneur.
  - une somme de 500.000F.
  - un coup de pied dans le postérieur.

Exercices-tests

☊ 51.28 Exercice-test: Niveaux de langage

Déterminez si c'est plutôt Jean-Pierre ou Tante Amélie qui dit chaque énoncé que vous allez entendre. Cochez la case qui convient.

	1	2	3	4	5	6	7	8	9	10
Jean-Pierre										
Tante Amélie										

Vérifiez. Si vous avez fait des fautes, travaillez les sections 51.8 et 51.9 dans votre cahier d'exercices.

51.29 Exercice-test: Impératifs et pronoms

Récrivez les phrases suivantes selon les exemples.

Exemples:
Vous voyez: 1. Tu veux prendre ton ciré?
Vous écrivez: Eh bien, prends-le!

Vous voyez: 2. Tu ne veux pas prendre ton ciré?
Vous écrivez: Eh bien, ne le prends pas!

1. Vous voulez aller à Rouen?
   Eh bien, ______________________!
2. Tu ne veux pas nous donner de bonbons?
   Eh bien, ______________________!
3. Vous ne voulez pas me parler de ça?
   Eh bien, ______________________!
4. Tu veux te coucher?
   Eh bien, ______________________!
5. Tu veux prêter ta Méhari à Mireille?
   Eh bien, ______________________!
6. Tu veux demander des tuyaux à Robert?
   Eh bien, ______________________!
7. Tu veux acheter des bêtises de Cambrai?
   Eh bien, ______________________!
8. Vous voulez me prendre mes bêtises de Cambrai?
   Eh bien, ______________________!

Vérifiez. Si vous avez fait des fautes, travaillez les sections 51.13 à 51.17 dans votre cahier d'exercices.

Leçon 52

Assimilation du texte

♫ 52.1 Mise en oeuvre

Ecoutez le texte et la mise en oeuvre dans l'enregistrement sonore. Répétez et répondez suivant les indications.

Préparation à la communication

Vous devez être suffisamment préparés à la communication. Passez directement à la section suivante.

Libération de l'expression

52.2 Mise en scène et réinvention de l'histoire

Vous pouvez réinventer complètement l'histoire depuis le début en une vingtaine de phrases, ou bien vous pouvez imaginer une nouvelle version du voyage et de ce qui se passe après le voyage. Par exemple:

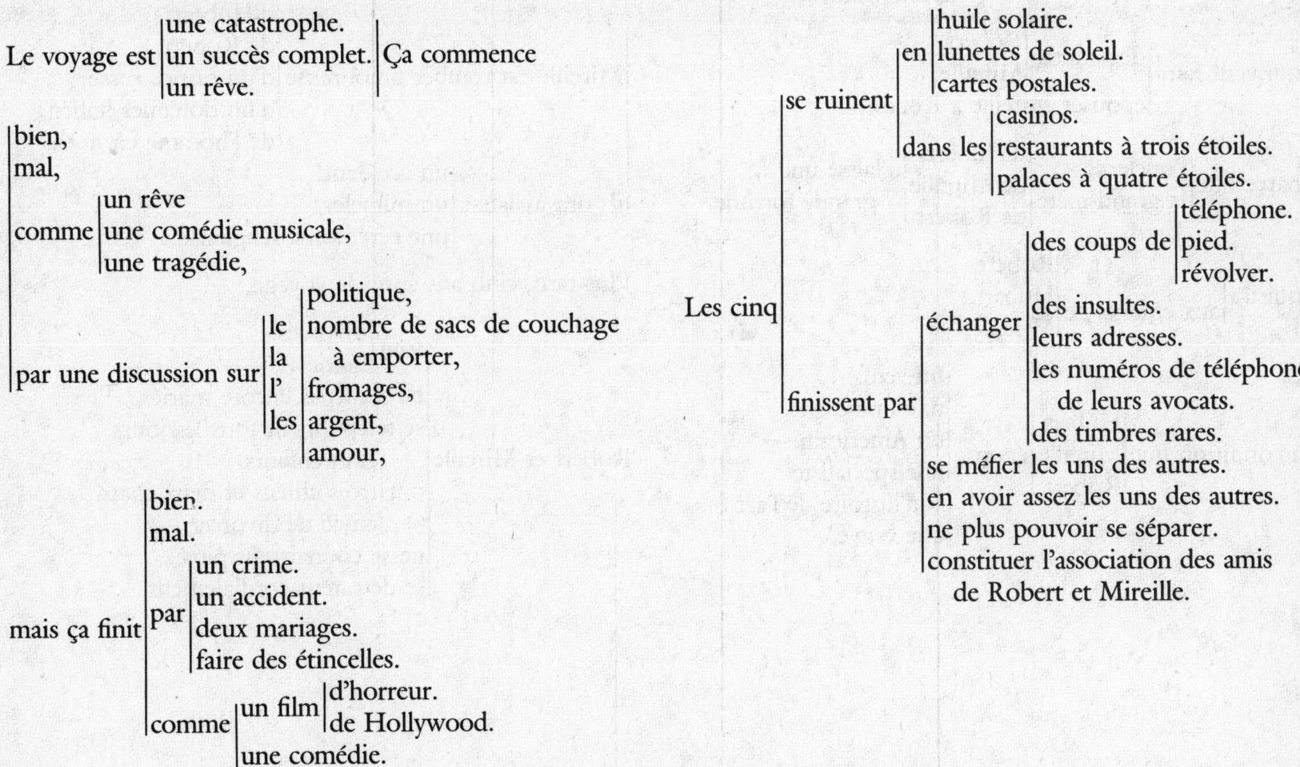

Le voyage est | une catastrophe. / un succès complet. / un rêve. | Ça commence

- bien,
- mal,
- comme | un rêve / une comédie musicale, / une tragédie,
- par une discussion sur | le / la / l' / les | politique, / nombre de sacs de couchage à emporter, / fromages, / argent, / amour,

mais ça finit

- bien.
- mal.
- par | un crime. / un accident. / deux mariages. / faire des étincelles.
- comme | un film | d'horreur. / de Hollywood.
- comme | une comédie.

Les cinq

- se ruinent
  - en | huile solaire. / lunettes de soleil. / cartes postales.
  - dans les | casinos. / restaurants à trois étoiles. / palaces à quatre étoiles.
- finissent par
  - échanger | des coups de | téléphone. / pied. / révolver.
  - échanger | des insultes. / leurs adresses. / les numéros de téléphone de leurs avocats. / des timbres rares.
  - se méfier les uns des autres.
  - en avoir assez les uns des autres.
  - ne plus pouvoir se séparer.
  - constituer l'association des amis de Robert et Mireille.

Hubert, Colette, et Jean-Michel
Mireille et Robert

partent sans les autres.
décident de rester chez eux.
abandonnent les autres
- dans un embouteillage.
- à un feu rouge.
- en pleine mer.

meurent d'une indigestion de
- madeleines.
- chocolats.
- tripes à la mode de Caen.

prennent l'Orient-Express.

On découvre que l'homme en noir

n'est pas un vrai cinéaste.
est une vraie bonne soeur.
est un frère d'Hubert.
est un faux frère.
n'a jamais existé.
a poussé Robert du balcon
- à la Nouvelle-Orléans.
- à Cannes.

conduisait l'Alpine que Robert a vue près de Fontainebleau.
a fait sauter le Carlton.
a payé le voyage de Robert en France.
se fait appeler Georges de Pignerol.

L'homme en noir travaille pour
- Hubert,
- la mère / le père / le beau-père — de Robert,
- Mme Courtois,

qui veut faire
- disparaître — Robert, / Mireille,
- épouser Mireille à Robert,

parce que
- l'oncle / la grand-mère — d'Hubert / de Mireille / de Robert — a laissé une grande fortune

qui ira
- à
- aux enfants de — Robert, / Hubert, / Mireille,

à condition que
- Hubert / Mireille / Robert — épouse
  - un veuf.
  - une Française.
  - un Américain.
  - une spécialiste d'histoire de l'art.
  - une veuve.

Au bout d'un mois de voyage, Robert et Mireille sont

complètement fauchés.
perdus dans
- un petit bateau sur l'Amazone.
- la campagne autour de Provins.
- un petit avion au-dessus de l'Himalaya.

écoeurés.

Ils décident de rentrer chez eux
- en auto-stop
- immédiatement
- séparément
- en TGV

avec
- l'intention de
  - se marier le plus vite possible,
  - ne jamais se revoir,
  - se faire
    - prêtre,
    - bonne soeur,
    - berger,
    - bergère,
    - banquier comme Papa,
- joie,
- mauvaise conscience (Pourquoi?),
- un groupe de militaires
  - en permission,
  - à la retraite,
  - mexicains,

parce que, pendant le voyage,

Robert est tombé amoureux
- de Mireille.
- de Colette.
- d'une serveuse de café.
- de l'Inconnue de l'Orient-Express.

Mireille est tombée amoureuse
- d'Hubert.
- de Robert.
- d'un prince russe.
- d'un douanier italien.
- de l'homme en noir.

ils ont assisté à
- un accident.
- un miracle.
- une cérémonie religieuse.

Plus tard, cinq ans après le voyage,

Robert et Mireille
- sont
  - divorcés.
  - mariés.
- ne sont pas encore mariés.
- se téléphonent tous les jours.
- ont
  - cinq enfants.
  - trois chiens et deux chats.
  - envie de divorcer.
- ne se connaissent plus.
- se détestent cordialement.

Mireille
- ne peut pas trouver de travail.
- est conservateur en chef au musée | de Provins. / du Louvre.
- a fait construire une pyramide en verre au milieu du Louvre.
- est mère supérieure d'un ordre de bonnes soeurs.
- est professeur d'histoire de l'art à la Sorbonne.
- est pompier bénévole à Provins.
- vend des motocyclettes.
- travaille avec son mari, l'espion.
- est très | triste / contente | parce que:

Robert
- est infirmier bénévole à l'hôpital de | Cannes. / Provins.
- a ouvert une école de tango argentin.
- fait de la saucisse en Argentine.
- programme des robots chez Renault.
- est gardien de nuit au Ministère de la Santé.
- travaille
  - à l'amélioration de | son français. / la race chevaline.
  - à la modernisation de l'industrie automobile.
  - à la destruction des descendants des oppresseurs de l'époque médiévale.
  - à la restauration des manuscrits carolingiens à la Bibliothèque Nationale.
  - à déchiffrer le linéaire A.
  - dans la banque de son papa.
  - pour Hubert dans l'entreprise de construction Pinot-Chambrun.

Keys

Lesson 27

27.2 *Compréhension auditive*
1. C; 2. H; 3. E; 4. B; 5. A; 6. D; 7. F; 8. G

27.15 *Activation écrite*
1. à; 2. à; 3. à; 4. à; 5. à; 6. en; 7. en, en; 8. en, en; 9. en

27.17 *Activation: Compréhension auditive*
passé composé: 1, 4, 7, 8
plus-que-parfait: 2, 3, 5, 6

27.21 *Activation: Discrimination auditive*
indicatif: 1, 4, 5, 7, 9, 12
conditionnel: 2, 3, 6, 8, 10, 11

27.26 *Exercice-test*
1. n'as qu'à; 2. tient à; 3. a peur de; 4. se tromper de

27.27 *Exercice-test*
1. à; 2. à; 3. En; 4. en; 5. en

27.28 *Exercice-test*
1. avais téléphoné; 2. t'étais rasé; 3. était allé; 4. étiez parti(e)s; 5. étaient arrivés

27.29 *Exercice-test*
indicatif: 1, 4, 5, 7, 10, 11
conditionnel: 2, 3, 6, 8, 9, 12

Lesson 28

28.2 *Compréhension auditive*
1. D; 2. B; 3. F; 4. H; 5. A; 6. C; 7. G; 8. E

28.9 *Activation: Discrimination auditive*
il y a une heure: 1, 5, 9, 11
tout à l'heure: 2, 3, 7, 8, 12
dans une heure: 4, 6, 10

28.13 *Activation: Discrimination auditive*
en avance: 2, 6, 7
à l'heure: 3, 5, 9
en retard: 1, 4, 8, 10

28.29 *Activation*
2. Si je prenais la voiture, elle aurait peur.
3. Si nous étions pressés, nous prendrions un taxi.
4. Si nous avions faim, nous nous arrêterions au restaurant.
5. S'il osait, il lui achèterait un cadeau.
6. Si c'était loin, ils prendraient un taxi.
7. Si elle voulait, je voyagerais en première.
8. S'il osait, il la suivrait derrière la cathédrale.
9. Si nous savions ce qui se passe, nous lui ferions signe.

28.35 *Exercice-test*
1. il y a, dans; 2. à l'heure, pile, en retard; 3. passées; 4. à

28.36 *Exercice-test*
1. irais; 2. prenait; 3. étais; 4. partirais; 5. ferais

Lesson 29

29.2 *Compréhension auditive*
1. G; 2. F; 3. D; 4. B; 5. C; 6. A; 7. E

29.15 *Activation: Compréhension auditive*
avantage: 2, 3, 4, 8, 9, 12, 13, 16
inconvénient: 1, 5, 6, 7, 10, 11, 14, 15, 17, 18

29.22 *Activation*
1. Si Mireille gagnait de l'argent, elle n'habiterait pas chez ses parents.
2. Si Mireille n'habitait pas chez ses parents, elle pourrait faire ce qu'elle veut.
3. Si Mme Belleau ne travaillait pas, elle aurait le temps de s'occuper des études de Marie-Laure.
4. Si Mireille ne suivait pas de cours à la Sorbonne, elle n'irait pas souvent au Quartier Latin.
5. Si Mireille ne faisait pas d'études d'histoire de l'art, elle ne suivrait pas de cours à l'Institut d'Art et d'Archéologie.

29.25 *Activation*
1. avait pas été, serait pas venue; 2. avait pas habité, aurait pas voulu; 3. était pas descendu, serait pas allé; 4. avait pas eu, aurait pas eu; 5. s'était pas promené, aurait pas vu; 6. avait pas suivi, serait pas entré; 7. avait pas voulu, serait pas entrée; 8. était pas entré, aurait pas vu; 9. avait pas trouvé, aurait pas souri; 10. avait pas souri, aurait pas souri; 11. avait pas souri, aurait pas engagé; 12. avait pas engagé, auraient pas fait; 13. avait pas eu, se seraient pas

29.30 *Exercice-test*
1. ça m'est; 2. ça leur; 3. ça nous; 4. ça lui

29.31 *Exercice-test*
1. S'il ne pleuvait pas, je ne resterais pas à la maison.
2. Si on avait une voiture, on ne prendrait pas le train.
3. Si on avait eu une voiture, on n'aurait pas pris le train.
4. Si Mireille avait été libre, Robert aurait pu l'inviter à dîner.
5. Si l'autobus n'était pas arrivé, Robert aurait eu le temps de lui parler.

Lesson 30

30.2 *Compréhension auditive*
1. C; 2. F; 3. B; 4. E; 5. G; 6. H; 7. D; 8. A

30.12 *Activation: Compréhension auditive*
Nord: 1, 8, 14, 16
Sud: 2, 5, 6, 10
Est: 4, 7, 11, 13
Ouest: 3, 9, 12, 15

30.19 *Activation: Compréhension auditive*
voir: 1, 7, 17
savoir: 3, 18
vouloir: 4, 6
croire: 2, 5
boire: 8
descendre: 9
rendre: 10
se perdre: 15
tenir: 11
revenir: 12
connaître: 13
disparaître: 14
plaire: 16

30.25 *Exercice-test*
1. de; 2. de; 3. à, de; 4. de; 5. à; 6. à

30.26 *Exercice-test*
vouloir: 4
savoir: 2, 8
voir: 1
plaire: 5, 10
venir: 3, 9
boire: 7
croire: 6

30.27 *Exercice-test*
1. a voulu; 2. est arrivé; 3. a parlé; 4. a tenu; 5. a démarré; 6. a remonté; 7. n'a pas vu; 8. s'est arrêté; 9. a bu; 10. est allé

Lesson 31

31.2 *Compréhension auditive*
1. C; 2. B; 3. A; 4. H; 5. F; 6. G; 7. E; 8. D

31.8 *Activation*
1. la porte; 2. portières; 3. portail; 4. portail

31.10 *Activation*
1. virage; 2. déraper; 3. dépanner; 4. garer; 5. freinage; 6. démarre

31.13 *Activation*
1. paierez; 2. payé; 3. payer; 4. ai, payé; 5. paie; 6. paieras

31.15 *Activation: Discrimination auditive*
vert: 1, 5, 7, 12
orange: 4, 8, 10
rouge: 2, 3, 6, 9, 11

31.17 *Activation: Discrimination auditive*
1. G; 2. A; 3. B; 4. J; 5. N; 6. M; 7. L; 8. D

31.18 *Activation*
1. clignotant; 2. phares; 3. accus; 4. essuie-glaces; 5. capot; 6. essence; 7. plein; 8. essence; 9. rouge; 10. freins; 11. contact

31.20 *Activation*
2. réussi; 3. ri; 4. servi; 5. suivi; 6. sorti; 7. parti(e); 8. dormi; 9. choisi; 10. fini; 11. compris

31.21 *Activation*
2. mis; 3. permis; 4. assis; 5. surpris(e); 6. mis; 7. repris; 8. surprise; 9. assise; 10. promis

31.23 *Activation*
2. cuit; 3. fait; 4. conduit; 5. fait; 6. dit; 7. écrit

31.24 *Activation*
2. offert; 3. ouvert; 4. découvert; 5. mort

31.31 *Exercice-test*
1. phares; 2. feu; 3. plein; 4. freins; 5. pneu, roue; 6. portière

31.32 *Exercice-test*
1. écrit; 2. sorties; 3. permis; 4. pris; 5. ouverte; 6. compris; 7. fait; 8. morte

Lesson 32

32.2 *Compréhension auditive*
1. E; 2. C; 3. A; 4. B; 5. H; 6. G; 7. D; 8. F

32.8 *Activation: Dictée*
1. immeuble, étages; 2. rez-de-chaussée; 3. étage; 4. appartement, pièces, entrée, salle de séjour, salon, salle à manger, chambres à coucher; 5. salle de bain, toilettes, cuisine

32.14 *Activation: Dictée*
1. s'éteint; 2. éteindre, éteindre, éteins

32.15 *Activation*
1. ai découvert, suis essuyé; 2. ai sonné, suis entré, ai attendu, suis passé; 3. suis né, ai été, ai obéi; 4. suis mis, suis allé; 5. ai suivi, suis entré, ai souri, ai adressé, ai invitée; 6. ai envoyé, suis assis, suis servi, ai donné; 7. a servi, a ouvert; 8. a pris

32.19 *Activation*
1. a appris, s'occupait; 2. a fait, voulait; 3. n'a pas aimé, avait; 4. a choisi, savait; 5. a décidé, voulait

32.20 *Activation*
1. a rencontré; 2. se sont rencontrés; 3. était; 4. faisait; 5. était; 6. avait; 7. était; 8. est allé; 9. se promenait, a aperçu; 10. criaient; 11. a suivis, avait; 12. est entré

32.25 *Exercice-test*
1. un appartement, un immeuble; 2. Au rez-de-chaussée, au quatrième étage; 3. l'entrée, la salle de séjour, une pièce; 4. la cuisine, la salle à manger; 5. la salle de bain; 6. La chambre, la cour; 7. une maison

32.26 *Exercice-test*
1. a consulté, était; 2. a arrêté, a demandé; 3. est arrivé, n'avait pas; 4. est entré, s'est éteinte; 5. était, sentait

Lesson 33

33.2 *Compréhension auditive*
1. D; 2. B; 3. A; 4. H; 5. F; 6. C; 7. E; 8. G

33.25 *Activation*
1. entrait, entrait; 2. s'est arrêtée; 3. est passée; 4. est arrivée; 5. se trouvait; 6. a remarqué; 7. portait; 8. s'est approché; 9. a souri; 10. a rendu; 11. a demandé, se passait; 12. a répondu, ne savait pas; 13. a demandé, était, fallait; 14. a dit, faisait; 15. a appris, venait; 16. a compris, était; 17. a remarqué, n'avait pas; 18. a demandé, avait, était; 19. a répondu, était; 20. ne connaissait; 21. avait; 22. comptait; 23. connaissait; 24. c'était

33.30 *Exercice-test*
1. Il n'y a pas de quoi; 2. pas plus heureux pour ça; 3. si heureux que ça; 4. Il n'y en a que pour; 5. s'empêcher d'

33.31 *Exercice-test*
1. Ayez; 2. Sois; 3. Veuillez; 4. Sache; 5. Soyez

33.32 *Exercice-test*
1. a sonné, étaient; 2. étaient, était; 3. a sonné, s'est précipitée; 4. est arrivé, l'a remercié; 5. venait, apportait

Lesson 34

34.2 *Compréhension auditive*
1. B; 2. D; 3. C; 4. H; 5. G; 6. A; 7. E; 8. F

34.13 *Activation*
1. nettoyage; 2. garage; 3. dérapages; 4. chauffage; 5. gardiennage

34.15 *Activation*
1. loue, locataire, loyer, locataire/en location; 2. propriétaire, co-propriétaire/en co-propriété, co-propriétaires

34.24 *Activation*
1. a invité; 2. a accepté, le trouvait; 3. sont allés, n'était; 4. ont traversé, c'était; 5. sont passés; 6. l'a montré; 7. sont arrivés; 8. se sont assis, faisait, c'était; 9. ont commandé; 10. ont repris; 11. approchait, a invité, commençait; 12. n'a pas pu, l'attendaient; 13. est allé; 14. a répondu; 15. a demandé, pouvait; 16. a répondu, n'était pas, était; 17. fallait; 18. n'a pas compris; 19. n'a pas demandé; 20. a demandé; 21. a demandé; 22. a promis; 23. se sont quittés

34.29 *Exercice-test*
1. met; 2. fallu; 3. mis; 4. pris; 5. faut; 6. prend

34.30 *Exercice-test*
1. rend; 2. faire; 3. fais; 4. rendre; 5. rendu

34.31 *Exercice-test*
1. avons fait remettre par; 2. avons fait repeindre par; 3. ai fait retapisser par; 4. ai fait construire par

Lesson 35

35.2 *Compréhension auditive*
1. C; 2. B; 3. A; 4. E; 5. F; 6. D

35.14 *Activation*
1. qui c'est; 2. ce que c'est; 3. qui c'est; 4. ce que c'est; 5. ce que c'est; 6. qui c'est; 7. ce que c'est; 8. qui c'est

35.18 *Activation*
2. en essayant d'; 3. en sortant; 4. en allant; 5. en sortant; 6. en voulant; 7. en se penchant; 8. en jouant

35.20 *Activation*
1. grandit; 2. vieillissent; 3. blanchissent; 4. grossit; 5. épaissit; 6. maigrit

35.29 *Exercice-test*
en ville: 3, 5, 6 à la campagne: 1, 2, 4, 7, 8

35.30 *Exercice-test*
une personne: 1, 3, 4, 6, 9
une chose: 2, 5, 7, 8, 10

35.31 *Exercice-test*
1. sachant; 2. ayant; 3. étant; 4. allant; 5. finissant

35.32 *Exercice-test*
1. n'a ni frères ni; 2. ne prends ni lait ni; 3. n'aime ni le thé ni le; 4. n'avons ni cuisine ni; 5. ne connais ni le père ni la mère

Lesson 36

36.2 *Compréhension auditive*
1. D; 2. F; 3. C; 4. A; 5. G; 6. B; 7. E

36.8 *Activation*
1. éteindre; 2. éteint, Allume; 3. éteins; 4. allume, allumée, éteint

36.12 *Activation: Dictée*
1. couche, lever; 2. sommeil, coucher; 3. coucher; 4. Dormez

36.28 *Exercice-test*
1. quelque chose de; 2. quelqu'un de; 3. rien d'; 4. personne d'; 5. quelque chose d'

36.29 *Exercice-test*
1. veniez; 2. partes; 3. comprenne; 4. comprenions; 5. descendent; 6. sorte; 7. boives; 8. boivent; 9. attende; 10. finisse

Lesson 37

37.2 *Compréhension auditive*
1. A; 2. F; 3. D; 4. B; 5. E; 6. C

37.12 *Activation*
1. sonnette; 2. pied; 3. téléphone; 4. volant; 5. canon

37.16 *Activation*
1. en; 2. en; 3. en; 4. en; 5. dans; 6. dans; 7. en

37.22 *Activation*
1. me l'; 2. vous le; 3. te l'; 4. me l'; 5. te la; 6. te le

37.33 *Exercice-test*
1. dans; 2. dans; 3. en; 4. en; 5. en

37.34 *Exercice-test*
1. la lui; 2. me l'; 3. les lui; 4. la lui; 5. nous les

37.35 *Exercice-test*
1. aillé; 2. alliez; 3. puisse; 4. puissiez; 5. sache; 6. sachiez; 7. ayez; 8. aies; 9. soyez; 10. soit

Lesson 38

38.2 *Compréhension auditive*
1. B; 2. E; 3. G; 4. D; 5. H; 6. F; 7. C; 8. A

38.9 *Activation: Compréhension auditive*
surprise: 1, 2, 6, 9, 10, 11, 12
incitation au calme: 3, 4, 5, 7, 8

38.25 *Activation*
Cette vérification ne couvre que les formes des verbes. Pour le reste, on vous fait confiance!
2. ne soit pas; 3. ait; 4. soient; 5. sache; 6. sachent; 7. fassent connaissance; 8. aillent; 9. puisse; 10. fasse

38.30 *Exercice-test*
1. où; 2. que; 3. que; 4. où

38.31 *Exercice-test*
1. la lui; 2. les lui; 3. le lui; 4. les leur

38.32 *Exercice-test*
1. essaient; 2. essaierai; 3. enverras; 4. envoyé; 5. ennuyiez

38.33 *Exercice-test*
1. fasses; 2. fassiez; 3. fassent

Lesson 39

39.2 *Compréhension auditive*
1. D; 2. F; 3. B; 4. E; 5. A; 6. C

39.9 *Activation*
1. sonnes, entende; 2. viennes, viennent, habitiez, rendiez; 3. travaille, achetiez; 4. finisses, maries; 5. conduises, marchiez, prennes; 6. sorte, boive, aimiez, aimions

39.21 *Activation*
1. le lui; 2. me l'; 3. me les; 4. le lui; 5. le leur; 6. les lui; 7. me les; 8. le lui; 9. nous l'; 10. nous les

39.26 *Exercice-test*
1. veuille; 2. allions; 3. aille; 4. vaille; 5. voulions; 6. faille

39.27 *Exercice-test*
1. me le; 2. le lui; 3. les leur; 4. te la; 5. vous l'; 6. vous la

Lesson 40

40.2 *Compréhension auditive*
1. F; 2. A; 3. C; 4. E; 5. D; 6. B

40.8 *Activation: Discrimination auditive*
une bonne soeur: 4
un motocycliste: 6
une Bretonne: 1
une Martiniquaise: 2
un Basque: 3
l'homme en noir: 5

40.12 *Activation: Compréhension auditive*
critique: 4, 5, 9, 10
affectation d'indifférence: 1, 6, 8
appréciation: 2, 3, 7

40.19 *Activation*
2. Non, il n'y est pas encore allé; 3. Il en a acheté un ce matin; 4. Oui, il y en a beaucoup/Oui, c'est fou ce qu'il y en a; 5. Il y en a une quarantaine; 6. Non, elle ne les lui conseille pas; 7. Non, il ne le lui a pas dit; 8. Oui, il en a déjà bu une; 9. Oui, ils se connaissent; 10. La France lui plaît assez; 11. Non, elles vous le vendent; 12. Il s'en plaint

40.25 *Exercice-test*
1. ne vois rien; 2. personne ne pleure; 3. rien n'est tombé; 4. ne connais personne

40.26 *Exercice-test*
1. viendras; 2. ira; 3. aurai; 4. pourrons; 5. voudras; 6. serons

40.27 *Exercice-test*
1. leur; 2. en; 3. en; 4. en, un; 5. y

Lesson 41

41.2 *Compréhension auditive*
1. B; 2. D; 3. C; 4. A; 5. H; 6. F; 7. E; 8. G

41.14 *Activation: Compréhension auditive*
chance: 1, 2, 4, 7, 9
malchance: 3, 5, 6, 8, 10

41.18 *Activation*
2. tentions; 3. viennes; 4. fasses; 5. perdes; 6. tenions; 7. prenne; 8. allions

41.22 *Activation*
1. ai demandé, demanderai; 2. ai eu, avais, aurai; 3. tentes, tentes, tenterais; 4. gagnerai, gagnerais, gagnions; 5. descendons, descends; 6. prend/prendra, prenne, prendra, Prenons; 7. se tenir, nous tenions, te tiens, me tiennes

41.27 *Exercice-test*
1. où; 2. quand; 3. quoi; 4. lequel

41.28 *Exercice-test*
1. n'ai rien compris; 2. personne n'a compris; 3. rien ne s'est cassé; 4. n'ai rencontré personne

41.29 *Exercice-test*
1. prennes; 2. allions; 3. sortes; 4. aille; 5. fasses

Lesson 42

42.2 *Compréhension auditive*
1. F; 2. B; 3. A; 4. C; 5. D; 6. E

42.8 *Activation: Compréhension auditive*
4.000.000F: 4
400.000F: 1
4.000F: 3
400F: 2

42.12 *Activation: Compréhension auditive*
une demi-heure: 5
une demi-bouteille: 6
la moitié de la bouteille: 4
trois quarts d'heure: 2
la moitié d'un canard rôti: 1
un dixième: 3

42.14 *Activation: Compréhension auditive*
Non, il n'est que 8h: 4
Oui, il était arrivé dès 8h: 5
Oui, il est déjà 8h: 1
Oui, il n'était pas encore arrivé à 8h: 2
Non, il est parti dès 8h: 3

42.33 *Exercice-test*
1. sont déjà là; 2. n'avons pas encore fini; 3. il est déjà arrivé; n'y sommes pas encore

42.34 *Exercice-test*
1. n'ai rien gagné; 2. ne gagne jamais; 3. n'avons plus rien gagné; 4. ne gagne jamais rien

42.35 *Exercice-test*
1. aille; 2. aient; 3. vienne; 4. fassiez

Lesson 43

43.2 *Compréhension auditive*
1. B; 2. F; 3. D; 4. A; 5. E; 6. C

43.7 *Activation*
1. voyage; 2. randonnées; 3. tour; 4. excursions; 5. randonnées; 6. promenades

43.9 *Activation*
1. arrondissement; 2. pièces; 3. rayon; 4. appartements; 5. arrondissement; 6. départements

43.14 *Activation: Dictée*
1. tente, solde, tente; 2. affaire, prix; 3. bonne qualité, bon marché; 4. cher, bonne qualité, mauvaise affaire

43.16 *Activation*
1. plus, que, la plus, des; 2. moins, moins, des; 3. plus, que, le plus, de

43.28 *Exercice-test*
1. appartement, arrondissement, pièces; 2. rayon; 3. département; 4. tour; 5. excursion

43.29 *Exercice-test*
1. que; 2. de; 3. que; 4. de, que; 5. de

43.30 *Exercice-test*
1. ayons; 2. sois; 3. puisses; 4. connaisse; 5. ait

Lesson 44

44.2 *Compréhension auditive*
1. B; 2. E; 3. A; 4. C; 5. F; 6. D

44.8 *Activation: Compréhension auditive*
annonce: 1, 2, 5, 8, 9
réponse: 3, 4, 6, 7, 10

44.10 *Activation: Compréhension auditive*
suggestion: 4
proposition: 3, 5
conseil: 2
recommandation: 1, 6

44.11 *Activation*
1. suggère; 2. propose; 3. conseille; 4. recommande

44.13 *Activation: Compréhension auditive*
différence: 1, 2, 3, 6, 10, 11
pas de différence: 4, 5, 7, 8, 9, 12

44.19 *Activation*
1. Celles, celle, celle; 2. Celui, Celui, Ceux, Celui

44.24 *Activation*
1. ce qui; 2. ce que; 3. ce qui; 4. ce qui; 5. ce qu'; 6. ce qui; 7. ce que

44.29 *Exercice-test*
1. puisse; 2. sache; 3. vienne; 4. parte; 5. aille

44.30 *Exercice-test*
1. connaisse; 2. ayons; 3. soit; 4. prenne

44.31 *Exercice-test*
1. que; 2. qui; 3. qui; 4. ce qu'; 5. ce qu'

Lesson 45

45.2 *Compréhension auditive*
1. C; 2. B; 3. A; 4. E; 5. F; 6. D

45.9 *Activation*
1. donation; 2. dépense; 3. investissement; 4. placement; 5. économies, épargne; 6. dépenser

45.19 *Activation*
1. rien, ce qu', rien, qui; 2. qui, personne, ce qui; 3. qui, qui, rien, personne, ce que; 4. personne, qui, que; 5. qui, personne, qui, que, qui; 6. Ce que, qui

45.22 *Activation*
1. ait . . .; 2. croie . . ., dise . . .; 3. prenne . . .; 4. comprenne . . .; 5. connaisse . . .; 6. fasse . . .; 7. veuille . . .; 8. soit . . .; 9. ait . . .; 10. sache . . .; 11. croie . . .; 12. veuille . . .; 13. dise . . .; 14. se tienne . . .; 15. mette . . .

45.27 *Exercice-test*
1. rien; 2. demande; 3. moindre; 4. gagné, garder, mettre; 5. bien, craché; 6. vous, de

45.28 *Exercice-test*
1. je n'ai envie de rien; 2. rien ne me fait envie; 3. je n'ai parlé à personne; 4. personne n'a téléphoné

45.29 *Exercice-test*
1. soit; 2. fasse; 3. ait; 4. plaise

Lesson 46

46.2 *Compréhension auditive*
1. A; 2. C; 3. F; 4. B; 5. E; 6. D

46.8 *Activation: Dictée*
1. Je n'en peux plus; 2. fatigué

46.22 *Activation*
1. droite; 2. gauche, droite; 3. gauche, droite

46.36 *Activation*
1. qui, que, dont, qui; 2. qui, dont, qui; 3. qui, qu', qui; 4. qui, que, dont, qui; 5. qui, que, dont; 6. qui, qui, qui; 7. qui, que, dont, qu', dont; 8. dont, qui

46.41 *Exercice-test*
1. plus, mort; 2. rien; 3. à; 4. à; 5. plein

46.42 *Exercice-test*
1. saurai; 2. vois; 3. viens; 4. voudras

46.43 *Exercice-test*
1. que; 2. qui; 3. que; 4. dont, qui; 5. dont

Lesson 47

47.2 *Compréhension auditive*
1. D; 2. B; 3. E; 4. A; 5. D; 6. F

47.20 *Activation*
1. n', que, n', qu', n'ai, qu', n', que, n', que; 2. n', que, n', que, je n'ai eu que; 3. n'ai que, je n'ai qu'un, ne, qu', n', que; 4. je n'ai que, je ne prends que, ne, qu'; 5. ne, que, n', qu', ne, que; 6. ne, qu', ne, qu', n', que, ne, qu', n', que

47.30 *Exercice-test*
1. Tout ça ne m'intéresse pas; 2. Tu as vu toutes ces vaches; 3. Vous visitez tous les châteaux de la Loire; 4. Oui, je les ai tous visités

47.31 *Exercice-test*
1. n'y a que; 2. n'a visité que; 3. n'en a que; 4. n'en ai acheté que

47.32 *Exercice-test*
1. soit; 2. veuillent; 3. fasses; 4. soit

Lesson 48

48.2 *Compréhension auditive*
1. C; 2. E; 3. B; 4. D; 5. F; 6. A

48.7 *Activation: Compréhension auditive*
sérieux: 1, 2, 4, 6, 7, 8
plaisanterie: 3, 5, 9, 10

48.17 *Activation: Dictée*
1. laisse, seul; 2. laisse tomber; 3. ont laissé, ont laissé, libre

48.29 *Exercice-test*
1. pour; 2. sur, à; 3. Laisse; 4. laissé

48.30 *Exercice-test*
1. ce dont; 2. ce qu'; 3. ce qui; 4. ce que; 5. ce dont

48.31 *Exercice-test*
1. les nôtres; 2. les miennes; 3. la sienne; 4. le tien; 5. le leur; 6. les leurs

Lesson 49

49.2 *Compréhension auditive*
1. C; 2. D; 3. B; 4. A; 5. E; 6. F

49.17 *Activation: Compréhension auditive*
doute: 1, 4, 7
intuition: 2, 3, 5, 6, 8

49.28 *Exercice-test*
1. peut; 2. arrivé; 3. du; 4. où; 5. qui; 6. Je; 7. Je me

49.29 *Exercice-test*
1. serions; 2. viendrait; 3. ferait

Lesson 50

50.2 *Compréhension auditive*
1. A; 2. E; 3. F; 4. B; 5. D; 6. C

50.7 *Activation*
1. pensé de; 2. pense à; 3. pensé à; 4. as pensé du; 5. penses à; 6. penses de

50.9 *Activation: Dictée*
1. m'a fait quelque chose; 2. ne me fait rien

50.16 *Activation*
1. de la; 2. à la, de la

50.24 *Activation*
1. soit, soit; 2. ait; 3. soit; 4. soient, soit; 5. ait, sachions; 6. ait, ait; 7. sache, sachent; 8. fassent; 9. aillent, parlent, fasse; 10. puisse; 11. aillent; 12. veuille, sachions, puissions

50.30 *Exercice-test*
1. de; 2. à; 3. à; 4. des

50.31 *Exercice-test*
1. au; 2. de; 3. en, de; 4. au; 5. du; 6. en; 7. dans le; 8. du; 9. à la; 10. de la; 11. dans les, au (sur le), à l' (sur l')

Lesson 51

51.2 *Compréhension auditive*
1. D; 2. F; 3. C; 4. A; 5. B; 6. E

51.9 *Activation*
1. mourra; 2. jeune femme (jeune fille); 3. cette vieille voiture; 4. fatigué; 5. J'en ai assez; 6. désagréable; 7. des hommes; 8. sou; 9. manger

51.11 *Activation: Compréhension auditive*
surprise: 1, 4, 6, 7, 10
calme imperturbable: 2, 3, 5, 8, 9, 11, 12

51.17 *Activation*
1. Prête-la-lui; 2. Prêtez-les-leur; 3. Achetez-en; 4. Achète-m'en deux; 5. Achetez-les; 6. Remboursez-la-moi; 7. Rapportez-m'en une; 8. Donnez-la-nous

51.28 *Exercice-test*
Jean-Pierre: 3, 5, 6, 7, 9
Tante Amélie: 1, 2, 4, 8, 10

51.29 *Exercice-test*
1. allez-y; 2. ne nous en donne pas; 3. ne m'en parlez pas; 4. couche-toi; 5. prête-la-lui; 6. demande-lui-en; 7. achètes-en; 8. prenez-les-moi

Index